我们家的故事

《我们家的故事》编写组 编

WOMEN JIA
DE GUSHI

广西教育出版社

《我们家的故事》编写组

主　编　莫仁力

副主编　莫仁芝　李　江　胡志伟　吕海锋

编　委　程浩楠　黄乒宾　巴　方　廖　敏

李志敏　李威龙　杨　凡　李媛媛

前言

3000多年前，我们的祖先在甲骨上刻下一个字，上半部是搭起来的棚子造型，下半部是一头猪的象形，造字者或许只是描述真实的生活场景，或许是形象总结了先民们最初的理解：有猪的地方就是家！这不是一个玩笑，农耕社会，猪代表着财富和富足，在先民们看来，没有物质生活的家，就是个空棚子。

《周易》里有云：积善之家，必有余庆，积不善之家，必有余殃。到了这里，家已不仅仅只有一头猪，它有了精神方面的追求 。

秦汉时期，士大夫们总结出一句经典，收在《大学》里："古之欲明明德于天下者，先治其国；欲治其国者，先齐其家；欲齐其家者，先修其身；欲修其身者，先正其心……心正而后身修，身修而后家齐，家齐而后国治，国治而后天下平。"这让中国人对于家的认识，从此有了更深的意蕴，更高的寄托，影响深远。党的十八大以来，习近平总书记就在多次讲话中谈及"修身、齐家、治国、平天下"的家国情怀。

家的点滴变化，上可影响到庙堂，下可牵扯到江湖。基于此，广西教育出版社策划出版《我们家的故事》一书，旨在见微知著，走进八桂大地一个个各具特色的家庭，或为书香世家，或为乡野农家，或百年坚守家国情怀，或相敬如宾比翼齐飞，或抓住商机成就家庭事业，或长期驻守边关保家卫国……寻常巷陌，家长里短，新中国成立以来，尤其是改革开放40年来各个家庭的点滴变化如同细胞切片一般，让我们可以从中体察家味之丰富，社会之纷繁，时代之巨变。

借此机会，特别感谢那些愿意与我们分享家庭故事的广西家庭，特别感谢为本书组稿、撰稿工作付出热情和才华的撰稿者，特别感谢为本书的组稿、编辑、出版工作付出辛勤劳动的广西教育出版社编辑人员。需要说明的是，本书图片除有署名外，其余均为讲述者和撰稿者提供。

限于编者的水平和能力有限，加之时间仓促，我们的良好愿望未必能在本书中充分体现，恳请方家多提宝贵意见。

编者

2018年9月25日

家

目录

CONTENTS

百年帅门的坚守 / 1
一家三代艺术缘 / 29
家和考古密不可分 / 45
我愿为国守住家 / 73
父母在哪我在哪 / 103
小山村木匠家的 40 年 / 123
一台相机和四个大学生 / 141
一个仫佬族家庭的 30 年 / 161
一路传习一路歌 / 183
母爱成就国医大师 / 201
长大后我就成了你 / 213
陶瓷世家商海沉浮 / 229
家由『一带一路』牵 / 245
编织出来的幸福生活 / 261

家

家兴席草茂盛时 / 273
家的记忆只有爱与幸福 / 289
百年接力传承壮族『好声音』 / 299
家有『田螺姑娘』 / 313
『月亮』之家祝福多 / 325
茶香飘处是吾家 / 339
农民家庭的『夜郎梦』 / 351
侗族『鲁班』世家传 / 365

百年帅门的坚守

（微信扫描二维码，倾听帅立国谈人生感悟）

帅础坚是广西著名画家、艺术教育家，广西推广西洋画第一人，广西艺术学院创始人之一。如今，帅础坚家庭已相传五代，共计 90 余人。在这个大家庭中，从事艺术及教育相关职业的有 30 多人，专业包括国画、油画、粉笔画、书法、篆刻、工艺设计、环境艺术设计、艺术理论等，其中亦有学士、硕士、博士，有教授、研究员、校长、局长、市长，是名副其实的艺术和教育之大家庭。帅家子孙的身体里流淌着帅础坚的血液，思想中镌刻着他的艺术思想，骨子里渗透着他为人处世的哲理。“修身、齐家、治国、平天下”，帅家子孙在这样的教诲中，在瞬息万变的时代中秉持着不变的家国情怀，百年坚守。

撰稿者：帅立国

不务虚名传四海，但求拙笔遍人间

新中国成立前直至新中国成立后很长一段时间，广西只有两家姓帅的人家，我们家在桂林，另一家在柳州。新中国成立前，父亲与另一帅家的男主人认了拜把兄弟，因为之后联系很少，到我们这一代已经失联了。我们家祖籍是江西省奉新县锁石村，祖父随江西官吏由江西吉安迁来桂林。父亲于 1892 年 3 月在桂林出生。从父亲出生那年计起，到 2018 年已经 126 年了，可谓百年帅门。父母生我们姐弟九人，两个姐姐，接下来是七兄弟。现如今，父亲这一支已相传五代，直旁系共计 90 余人之众，有生活在广西四大城市南宁、桂林、柳州、北海的，有居住在北京、香港的，还有定居在美国、加拿大、日本、澳大利亚、新西兰的，算是国际家庭了。我们这个大家庭还是一个艺术和教育世家，父亲是广西著名画家、艺术教育家，广西推广西洋画第一人，广西艺术学院创始人之一。家族中从事艺术及教育相关职业的有 30 多人，其中艺术类的有 26 人之多，专业包括国画、油画、粉笔画、书法篆刻、工艺设计、环境艺术设计、摄影、艺术理论、音乐等。这样的艺术和教育大家庭，在全国也是少见的。

为了纪念父亲和传承帅家的艺术传统，在桂林市委市政府的大力支持下，由定居海外的姐姐帅立明发起并捐赠，加

父亲帅础坚

上大家庭成员的资助，1997年我们在桂林市吊罗山旁建造了“帅础坚艺术馆”。

我常常站在艺术馆的花园里，久久地凝视着父亲的青铜雕像。每当此时，我的思绪就会急速翻滚，往事历历在目……敬爱的父亲离开我们已经整整55年了，他的魁梧身材、他的音容笑貌却仍清晰地印在我的心间，他雄浑有力的声音仍在强烈地召唤我、鞭策我、鼓励我。

父亲年幼就失去了双亲，家境十分贫寒，得广西著名国画家唐子超先生教诲，从此走上绘画艺术之路，并于1922年毕业于刘海粟创办的上海美术专科学校油画专业。毕业之后，父亲在桂林广西省立第二师范学校、桂林市第三中学、桂林中学等8所学校任美术老师。不仅如此，父亲还创办“研美画室”，在广西率先推广西洋画教育。

青年时代的父亲，是一个血气方刚、有抱负、有理想、有责任感、关心国家前途和命运的青年。他满怀报国之志，追随孙中山参加民主革命，第一次国共合作时期参加国民党（左派），领导、组织学生开展反帝反封建救国救民的活动。他为我们的家谱制订的取名字序是“建、立、民、生”。父

母亲胡慧芬

亲是“建”字辈，名为建基，字础坚；第二代排“立”字，为立学、立明、立德、立志、立模、立人、立世、立国、立功；第三代排“民”字，为民英、民建、民华、民乐、民风、民心、民权、民丹、民青、民曦等；第四代排“生”字。从取名就可以看出父亲当年的民主主义和儒家思想的情结。

1927年4月12日，蒋介石在上海发动反革命政变，造成了震撼全国的“四一二”惨案。此后，蒋介石继续捕杀共产党人和革命群众，父亲也被通缉。那年八月十五中秋节的晚上，全家人正在欢聚赏月，姑父突然进来与父母亲说了几句话，父亲便与姑父匆匆从后门走了，去朋友家的夹墙内藏了三天三夜。后来姑父帮父亲买了船票，父亲经梧州逃到了香港，改名“陈寄渊”，号“海南陈先生”。

父亲逃到香港后，母亲带着大姐、二姐、大哥、二哥4个孩子，还有外婆、舅舅，7口人一起生活，肚子里还怀着三哥。当时生活的重担都压在了母亲身上，母亲只能靠出租部分房屋维持生计。好在父亲一生豪气，此时朋友们解囊相助，我们家方能勉强维持生活。

母亲胡惠芬是浙江绍兴人，是一位聪明、善良、贤惠的女性。她没有上过学，小时候常常跟在她弟弟后面去私塾旁听。她自学成才，能读古文，能写古诗词。她每天做完家务，就会唱“平仄歌”，我们从小听多了，也都记住了。

父亲出逃香港期间，母亲怀念父亲时曾写下这样一首诗：

中秋离感

丹桂生香月照林，朗宵同步话懒凭。
忽闻猛耗惊莲鸟，拆散鸳鸯太无情。

那段时期，母亲因为操劳过度而日渐消瘦，父亲又杳无音信，儿女们总向母亲询问父亲的去向，她有苦难言，写下这样的诗：

群儿问信

相思两地两情牵，人各一方年复年。
儿女膝前频问信，叫侬无计慰群言。

1939 年，我四哥帅立人早夭，母亲深感悲痛，作诗怀念：

悼四子立人

鹤立鸡群一旦飞，茫茫荆路永不回。
眷人难止思鹤泪，一日徘徊几度悲。

1944 年，抗日战争进入最后阶段，桂林遭到日本的狂轰滥炸。我们太和塘的房子被炸，一家人只能躲到七星岩后山坡上盖的茅草房里。茅草屋四处透风漏雨，每当下雨时都要动用所有的脸盆、口盅等接水，叮叮咚咚地响个不停。母亲触景生情，写下这样一首浪漫的诗：

茅屋漏雨

屋似筛箕地凸坑，残书乱柬任纵横。
雨落还有音乐听，不枉人称艺术门。

母亲还留下了很多诗歌，这些诗歌充分体现了母亲对父亲、对子女的爱，以及她的浪漫情怀和聪明才智，是我们家庭的宝贵财富。我从小就受到母亲的影响，很热爱诗歌，每每遇到有感触之事，情之所至，诗兴油然而生。

20 世纪 30 年代中至 40 年代中，父亲活跃在广西美术界，是中华全国美术工作者协会（今中国美术家协会）早期会员，与徐悲鸿、黄宾虹、张安治、沈樾等画家交厚；父亲与抗战期间聚集在桂林的全国美术界名人一道，发起组建“广西艺术工作者协会”，筹建桂林美术专科学校（广西艺术学院前身），并担任校董。父亲还先后在桂林美术专科学校、桂林榕门美术专科学校、广西艺术师范学校、榕城画院任教。

抗日战争末期，父亲辞官，举家迁居阳朔。父亲在阳朔自号“碧莲峰下画人”，将“研美画室”的牌子挂在阳朔县城的双月桥头。这个时期，我们家的生活极度贫苦，父亲作画、裱画变卖，母亲在街边卖凉茶维持一家人的生活，经常是顾得了早餐顾不上晚餐。我与五哥立世放学回家，常常给父亲裱画打下手，慢慢地我们也学会了裱画。此时，我们的父亲已过知天命之年，他曾经历过轰轰烈烈的大革命时代，也曾在广西美术界度过了自己的金色年华。当时在国民党统治下的国家贫穷落后，民不聊生，最后大半河山沦于日军的铁蹄下，几乎亡国。隐居阳朔的父亲，对社会、对时局极度不满，有怀才不遇、看破红尘之感。可是此时却没有人能走进父亲的内心世界，为他分忧，因此他常借酒消愁。父亲经常一人独自饮酒，有时几粒花生可以送酒，甚至几颗黄皮果都可以当送酒的“佳肴”。我那热情奔放、充满想象力和创造力的父亲，那时突然变成沉默寡言、怪话连篇的人。由于郁闷，他经常在家里讲怪话，有时也无缘无故地拿母亲来出气。母亲深感委屈，常常当着孩子们的面故意讽刺他：“你是茅坑里的石头——又臭又硬。谁叫你这么傻，天生不会拍别人的马屁。”父亲听了，只是冷冷地说：“人不可没有傲骨。”

为了生活，父亲常常半夜起来作画、裱画，就是寒冬也不例外。有一次，我半夜起来上厕所，看见父亲在堂屋里画画，便轻轻地走过去。父亲发现后对我说：“天气很冷，还不快上床睡觉！”我看见父亲未将取暖的火盆放在身边，而是放在远远的墙角，感到很奇怪，便问道：“爹爹，这么冷的天，你怎么不把火盆放在画桌下面，而是放在那么远的地方？”

父亲温和地对我说:“火越烤越冷。有一句诗是‘火烤胸前暖，风吹背后寒’，只要我们心中不怕冷，身体也就不会感觉冷了。”从此，我懂得了不畏惧困难是战胜困难的前提这一道理。

小时候看见父亲常常挥毫书写“不务虚名传四海，但求拙笔遍人间”这样的诗句，但不解其意。父亲卖画与众不同，他从不在画上标注价格，而是在每幅画上贴一张小标签，标签上写着“谷子20斤”“三花酒5斤”等字样，我便稚气地问道:“爹爹，你的画为什么不标钱卖，而是标谷子或酒呢?”父亲说:“老百姓，特别是乡下的农民生活很苦，他们办喜事想买张画，但没钱买，可是他们可以用自己种的粮食或烧的米酒来换。为了方便，我干脆标注换谷子或酒的数量。”接着，父亲顺口给我念了一首他作的打油诗:“平时写些丹青卖，换得囊中沽酒钱。品价高低都不管，但求拙笔遍人间。”这首打油诗正是父亲当时的生活写照，也表达了他的人生哲学。后来，这首打油诗的后两句演变成父亲常常书写的“不务虚名传四海，但求拙笔遍人间”。随着年龄的增长，我才逐渐领悟到这两句诗的真正含义。它不仅是父亲艺术创作的指导思想，更是他人生的真实写照、为人处世的准则；它不仅是父亲人生的座右铭，也是我们的家训。我们兄弟姐妹耳濡目染，亦受到了深刻的影响。

父亲绘画最重视写生，我小时候最高兴的事就是跟父亲外出写生。这时父亲会给我们讲很多的故事，讲他过去的经历，讲人生的哲理。他还结合沿途风光讲阳朔山水的特点及相关诗词等，对此至今我还记忆犹新，还能背出很多描写阳朔山水风光的诗句。1955年，我从桂林高中放暑假回家，父亲兴致勃勃地叫我随他到兴坪写生。我高兴极了，左边背上水壶，右边背上酒壶，胸前挂上照相机，手里拿着伞和自己的小画板。一大早，我们就出发了。阳朔距兴坪20多公里，我们边走边画，边画边说，还边拍照。父亲沿途给我讲述了许多阳朔的名胜和民间传说故事，教我背许多古人写的有关桂林山水的诗歌。南国夏日的天气说变就变，一会儿烈日当空，一会儿暴风骤雨。经过阵雨的冲洗，山水格外的清净，当太阳拨开厚厚的云层，露出那可爱的笑脸时，五颜六色的霞光倾泻在云海、山川、大地上，岚烟缥缈，在山间浮动，似仙女的裙带，每一分钟景色都在变化，真是美不胜收。我不曾见过此等景色，便立即拿出照相机拍照。遗憾的是，当时彩色照相技术还不普及，这一绚丽多彩的画卷只能永远存留在我的记忆中。我们来到兴坪漓江渡口，对面是大河背风光，朝雾夹着绵绵细雨，渡船在雨中穿行，发出吱呀吱呀的摇橹声。看到此等景色，父亲迅速席地而坐，我打着伞站在他身旁，他叫我立即递酒壶给他，他喝了两口酒，便急速地在宣纸上挥毫，短短的十几分钟，一张水墨画就完成了。随后，父亲合上画夹说："我是借酒之兴，悟景之灵，取笔之妙，还物以神。"这就是后来多次展出的名作——《兴坪雨渡》（此画已被广西壮族自治区博物馆收藏）的绘制过程。我对目睹了这一过程倍感荣幸。这次随父亲外出写生是我人生中最美好的一次旅行，至今仍记忆犹新。

有一次父亲对我说：“自古以来许多文人墨客对桂林山水的特点都有不同的表述，诸如‘秀丽’‘水作青罗带，山如碧玉簪’等。但是，我认为桂林山水最大的特点是清代诗人吴德征的一首诗所描写的‘罗带潆洄双水曲，剑芒排插万山孤’，其中‘剑芒排插万山孤’最能表达桂林阳朔山水的特点。”我当时对父亲的这些话还不甚理解，等到我也步入

1959 年，我（后排居中）与家人合影

知天命之年，于1996年当上了广西壮族自治区旅游局局长，带着广西岩溶研究所所长考察广西全境旅游时，所长对我说：“世界上凡是喀斯特地貌都是风景秀美的地方，喀斯特地貌有三大特点，其中之一就是山体互不相连呈宝塔状，而全世界特点最突出的喀斯特地貌就是桂林山水，这也是桂林山水最本质的特点。”这段话让我想起了几十年前父亲所说的“剑芒排插万山孤”的诗句。这两种看法是何等的一致，诗句表达是何等的准确、科学！我不禁感叹：只有将自己全身心融入桂林山水研究的画家，才有如此深刻的见地。

父亲在阳朔居住12年，潜心研究桂林阳朔山水，对桂林山水绘画理论进行了深入系统的探索，并创作了大量阳朔山水国画和写生稿，汇集装裱成《阳朔山水画册》。可惜几经周折，这些作品大多数已不复存在了。然而，“碧莲峰下画人”帅础坚的名字，却与阳朔山水共存，为世人所称道。

1950年，父亲担任阳朔县文化馆副馆长，至1956年10月调入广西群众艺术馆为止，他在阳朔整整工作了6年。经历过旧社会磨难的他，在新中国成立后焕发了新的生命活力。他抑制不住内心的喜悦，创作了一幅花卉画：一枝象征富贵的牡丹，叶子在清晨的和风中微微飘动，两朵红花向着朝阳并蒂开放，题款“媚色凝清晓，芳心向曙光”。他把新生活比喻为第二次生命的开始，芳心永远向阳开放。自从担任阳朔县文化馆副馆长后，父亲全身心投入到阳朔文化建设的工作中，他没日没夜地工作，似乎在弥补过去流逝的时光。他整理、撰写了大量的阳朔风景名胜及阳朔史料文稿；撰写《桂林山水》一书涉及阳朔部分的内容。父亲还给阳朔县政府提议重修阳朔山水名胜，并亲自设计、组织施工，改造复建了鉴山楼、迎江阁、南山厄风景道、卧云亭、雪狮岭等，而且在原来的基础上有重大的创新。尤其值得一提的是迎江阁的设计，七窗一门，一窗一景，如天然取景框，有“画窗”之美称。如果再往前追溯，父亲于 1925 年设计了桂林中山纪念塔：纪念塔高高的塔身呈三角形状，表示三民主义的崇高地位；塔基是五层台阶，表示五权宪法为基础；十八根柱子用铁链拴在一起，象征当时十八个省份的紧密团结。父亲的每一个设计都有深刻的寓意，他不仅是一位画家，而且是广西近代园林设计的先驱。

1956 年 10 月，父亲调往南宁，到广西群众艺术馆工作；1958 年，调到广西艺术专科学校（今广西艺术学院），参与学校的重建工作，并一直在该校美术系任教。

父亲教书育人，从年轻的时候起就有“爱生若子”的美名，广西艺术学院每年都授予他“先进教育工作者”“模范教师”等称号。

父亲从事美术绘画及教育事业四十余年，桃李满天下，老一辈学生有黄镇（国务院外交部原副部长）、阳太阳（广西政协原副主席、广西艺术学院原院长）、杨秋人（广州美术学院原副院长），以及广西著名画家龙廷坝、曾宪高、潘经文、曾恕一、黎正国、李祥麟、梁荣中、陈以忠、黎振欧、潘义禄、黄礼生等人。

1963年，广西壮族自治区成立五周年。父亲为了表达他对党、对祖国、对人民的热爱，夜以继日创作大型新桂林山水组画，准备参加广西壮族自治区成立五周年画展。1963年3月22日清晨5点，他正在作画时，由于连续创作、劳累过度，突发脑溢血，血喷洒到未完成的画作上。父亲带着他未了的心愿倒在画纸上，与世长辞。我由于当时在山西工作，不能及时赶回参加葬礼，留下永久的遗憾。

父亲去世时，母亲正在香港二姐处探亲。惊闻噩耗，她含着泪水写下一首诗：

悼亡夫

惊闻噩耗心如切，恸皙离境成永诀。
四十余年同命鸟，泪似香江难涸竭。

一家四代人才涌，不枉人称艺术门

我们这个广西知名的艺术和教育世家，在艺术及教育领域里都干得不错，没有辜负父亲的期望和人民的重托。帅门四代有学士、硕士、博士，有教授、研究员、高级建筑师、规划师、工艺美术大师，还有小学及大学院校校长、厅长、局长、市长、地方及全国政协委员、常委、人大代表、文史馆员等。

大姐帅立学，1918年出生，是中国早期的粉笔画家，21

1968 年，我（后排居中）与家人合影

岁就在桂林和重庆举办过个人粉笔画展，并将展览收入全部捐献给抗战事业。新中国成立后，大姐在天津市师范学校（今天津师范大学）当美术老师，改革开放后移居香港，是香港画家联合会永久会员、国际粉画协会会员。大姐夫王友健是中央音乐学院的大提琴副教授，是著名音乐家马思聪妻弟。

二姐帅立明，是钢琴教师。其女为加拿大多伦多大学博士、教授，其子为美国首饰设计师。

大哥帅立德，大学学习油画专业，是广西美术家协会会员，广西文史研究馆馆员，桂林民族师范学校（今桂林理工大学）音美教师。其长女帅晓星为一所幼师学校的美术老师，她的儿子为瑞士籍摄影家，孙女为钢琴硕士。大哥之子帅松林，毕业于广西艺术学院，系清华大学副教授、深圳南方科技大学教授，获清华大学先进工作者、北京市优秀教师等称号，是央视《百家讲坛》“审美的历程”主讲人。帅松林的儿子帅徽，澳大利亚墨尔本理工大学景观建筑硕士，现在是堪培拉一家公司的景观设计师。帅松林的女儿帅子涵，清华大学附中学生，获第三届“华夏万卷杯”全国少年书法家大赛特等奖。大哥的小女儿帅晓菊，是全国500强小学之一的桂林市中华小学的校长。

二哥帅立志，是中国著名书法篆刻家，中国书法家协会会员，中国书法家协会第二届理事，中国刻字研究会委员，广西书法家协会创始人之一，第一、第二届广西书法家协会秘书长，广西老年书画研究会常务副会长，广西文史研究馆馆员，广西中华文化促进会副主席。二哥除了自己对广西书法篆刻做出重大贡献，还把他的家庭教育成为一个艺术之家：长子帅民风，中央工艺美术学院（今清华大学美术学院）毕业，日本千叶大学美术教育硕士，日本大学艺术学博士，曾任广西师范大学美术学院院长、教授，现任广西大学艺术学院党总支书记、院长。民风还是中国书法家协会会员，广西美术家协会会员、理事，中国工艺美术家协会纤维艺术分会常务理事，广西美术家协设计艺委会副主任。民风的长女帅静泉，毕业于北方工业大学设计专业，是广西师范学院（今南宁师范大学）美术设计学院硕士、讲师。二哥的次子帅民心，广西师范学院数学学士，日本东京学艺大学美术教育学（书法学）硕士，日本大东文化大学中国学博士。民心的女儿静颐在英国伦敦艺术大学学习。二哥的4个女婿有工艺美术师、国家文物委员会会员、中国文物学会文物修复委员会理事，全部都会篆刻 、竹刻，并参加海内外的展出。二哥的多名外孙女都从事艺术事业，并颇有成绩。

五哥帅立世是学数学的，毕业于广西师范大学数学系，在广西教育学院担任数学系主任，副教授，全国数学协会广西分会理事，曾获曾宪梓优秀教学奖。五哥虽不是学艺术相关专业的，但对绘画钟爱不已，中学时期就获得过全校的美术比赛第一名，退休以后加入广西老年书画艺术研究会，其国画作品经常在广西展出。他的儿子帅民曦，是学景观艺术的，江南大学毕业，现任广西华蓝设计（集团）有限公司风景园林规划设计所所长，高级工程师、高级规划设计师，中国建筑学会室内设计分会第二十一专业委员会（广西）主任委员，广西城市建设协会副会长兼副秘书长，江南大学等院校硕士生导师。

弟弟帅立功，二级教授，毕业于广西艺术学院国画系，中国美术家协会会员，广西美术家协会理事，南宁美术家协会主席，广西工笔画学会副会长，广西文史研究馆馆员，桂林旅游学院工艺美术系主任，广西高校招生艺术专业考试专家组美术组组长，获首届广西高等院校教学名师、中国画坛百杰（中国文学艺术界联合会授予）、广西工艺美术大师等称号。立功在中国山水画理论、实践方面都有重大突破，还应邀为毛主席纪念堂、人民大会堂、天安门城楼等作画，是父亲中国画的传承人。

我是家中第八个孩子，从小也酷爱书画艺术，初中获得过美术比赛第一名。工作之余从不间断书画艺术创作，现在是中国书法家协会会员，曾任广西书法家协会顾问，北海市书法家协会名誉主席。1996 年在北京市中国美术馆、同年在新加坡、1998 年在北海市举办过个人书画展，作品在国内外多地展出，并为国内外博物馆和名流收藏。大儿子帅民丹，毕业于太原工业大学（今太原理工大学）土木系，曾留学美国，是桂林市建筑设计研究院建筑师，曾任该院北海分院副院长。他由于酷爱绘画艺术，现在辞去设计研究院工作，潜心学习、创作粉笔画，继承我大姐的衣钵，是家族的粉笔画传人，其作品多次在广西和全国展出。民丹的儿子在美国学习艺术。我的小儿子帅民青，毕业于广西艺术学院，曾从事广告创意行业，现移居澳大利亚。

我们是一个人数众多的艺术大家庭。最可喜的是第四代已经出现了艺术硕士、大学艺术讲师、景观设计师等，有的正在国内外大学学习艺术，有的在青少年时就在各种书画艺术赛事中获奖，真可谓后继有人啊！

北海大潮扬帆起，坚守艺术为初心

我 1938 年出生于桂林市。那时的中国，在抗日战争的战火纷飞中，山河破碎，民不聊生。我童年随父亲逃难到阳朔，初中毕业后考上桂林市第一中学。1956 年我考取天津大学化工机械专业。新中国成立初期，父亲就曾对我和五哥立世说：“我

我和妻子的结婚照

我们小家庭的合影

们家多数是搞艺术的，现在国家急需建设人才，你们就不要学艺术了，你们一个学理，一个学工。”遵从父命，立世报考广西师范大学数学专业，我报考天津大学化工机械专业。

1961年大学毕业后，我被分配到太原化学工业集团有限公司太原化工厂工作。该工厂是“一五”期间苏联援建的156项重点工程之一。我当过工人，做过车间安全员、技术员、工程师、职工大学教师、车间副主任、集团公司副总工程师、副总经理。

1964年元旦，我和爱人陈希珍结婚。我和妻子是高中校友，我比她高两届，后来她考上了广西大学电力专业。大学毕业后，为了照顾我们，组织上分配她来太原，在山西省原电力局工作。我们结婚时没有房子，是借同事家中楼道底下的杂物房安家的。那个地方只能放下一张床供睡觉，室内透不进一丝阳光。后来我们分配到一间原来工厂用来养奶牛的窑洞，12平方米，吃喝拉撒睡全在里面。“文化大革命”时，因为我们夫妇都是大学生，只能住这样的房子。1966年和1968年，我的两个儿子相继出生。当时我的工资是54元，每月还要给母亲寄10元钱的生活费。妻子工资57元，他们电力系统工资比我们高些，但她也要资助家庭。当时全国人民的生活都十分艰苦，山西更甚，国家给每人每月只供应3两油、半斤肉，粮食主要是高粱、玉米等杂粮，连酱油、醋都要凭票购买，南方人每人每月特供5斤大米。妻子每天一大早就要抱着孩子到20多公里外的城里电力局上班，下班后还要学习《毛泽东选集》，直到晚上 10 点才坐最后一班公共汽车回家，周末也不例外，到了冬天就更艰苦了。但那个年代大家都没有怨言，听党的话，多大的困难都能挺过去。

1978 年中国共产党第十一届中央委员会第三次全体会议后，国家实行改革开放。1979 年我被提拔为车间副主任。这一年，二姐帅立明从美国回国探亲，提出要资助我到美国自费留学。得到工厂党委的同意后，我赴美国留学。1980 年年初至 1981 年年底的两年留学时间，工资照发，这相当于公派留学。可以说改革开放是我人生的重要转折点。

在美国留学期间，除了课堂学习外，我还广泛地进行了社会调查。近两年的留学生活，使我学到了许多知识，开阔了视野，增长了才干。这些对我今后的工作起到了至关重要的作用。当时，我完全有机会留在美国，二姐也希望我留下，而且美国优厚的物质条件也有着极大的诱惑力。但是，我出国时的初心就是要回国参加祖国的建设。父亲从小就要我们立志报效祖国，“修身、齐家、治国、平天下”，我回国的思想坚定不移，这是党的多年教育和父亲对我们从小进行儒家思想教育的结果。1981 年年底，我回到了太原化工厂，开始在职工大学当英语老师。1982 年，我被调到集团公司当副总工程师，光荣地加入了中国共产党，接着被提拔为公司的副总经理（副厅级）。从此我走上了高级生产技术管理的岗位。

1986 年，广西急需人才，我被调回广西，初始任广西壮族自治区石油化工厅党组副书记、副厅长；1990 年调任北海市市委副书记、市长。

我十分珍惜北海市市长的岗位，当时正值改革开放初期，有许多事情可以“敢想、敢干、敢闯、敢冒”，我把它看成我学成回国考验自己能力和报效祖国的难得的机会。我当时已进入知天命之年，接到任命书时我就一心想把北海的事情做好，实现人生的价值。

到北海后，我住在北海迎宾馆 3 号楼的一个套间里，上下班配一辆自行车，吃饭在迎宾楼包餐。当时房间的装修非常简陋，简单的棕床，挂着蚊帐，一台台式电风扇，一张陈旧的办公桌。我在简朴的客厅里挂上二哥立志在我临行前赠我的书法作品：

五非

非澹薄无以明德，
非宁静无以致远，
非宽大无以兼覆，
非慈厚无以怀众，
非平正无以制断。

——《淮南子·主术训》

六弟立国赴北海任职特书此为铭，切记。二哥立志书

1990 年这一年，我几乎走遍了北海市的城区、街道、工厂和乡镇。我通过调查研究了解到，从 1984 年到 1990 年 7 年

间，尽管北海的经济取得了长足的发展，但是由于原先经济基础差，仍未能摆脱落后的局面。面对落后的经济社会基础和投资环境等诸多因素的制约，北海要想实现突破和超常规发展，就必须选择、确立一个科学有效、不落窠臼的战略。经过调研和仔细研究考察资料并反复思考之后，我提出了北海经济发展的战略——造势、布阵、用将。1991 年 5 月，我在全市干部大会上做了题为“造势、布阵、用将——北海经济发展战略”的报告。我在北海 5 年，就是按这一战略思想开展工作的。

造势，即在北海造就一种大改革、大开放、大建设的大势态，造就“一城系四南”（西南、中南、海南、东南亚），西南出海大通道的大势态。布阵，即采取多种策略，布局北海的对外宣传、城市建设、产业发展、招商引资、文化建设，形成大开发、大建设的大格局，在北海实施城市建设、经济发展的“墨迹布阵”法。用将，即在北海大量大胆地培养、使用、引进人才。

在党和国家政策的指引下，在各级领导的正确领导和大力支持下，经过全市人民的艰辛努力，1992 年北海成为世人关注的中心，成了当时中国大开发的热点城市。五年后，北海经济取得了跨越式的大发展。一个北海市民对我说：“帅市长，我是老北海了，可是我三天不出门，连路都不认识啦！”是的，这时的北海不是日新月异而是“日新日异”，这就是当时的“北海大潮”“北海现象”。1992 年冬的一个傍晚，我从北海大道回家，向西望去有感而发，作小诗一首：

1993 年，我接受中央电视台《东方之子》栏目记者的采访

古绝·北海大道观日落

千勾塔吊系蛋阳，百座高楼梳霞光。

十万健儿闹北海，一丝晚风携汗香。

1993 年，中央实行宏观调控。1994 年年底，宏观调控政策开始影响北海。1995 年后，随着宏观调控力度的增大，“北海大潮”戛然而止，大量楼房成了烂尾楼，工程也成了烂尾工程。让我最遗憾的是，因为我突然被调离，与德国一家著名咨询公司签订的北海整体包装整体引资建设大合同未能实施。这成了我的终身遗憾。

此后，在多届北海市委、市政府的领导下，在党和国家政策的指引下，经过全市人民的共同努力，北海经济恢复了

我的书法作品《北海不了情》

活力，重新步入了大发展的快车道。看到北海可喜的态势，我心中非常高兴，2013 年我写下一首小诗：

月下漫步

小院清清半舍空，几处新绿几处红。
夜来风定人寂静，漫步轻吟月色中。
旧忆新思思相汇，人生回味味无穷。
更喜北海日昌盛，年逾古稀愈从容。

——2013 年春于清宁堂

2003年，我正式退休，携老伴回北海定居，当时写下了一首诗：

古风·黄昏时节情无价

玉兰林下是我家，白墙淡影紫薇斜；
画眉鹦鹉相问好，蝶女蜂童共恋花。
闲赋诗，怡作画，晨习太极午品茶；
静养性，仁贤达，清心宽容长潇洒。
峥嵘岁月终有止，黄昏时节情无价。

是的，黄昏岁月，情是无价之宝。由于我对北海有不了之情，我是退而不休。2007年，我和北海的退休老同志创建了北海中华文化促进会，我当选为文促会主席。10多年来，我和大家一道，经过艰辛的努力，为北海的文化建设做出了应有的贡献。

退休后，我有更多的时间回到钟爱的书画艺术天地。每日游弋在书画艺术的海洋中，乐此不倦，创作了上千件的书法作品，近百件篆刻作品。78岁那年，我创作了百米书法长卷《毛泽东诗词》；79岁，我创作了150米书法长卷《唐诗三百首》；80岁的今天，我计划于2018年年末在北海举办第二次个人书画展。书画艺术是我生命中永恒的春天。

我步入耄耋之年之后，才体会到人生苦短，我在客厅中挂着一幅我的书法作品："丹青不知老将至，富贵于我如浮云。——杜甫诗句”。我在北海度过了不平凡的岁月，留下了满满的记忆。北海市民有的喊我“老市长”，有的称我“帅主席”，有的叫我“帅哥哥”……得到老百姓的认可和爱戴是我人生最大的幸福。回想起父亲曾对我说过的话：“立国的国字，《说文解字》中是指区域的意思，取‘立国’这个名字就是希望你在一个地域中站立起来，堂堂正正地做人。”我算是没有辜负父亲对我的期望，这也是我人生最大的安慰。

团结勤奋并坚守，百年帅门好家风

帅家大家庭经历了百年的沧桑巨变，回过头来想一想，最大的变化是在1978年改革开放以后发生的，改革开放是我们家庭巨变的分水岭。父亲在旧社会苦苦挣扎，新中国成立以后他才获得了新生。改革开放的政策解放了我们帅家人身上的束缚，为我们提供了舞台和机会。我们帅家的变化是时代指引和召唤的结果，是时代的鞭策和给予。一个人、一个家庭的力量是有限的，他与时代相比是渺小的、微不足道的。所谓“时势造英雄”，时代的洪流滚滚向前，大浪淘沙。一个人只有与时代紧紧相结合才能发光发热；一个人如果没有赶上好的时代，终将一事无成。我们已经进入了中国特色社会主义新时代，只要紧紧跟上时代的步伐，我们帅家还会、也一定会发生更大的变化，取得更大的成绩。我们要感谢党，感谢人民，感谢这个伟大的时代！

我们还要感谢我们的父亲。是父亲给了我们艺术的基因，我们的身体里流淌着他的血液，我们的思想中镌刻着他的艺术思想，我们的骨子里渗透了他为人处世的哲理。父亲虽离我们远去了，然而，我们大家庭中的每一个成员都深深地怀念他，由衷地感谢他！

再就是我们家庭的团结、勤奋和坚守。我们共同坚守了帅家的艺术阵地，每一个人都执着地、勤奋地坚持与努力。

2010 年，我们小家的全家福

大家十分团结，经常在一起相互学习，相互帮助，取长补短，交流艺术创作中的收获和体会。我们帅家目前还没有全国顶级艺术大师，但是，我们家庭的整体力量是巨大的，我们家族已经创造出一个很高的艺术平台，只要大家团结、勤奋、坚守，就一定会取得更大的成绩。

父亲离我们远去了，我们子孙后代要永远继承他的遗志，继续他开创的事业，将艺术的灵魂代代相传，为弘扬祖国的文化艺术奋斗终生！

一家三代艺术缘

（微信扫描二维码，倾听郑军里讲述家族的艺术情缘）

郑军健、郑军里兄弟是广西艺术界的知名人物，取得了许多令人瞩目的成就。学艺术的母亲培养了他们艺术学习的兴趣；阳太阳、黄独峰等师长指引他们走上了与艺术相伴的道路。改革开放后，党和国家实行了一系列政策措施，扶持文化艺术事业的发展，兄弟俩置身其中，沐浴在艺术的春风里，见证了大时代的转变过程。如今，郑家的第三代也延续着长辈们与艺术的情缘，薪火相传，弦歌不辍。

撰稿者：郑军健　郑军里

祖国——我们的母亲，跨时代的艺术工作者

我们是在祖国的怀抱里成长起来的，祖国像母亲一样养育了我们。今天，在感恩祖国的同时，我们要说说另一个“祖国”——我们的母亲。

母亲姓郑，名祖国，因为母亲那辈人在家族里排“祖”字辈，于是母亲有了一个带着几分阳刚气息的名字——“祖国”。因为这个名字，也让人们对母亲有了许多双关意义的祝福。记得小时候，母亲的学生送来一幅石膏画，上面的文字是“把青春献给祖国”。有人说我们随母姓郑，其实不然，因为父亲也姓郑。

父亲最初是广西大学的教师，新中国成立后到广西省（1958 年成立广西壮族自治区）计划委员会工作。母亲 20 世纪 40 年代末由湖南新宁考入广西省立艺术专科学校（广西艺术学院的前身，以下简称“广西艺专”），在广西艺专读书期间与父亲相识、成家。大姐就是母亲在广西艺专读书期间出生的。母亲毕业时，新中国刚刚成立，她跨越了两个时代并见证了两个特殊的历史阶段。

母亲能考入广西艺专，并走上艺术之路，说来还有一段奇缘。

1938 年，画家阳太阳、诗人艾青（同时也是画家）、剧

母亲就读广西艺专时的照片

父亲摄于 1936 年的照片

父母亲的结婚照

作家欧阳予倩等，这些活跃在20世纪30年代的艺术家们在抗日战争的重要关头，从抗战大后方的桂林辗转来到临近广西的湖南新宁，进行艺术采风与抗日宣传活动。

新宁是母亲的家乡。12岁的母亲热爱艺术，自然成了艺术活动的追随者。生性活泼的母亲也深得艺术家们的喜爱，在交往中，阳太阳等艺术家鼓励具有艺术潜质的母亲学习艺术。这一相遇，影响了母亲的一生。在阳太阳等前辈的影响与指导下，母亲发愤学艺，几年后，她通过自己的努力考取了广西艺专。

母亲在广西艺专主修作曲，但奇怪的是，我们兄弟俩对音乐悟性不高，兴趣也不浓，吸引和影响我们的是美术与书法，这可能和母亲的经历有关。

在广西艺专就读时的母亲是个对艺术充满憧憬的文艺女青年，尽管她当时主修作曲，师从满谦子院长，但她爱好文学、美术等，因此涉猎广泛。当时广西艺专只有音乐、美术两个专业，而母亲性格开朗、与人为善，与美术专业的老师、同学交往也甚多，关系融洽。此外，母亲一直得到画家阳太阳及其夫人李衣尼的关怀与呵护。母亲从广西艺专毕业后，虽然从事音乐相关的工作，但一直与阳太阳夫妇保持着较密切的联系。因为母亲的原因，我们常到满谦子、阳太阳、黄独峰等一些音乐、美术大师家里做客。

阳太阳的画作题跋、黄独峰的花鸟鱼虫画作和书法作品使年幼的我们心生向往，激发了我们学习美术和书法的兴趣。

20 世纪 60 年代的全家福

我们也时常把自己的初学作品拿去让师长指导，这使我们艺术创作的起点高、路子正，少走了许多弯路。

总而言之，母亲培养了我们学习艺术的兴趣，阳太阳、黄独峰等师长指引我们走上了艺术的道路。母亲是跨时代的艺术工作者，也是我们走上艺术道路的引路人。

兄弟俩是广艺的“原住民”

母亲从广西艺专毕业后，组织考虑到她不但音乐好，而且文化水平高，于是把她分配到广西工农干部文化补习学校

（以下简称“工农干校”）工作。

新中国成立初期的领导干部多数出身工农，文化水平不高，急需补充文化和艺术知识，而这项任务就由工农干校来完成。母亲在学校不仅上音乐课，还兼上文化课，需要根据工农干部的特点开展文化教育工作。

母亲工作十分认真，她的课令学生着迷，广受欢迎。上音乐课时，为了让大家能跟上拍子，母亲总是把教鞭当作指挥棒，随着音乐的节奏充满激情地挥舞，常常把教鞭都拍裂了。更重要的是，母亲真诚、热情、乐于助人，课下积极帮助学员克服各种学习上的困难，因此深得干部学员的爱戴。

人们常说教师桃李满天下，母亲当时虽算不上传统意义的教师，但是“领导学生”遍天下。当时跟着母亲学习的学员们，大都是厅级干部，却对老师极为尊重。母亲说，有的学员想上厕所，但为了不影响上课，即使尿在裤子里也不中途出教室；他们无论在哪里遇见母亲，都会毕恭毕敬地喊“郑老师好”，即使在“文化大革命”时期也如此。

那个年代，我们目睹过一件事，至今难忘：在一次报告会上，一位老红军干部在主席台上正要开讲时，一眼看到母亲坐在台下，便立即冲下主席台向我母亲敬礼，与我母亲握手。在那个知识分子不受重视的年代里，全场人对母亲受到如此高的礼遇惊诧不已。

我们想，母亲之所以受到他人尊重，是因为在她身上体现了人格魅力和艺术修养的高度融合。同时，艺术的基因通

1992 年，与母亲合影，左为军健，右为军里

过母亲传递给了我们，滋养了我们，使我们在那个缺乏艺术的年代里充分受到了艺术的熏陶。

我们兄弟俩都是在工农干校出生的。当时父亲在中共广西省委财贸部（今广西壮族自治区发展和改革委员会）工作，为了方便照顾家庭，父母把家安在了工农干校。

当时工农干校大门的左边有一排平房，我们兄弟俩就出生在那里。虽然旧宅已经不在了，但那段记忆却是不可磨灭的，它会永远留在我们的心里。由于工农干校的旧址位于现在的南宁市青秀区教育路 7 号广西艺术学院（以下简称“广艺”）南湖校区内，所以我们常常开玩笑地说：“我们是广艺的‘原住民’，广艺是培育我们的精神家园。”

我们与艺术的不解之缘

恢复高考之后，军里于 1977 年考入广艺美术系，开始了更为系统的专业学习，艺术才能和艺术天赋在这里迸发。毕业后，军里因为成绩优异得到留校任教的机会。

1986 年，军里 29 岁，有幸得到所任教学院的支持，在中国美术馆举办了个人画展，在当时的美术界引起了轰动，被当时的媒体报道为“在美术界投下了一颗原子弹”。

在广艺的培养与支持下，军里取得了许多“第一”的成就：

广西第一个在中国美术馆举办个人画展的美术家；

文化部中国画研究院（现中国国家画院）聘请的第一位

1985 年，军健（右）与军里（左）合影

院外画师；

第一批广西文艺创作最高奖——铜鼓奖的获得者；

第一批获得广西有突出贡献称号的优秀专家；

广西第一批二级教授；

第十三届全国人民代表大会常务委员会委员中唯一的艺术家……

2008年，军里的作品搭载“神舟七号”飞船驶入太空后，随“神舟十号”飞船于2013年返回地面，这些作品还被中国美术馆、中国国家画院、人民大会堂、天安门城楼等机构收藏或陈列。

在专业水平不断提高的同时，军里从一名普通的美术专业教授，一步一个脚印做到了广西艺术学院的院长，还担任中国人民政治协商会议第十、十一、十二届全国委员会常务委员，第十三届全国人民代表大会常务委员会委员，并得到了习近平、李克强、栗战书、胡锦涛、俞正声、贾庆林等中央领导的亲切接见，为提高广西艺术学院的影响力和知名度做出了贡献。

军健虽然读的是中文系，但是并没有影响他在艺术上的发展。在读书之余，军健仍然经常到广艺拜求名师指点，因而有了更广博深厚的文化积淀。其书法博采众长，自成一家，充满书卷气。读大学时，广西举办首届大学生书法比赛，军健和当时在广艺读研的黄格胜同获一等奖。军健勤于创新，许多作品被中国国家博物馆等机构收藏。从广西师范学院（现南宁师范大学）毕业并留校后，军健除教授古典文学外，还兼艺术教研室主任，教授书法。不仅如此，军健的书法理论研究与创作齐头并进，观点新颖，独树一帜。1986 年，军健的论文入选中国书法家协会举办的首届全国书学研讨会，之后接连入选中国书法家协会举办的全国、国际书学研讨会。当时广西只有军健一人连续入选，被时人戏称为“单刀赴会”，引起书法理论界的广泛关注，提高了广西在全国书法界的影响力。

后来军健从政，任广西壮族自治区教育厅副厅长、南宁市副市长、广西国际博览事务局局长和广西书法家协会主席时，都大力支持广西艺术发展。尤其是在筹办中国—东盟博览会时，积极推动广艺借助这个平台与东盟开展合作，强强联合，打造面向东盟国家的艺术品牌，提高了广西艺术的国际知名度，拓展了国际交流的领域与空间。同时在博览会的整体设计、开幕式创意、国礼研发、服饰设计、礼仪培训等方面，军健邀请广艺的专家共同攻关，使得博览会无论是整体形象还是细节设计上，都体现了创新理念和艺术精神，得到了党和国家领导人的高度评价。

2010 年，广艺开始培养书法硕士研究生，当时具有正高职称的书法教授不多，为解决这一问题，时任广西艺术学院院长和书记的黄格胜、潘晔出面诚邀军健担任该专业的硕士研究生导师。

孔子曰：君子和而不同。我们兄弟俩一书一画，侧重点不同，各有所长，对艺术的见解时有分歧，但是始终拥有共

2017 年，军健（右）与军里（左）合影

同的艺术追求，保持一种和谐友善的关系，因而我们的成长道路和取得的结果有惊人的相似之处：两人都留校任教，从事教学工作；然后担任行政工作，同为正厅级领导；两人都破格晋升职称；两人的作品都获得了广西最高文艺创作奖——铜鼓奖；两人携手并进，始终做勤劳的园丁，同心协力培养艺术人才。

在广艺，军里成了两个“家”：不但汲取了艺术营养，成了艺术家；而且收获了爱情，与广艺留校教师魏恕成了家。学校是军里和魏恕的红娘，艺术犹如丘比特的箭将两颗热爱艺术的年轻的心紧紧地连在了一起。夫妇同为教授，一个擅长写意，一个专攻工笔，在广艺的教坛上比翼齐飞。更值得一提的是，军里和魏恕在广艺有了自己的女儿郑格。“郑格”这个名字是为了纪念军里当年破格晋升职称而取的。

耳濡目染，郑格也继承了父母的专长，从中央美术学院博士毕业后，回到广艺任教，同时把同窗郑振铭也带到了广艺，两人后结为连理。巧的是，女婿也姓郑。军健的女儿郑微则表现出“隔代遗传”的特点，她在中央财经大学本科和研究生读的专业与我们父亲的专业完全一样。她的丈夫吴育新也是她本科的同窗，吴育新在北京大学光华学院读研究生时的专业也与我们父亲的专业相同。同时郑微又和她的外婆一样，酷爱音乐，自幼到广艺学习手风琴，后又学习钢琴，在广艺接受艺术的熏陶。如此这些，都让郑氏家族增添了更多与艺术相关的故事。

弦歌不辍，守望相助

追昔抚今，感慨良多。我们郑家三代人遨游在艺术的海洋里，我们在广艺辛勤耕耘，由最初的“原住民”变为广艺园丁，艺术是我们永远的精神家园。

我们三代人的成长历程实际上也是广艺发展的缩影，同时我们也是广西艺术教育发展的见证者。母亲就读广西艺专时，学校规模较小，从 1946 年广西艺专成立到 1953 年撤销合并的 7 年间，音乐专业只培养了 70 人，美术专业培养了 120 人。而现在的广艺拥有 6 个一级学科硕士授权点，36 个本科专业，在校学生近 15000 人，是全国人数最多、规模最

母亲八十大寿，全家欢聚一堂

2003 年 6 月 21 日，军里、魏恕与画家阳太阳在一起

大、学科最齐全的艺术院校。从校园建设看，也不可同日而语。记得在20世纪60年代，广艺的校园比较简陋，校园周边环境差，进校的小路残破不堪，杂草丛生，尤其到了晚上，情景更为瘆人，据说师生夜归时心惊胆战，因为要路过一个人称“野猪林”的荒野之地，常有流氓、不法之徒出没。而今，广艺高楼林立，设施齐备，环境优美，学科建设水平在全国艺术院校中也名列前茅，真是今非昔比。

回顾我们一家三代人的经历，我们对人生哲理有了更多的理解和感悟，对艺术有了更高的追求。比如人们常说的“文化兴则国运兴”，似乎是一个抽象的概念，但反映在我们三代人的身上，却是非常具体、形象、真切的。

母亲就读于广西艺专时，音乐专业每年只有10人左右毕业。在20世纪50年代初，这些专业人才可谓是凤毛麟角，十分珍贵。但在那个不重视知识和艺术的年代，音乐作曲是十分小众的，备受冷落。后来，母亲转教了语文，音乐反倒成了副业，荒废了在学校学到的音乐知识。母亲只有偶尔在教同学或我们唱歌时，才会兴奋起来，似乎她浑身的音乐细胞在那一刻复活了，她仿佛回到了抗战时期与同学冲上街头，在日本人轰炸后的废墟上合唱《义勇军进行曲》《中国人》的情景。当歌声阑珊，母亲又沉默黯然了。

尽管如此，母亲与父亲始终没有熄灭对艺术的热情。父亲虽然是学经济的，但其国学功底深厚，书法也很好。军里毕业的创作作品《烈马与人》就是父亲题款的。即使在“文

1983年，母亲（后排左二）与同仁一起看望广艺老校长满谦子（前排中）

化大革命”时期，我们俩仍在父母的指导下静心学习书画。父亲指导我们书法的学习，母亲则带我们去向艺术学院的老师及她的校友学习。我们得到了当时比较权威的老师的指导，找到了正确的学习方法，为我们以后的发展奠定了坚实的基础。父母把他们对艺术的追求寄托在我们的身上，把艺术的营养传输到我们身上，从那时起，我们的身体中就流淌着艺术的血液和基因。

“文化大革命”时期，学习书画最大的困难不是师资、资料、笔墨的匮乏，而且还要经受心灵的压抑、环境的严酷，后者才是艺术创作的最大障碍。好在艺术之火是不会熄灭的，不幸中的万幸是，那个年代锻炼了我们的抗压能力，让我们更深切地体会到今天艺术学习环境的难能可贵。

改革开放后，文化艺术得到了弘扬发展，党和国家实行了一系列政策措施，扶持文化艺术事业的发展。我们置身其中，沐浴在艺术的春风里，见证了时代的转变过程，深感如果没有这种大环境，即使我们俩有天大的本事，也无法取得今天的成就。回顾我们家以前的这些事情，就是想让大家更加珍惜今天的大好时光，更加努力为艺术发愤学习。

今天，我们驻守在艺术的殿堂里，每天都欣赏到学子们创造出新的艺术作品，守护着艺术的希望，真正体会到丹青不老、艺术常青，并品味着薪火相传与青蓝相接的艰辛和愉悦。

家和考古密不可分

（微信扫描二维码，倾听蒋廷瑜讲述家与考古密不可分）

他，是中国古代铜鼓研究领域的首席专家、20世纪知名考古学家，主持过广西众多考古项目的发掘。她，是广西第一个探索古代体质人类学的“先锋”，发现了广西年代最早的稻米。他是蒋廷瑜，她是彭书琳，他们是广西考古界一对比翼齐飞的模范夫妻，携手走过半个多世纪，经历过最单纯的时光、最幽暗的时刻，也有光辉灿烂的日子。无论何时，无论人生的境遇如何，他们从未放弃学习和努力，从未忘记相互扶持、共同进步。

撰稿者：蒋廷瑜

我的祖父济周老师

我的家在桂林市兴安县城北的田心村，离兴安县城约七里。这个村周围都是稻田，所以叫“田心”。湘江自南向北从村东流过，流经村西的是湘江的支流。我将近 20 岁的时候才离开这里外出求学和工作。

我的祖父蒋作吏，字济周，是本族人中当时文化程度最高者。他在哪里上过学，我年轻时没有打听，近几年想求证已无人能回答了。我只知道他曾是一名乡村教师，在道冠、李家腊、大江边等村教过书，人称“济周老师”。在我懂事时他已经不教书了，大概是抗日战争以后就在家务农了。他务农，并不做重体力活，只是放牛或放鸡、放鸭，做些零碎事。

祖父能写一手好文章，远近村邻遇家中老人过世常求他代写祭文。曾祖父的祭文是他亲手写的，情感动人，连“喊祭”的人都哽咽着喊不下去。也因为他文章写得好，村人打官司的时候也来求他代写状纸。写状纸叫“打刀仔”，容易得罪人，一般他是拒绝的，有时出于正义，他也写。他好写对联，红白喜事求他写对联，他基本上都答应。每到新年，家里也贴春联。我现在仍然记得我家香火榜上的对联：“课读课耕长绵世泽，学勤学俭永振家声”。抗战胜利以后，家乡闹饥荒，饿死过人，第二年有所好转，看到了希望，祖父写一联贴在廊柱上："唯唯去岁饥馑已过，哈哈今年大有将来。"

我是他的长孙，他对我特别疼爱，做客吃酒常把我带在身边。我 10 岁前后一直跟他睡一个铺，有一段时间我们睡在碓屋的牛栏上，老鼠很多，经常吵得我们睡不着。祖父为了捕鼠，就在一个箩筐中放几片做叶壳帽的干竹叶，撒点米。我们睡下以后，老鼠来偷食，踩着竹叶哗哗响。他翻身起来，拿一个叶壳帽的竹胎罩在箩筐上，然后用一根磨利的铁钎往下扎，直把老鼠扎中，然后把这老鼠钉在木板上"示众"。这样，好多天老鼠不敢再来。

1944 年，日本入侵广西，我们逃难躲到东界苏家湾薛家大山区。开始父母亲与祖父母走散了，母亲在苏家湾生了弟弟廷教，兵荒马乱，父母怕养不起，把他送给别人了。祖父知道后很生气，把父亲训斥了一顿，他说："人家逃难出来减人了，是难；我们出来添了人，是福。"祖父追着让父母把弟弟要了回来，并给这个小孙取名"苏援"。他说中国终于打败日本了，是因得到苏联的援助。弟弟也被叫作"苏源"，因为他生在苏家湾。

弟弟学名本叫廷珧，珧字是带有斜玉边的。祖父给孙子孙女起名都带斜玉边，如我大姐叫廷瑛，二姐叫廷玖，我叫廷瑜，另一个弟叫廷珑，我大叔的大儿子叫廷瑞。二姐小名"老九仔"，她觉得廷玖这个名字不像女孩的名字，不好听，读私塾时擅自改名廷华。祖父过世时，男孙只有我一个人上学，用了学名，其他兄弟都还没上学，没写过学名。我最小的叔叔蒋荣被过继给大伯祖，在桂林读高中。假期回家，他为我们每个小孩刻一枚木头图章，把廷珧刻成廷照，廷珑刻成廷龙，把斜玉边丢掉了。廷珧后来上学，又改写为廷教。

父亲是最严谨的农民

父亲朝辅，同胞三兄弟二姐妹，他是老大。因祖父常年在外地教书，不管家务，加上弟弟妹妹们年少，父亲从 14 岁起就挑起了管家的重担。农活样样会干，还会一些手艺，农闲时到外面跑过生意。曾经跑运输，帮别人挑糖，得的钱（铜钱）捆在腰带里。

父亲吸烟喝酒。烟是自己种的，收割下来后，用篾片夹平晒干，放在床下，用砖压着让其回润，食用前再卷成圆柱状，用锋利的菜刀切成烟丝。父亲在家抽烟用烟筒，外出抽烟用纸卷烟。我工作后有时给他点零花钱，他偶尔会去买一些低劣的香烟。点烟用火柴，但我见他用过火镰。他好喝酒，但能管得住自己，从来不喝醉。

抗战胜利后，有段时间他在县邮局谋到一个差事。他们三兄弟负责挑邮件，清早起来，吃了饭就出发，很晚才回来。那时粮食短缺，家家喝稀饭，只有他们三兄弟因为要做工卖力，所以有干饭吃。当时我最大那个弟弟只有 3 岁，在大人吃完饭走了以后，偷偷爬起来，刮锅内的残锅巴。

父亲很勤劳，即使是干最枯燥的农活，也能够做出花样来。记得父亲割稻子的时候，是一行一行割的，割下的稻子

1969 年 3 月，父亲在南宁留影，前面是表弟小川、外甥桂元

1968 年 9 月 25 日，母亲与其刚满百日的孙儿鸣镝留影

被码在一旁，整整齐齐；垄红薯梗的时候，操着锄头一边后退一边垄，动作很是连贯优雅，理出来的薯梗像一件艺术品。

母亲是兴安县西山村人，她的外婆家在南塘村，是地主，她从小就在外婆家生活，读过私塾，直到快出嫁才回到西山村的娘家，是小家碧玉。她与父亲结婚时，外婆送她一头小牛陪嫁，很是风光。母亲一般不做重农活，但种菜、养猪、洗衣、做饭，勤俭持家，样样在行。母亲生育子女七人，把他们打理得干干净净，也把自己照顾得很好，活到九十高龄。

田心村的人不分男女老少都会编织雨帽，这种雨帽我们称为“叶壳帽”，抗日战争以前就有了，是田心村的传统副业。采来产自深山的烟竹，先把竹子剖成很薄的竹篾，再在竹胎上编织。雨帽分两层，里层粗，表层细，再在两层间夹上竹叶，雨水就不会渗漏了。20世纪五六十年代，田心村的雨帽远近闻名，曾作为手工艺品拿到南宁来展览。雨帽是这个村的主要经济来源之一，我的两个姐姐是编织雨帽的高手，我本人也会编织，我读书的学费，有很大一部分来自编织雨帽的收入。

编织雨帽时大家习惯围坐在一起，谈天说地，唱山歌，猜谜语，讲故事，说笑话，我所记得的很多童谣、民间传说、地方掌故都是从这里获得的。

祖父与父亲对我的教育

祖父很重视子孙的教育，比父母对我们管得更多。在我识字以后，每年春节，他都叫我“新春试笔”，写一页字。待我稍微大一点，便叫我写一篇短文。他也教算术，那时使用十六两秤，一斤等于十六两，为了换算几两等于多少斤，他专门抄了口诀贴到堂屋和过道的板壁上，叫我们随时背诵。无论男女，都要念。这些口诀我至今还记得：一零六二五（0.625），二一二五（1.25），三一八七五（1.875），四二五（2.5），五三一二五（3.125）……熟练到上街买卖时，多少钱一口就能说得出来。可惜他过世太早，他过世时我还未上初中，没有向他学习古文。

抗日战争胜利后，村里还没有学校，隔壁作矩叔祖父把他家当作教室，招收本村和附近凤凰山、泥塘、斜陂堰等村的小孩来读书。因为战乱，他家里的木板壁已不存，四周空空敞敞的。没有黑板，叔祖父将板书写在门框上，后来找了一块杉木板，将其涂黑当成黑板。当时我学得很认真，语文书里的课文我倒背如流，头几课至今还记得。1947 年，距离我村一里多的凤凰山村办小学，南塘村史直虎来教书，我就到凤凰山读书去了。读到三年级，1949 年冬，国民党从家乡一带败走，学校停课。新中国成立后，凤凰山的小学重新开学，却没有三年级及以上的班，要我回头读二年级，我不愿意。有人劝我到离家五里多的唐家司去读书。唐家司的学校是西山高级小学（小学五年级、六年级），没有初小（小学前四年级），我只好连跳两级，插班到高小一年级。

那时我年仅 10 岁，每天一大早被母亲叫醒，吃上一碗热油炒饭便去上学。我没有同伴，独自一人从田心步行去唐家司。虽然走的是桂林至黄沙河的桂黄公路，但途经告化山、窑边和接风岭。那一带很冷清，传说以前有人打劫，在那里杀过人，所以我每次走过都心惊胆战。冬天风大，我改走青山。青山树林密布，不见天日，也很恐怖，穿过树林，到了水南村才有人烟。

下雨的时候，祖父会亲自送我一程，送过接风岭，或送出青山，直到能看到水南村和胡家洞，他才回家。

父亲没有正式上过学，但他略识字，年轻时可能也读过一些书。小时候，他常给我们讲一些书上的故事。虽然从我记事起，他就承担全家农活，我也再没见他读过书，但父亲肚子里有很多故事，他说这些故事有的是从《千家诗》读到的。

他给我讲过明朝文人解缙的故事。他说，解缙从小爱吟诗，他的父母很反感。一天清早，母亲叫他扫地，把鸡笼里的鸡放出来。他随口念道："打扫堂前地，放出笼内鸡。"母亲嗔怪道："叫你做事就做事，不要吟诗，你又吟诗了！"解缙答道："分明一句话，又道我吟诗。"又如讲解缙赶考时，因年纪小，父亲背着他，有时他骑在父亲脖子上，老师见了就出对联让他对。老师出上联"子拿父作马"，他马上对出"父望子成龙"。又如解缙家对门是一家财主，种了一片竹林。有一次解缙在自家门口贴出一副对联："门对千竿竹，家藏万卷书。"财主不乐意，将竹砍掉一节，解缙将对联各加一字，改为："门对千竿竹短，家藏万卷书长。"财主气恼，将竹连根拔起。解缙又将对联改为："门对千竿竹无，家藏万卷书有。"解缙在皇帝身边做官时，有人向他打听："皇上长不长虱子？"他不好直接问皇帝，有一天当着皇帝的面从身上抓出一个虱子，惊叫道："报告皇上，不好了，我身上长虫了！"皇帝一看，说："慌什么？寡人身上也有。"又说解缙有一副大气的对联："天作棋盘星作子，哪个能下？地为琵琶路为弦，谁人敢弹？"我长大后想查这些故事的来源，找了多种版本的《千家诗》，至今没有查到。

父亲也讲薛仁贵征东、薛丁山征西、罗通扫北、赵子龙长坂坡救主等故事。这些故事都是他带我们下田做农活时或茶余饭后讲的。

我很小的时候，父亲就教我干农活了。六七岁时，父亲带我下田割田坎草。我第一次拿镰刀，不会使用，一不小心将自己的左手食指割破，流了很多血。父亲慌了手脚，马上扯一把草药放在嘴里咀嚼，糊在我的伤口上，把我送回家，耽误了他半天工。如今，这个疤还在手指上，清晰可见。

跟父亲外出，他也不忘教育我们。教我路上遇到人要主动打招呼；行人从对面来要主动让路，年轻的要让年长的，挑轻担的要让挑重担的；如果有人问你："贵姓？"你应该答："免贵，姓蒋。"记得有一次随父亲到离家八九里远的山里砍柴。下山时，父亲见我装得太多，叫我丢掉一些。他说，路很远，挑着担是越走越沉的。我不以为然，因为刚挑起来很轻松。但走了几里路后，感到那担柴重了，越走越吃力，要求停下来休息。父亲说，只能放慢步，不能停，一停下就不想再走了。于是他把我的柴拿了一部分加到他的柴担上，我才勉强挑回家。这件事对我影响很大，后来我每次接受新任务时都会掂量掂量，只有量力而行，方能坚持到底。

祖父和父亲，所处的年代不同，际遇、性格也不同，但他们都一生严谨，一生清白正直，无论再苦再穷，都没让子孙在教育上犯难。

我的北大求学生涯

1959 年我参加高考。那时高考与现在不同，是先填志愿后考试，填报志愿有很大的盲目性。我没有什么具体理想，只求读完初中读高中，读完高中上大学。上什么大学、学什么专业、将来干什么，没有细想过。当时只想，如果考不上大学，出路只有两条：一是明年再考；二是回农村，跟着父母种田。因此填写志愿时并不怎么纠结，只找有名的学校填。后来我选中北京大学，稀里糊涂填了五个专业，其中有古典文献专业和考古学专业。录取通知书下来，我才知道自己被北京大学考古学专业录取了，但考古学专业不是我的第一志愿。当时，我只知道郭沫若是搞考古的，除此之外对考古一无所知。

我 1959 年秋入学，入学以后和同班的同学谈起，才知道他们对考古也不甚了解。直到后来，我学习了专业知识并且到野外实习后，才渐渐认识了考古学，了解了考古的内涵和意义，并以考古作为我的终身职业。

入学的头一年，我对自己的专业并不热心，几乎把所有的课余时间都用来钻研电影艺术，写出了一个电影剧本，幻想凭此一举成名。但是，剧本寄出了很久，没有哪个电影制片厂来找我，剧本成了一沓废纸，功课却被耽误了，我懊悔莫及。这时我才意识到自己走了岔路，并下定决心把走失的心找回来，重新拴在自己专业的牢栏内。

入学后不久，我国进入了三年困难时期，粮食肉类供应紧张。学校提出劳逸结合，减少课时，要求学生静养。体育活动少了，但课外阅读多了，到图书馆期刊处、文艺处的学生比以往都多。学校还经常放电影、开讲座，精神生活相当充实。当时的政府领导、专家学者、社会名流都来讲座。讲座地点有时在办公楼礼堂，有时在大膳厅，有时在教学楼的

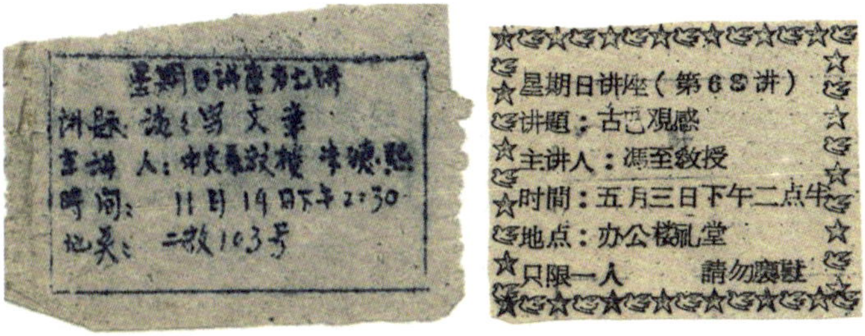

北大讲座的入场券

阶梯教室。讲座的形式很多，有星期日讲座、青年讲座、知识讲座、学术讲座和各种专业讲座，内容丰富，精彩纷呈。每次有讲座，事先都在三角地贴出海报，告之主讲人、讲题、时间、地点。有的讲座凭票入场，要领取入场券。演讲人采用不同方式演讲，生动活泼，引人入胜，用他们丰富的人生和广博的见闻吸引学生。这些演讲或传播知识，或鼓舞斗志，或开拓视野，或引人沉思，或充满正能量。

我在北大五年，除了前后有一年（两个学期）在外地实习和每年有将近一个月下乡劳动以外，凡在校内，只要不上课，我都争取去听讲座。当时兴趣相当广泛，各种讲座我都去听，兼收并蓄。对特别感兴趣的讲座，我早早就去领了入场券，到听讲那天提前入场占座位，有时还认真做笔记，发表感想。

半个多世纪过去了，对这些讲座我还记忆犹新，许多场景历历在目，当时的掌声、欢笑声仿佛仍在耳边回荡。1960

年 5 月，中国登山运动员成功登上珠穆朗玛峰。当年 7 月，学校邀请藏族运动员贡布来北大做讲座。他详尽地报告了中国登山队如何团结奋进，克服千难万苦，在缺氧的情况下，冒着生命危险，从珠峰北坡向世界之巅冲击的全过程，振奋人心。1961 年 4 月，在第 26 届世界乒乓球锦标赛上，中国乒乓球队获得男子团体世界冠军，庄则栋、丘钟惠分别获得男、女单打世界冠军，男子单打囊括了前三名。消息传来，全民振奋。北大将运动员请上讲坛，他们讲述了团结协作，步步攻坚，赢得比赛胜利的历程，鼓舞了青年学子的斗志……

作为考古专业学生，我对考古讲座特别关注。1962 年至 1964 年，先后听了裴文中、贾兰坡、苏秉琦、郭宝钧、安志敏、佟柱臣、唐兰、陈直等知名学者的专题讲座。我也爱听历史讲座。记得向达教授讲“玄奘法师和他的《大唐西域记》”，将玄奘的故事讲得非常详尽，还顺便讲了《西游记》和孙悟空。

北大讲座是开放的课堂，丰富了我们的课余生活，让我们直接接触到当时的学术前沿、热点课题，不但懂得本专业的发展历程，也了解了其他学科的一般情况，深深激发了我广泛学习、深入钻研的兴趣。

回味当年在北大听讲座的日子，如沐春风，如饮甘霖，既增长了知识，开拓了眼界，振奋了精神，领会了做人的道理，又懂得了求学、治学的艰辛，接受了北大民主、科学的优良传统。大师们的教导令我终生难忘，终生受用。这些讲座也是我在北大五年求学生涯中最好的纪念。

与妻子青梅竹马的时光

我与妻子彭书琳都是1939年出生，她比我小两个月。我们从初中开始就是同学，关系一直不错。初中我们同班，高中同年级不同班，也不影响我们的交往。青春期的男生没有女生成熟，她常常是一副大姐姐的样子，对我嘘寒问暖。学校后面是一座坟山，有的墓碑雕刻得很精致，祭台非常平整干净，同学们经常到那里游玩，也在那里看书聊天。有段时间我和书琳也常到那地方去，有时各看各的书，有时讨论功课。我们两个对数学都有兴趣，经常讨论几何、代数。她读过不少小说，有时给我讲苏联保尔·柯察金的故事，讲《青春之歌》中林道静的故事。

书琳是兴安县城人，家在北街里，紧临灵渠上的万里桥，处在从全州经兴安去桂林的官道上。我上中学也走这条路，经过她家门口有时会碰到她。她父母早逝，从小被过继给婶娘抚养，很早生活就能自理。她的大哥在新中国成立前夕在桂北游击队打过游击，新中国成立后当了干部，后来到大学教书，全力供她读书。她的经济比一般同学宽裕，学习成绩在班级名列前茅。

我们的中学时代需要勤工俭学，开荒种菜、上山砍柴都做。高中毕业后，高考都过了，还要上山砍柴交给食堂。我的姐夫在县委工作，放假后我住在县政府大院的姐夫家里。有一天，我跟一些同学到附近董田村砍柴，可能是天气太热、出汗太多的缘故，中暑了，当天晚上发高烧。半夜起来去房间外面的公共厕所小解，晕倒在厕所里。第二天清晨天蒙蒙亮时，清洁工发现我，才把我扶回房间。姐夫从乡下回来，要赶去桂林党校学习，没有时间照顾我，将我托付给邻居，并打电话回田心村告知情况。那时一个村子只有一部电话，接电话的人转告我父母，没有说清楚我在哪里。家里人以为我住在学校，直接跑到学校去找，没找着；又跑去北街里向书琳打听，书琳才知我病了，带他们到姐夫家找到我，送我上医院拿药。我在姐夫家静养了好几天，书琳几乎每天都去看望我。

很快，我们各自接到了大学录取通知书，我考上了北京大学考古专业，她考上了广西大学采矿专业，将要各奔东西。开学前，她陪我到县政府文教局领取去北京的路费。那时从兴安坐火车去北京，要在衡阳和汉口转两次车，三天才能到达。离开老家那一天，母亲送我到村口，父亲一直送到火车站。路过书琳家门口，书琳接过我的行李，陪父亲送我到车站。火车开动了，我们挥手告别，看着他们的身影越退越远，我第一次感觉到离别的痛苦，忍不住流下泪来。

从前日子过得慢，车马交通慢，邮件也慢。同学们分别之前，都互留通信地址，叮嘱到学校后多通信。我到学校后，非常思念家乡、思念父母、思念同学，一口气给十几个同学写了信。十天后陆续收到回信。书琳写给我的第一封信，抬头写的是“亲爱的蒋廷瑜同学”，用了“亲爱的”的称呼，我很吃惊。但以后她再也没用这个称呼，只是直呼我名，但仍很亲切。我们一般一个月左右写一封信，主要是问候同学老师，交流各自近况，很少提到情爱字句。我们感觉到，情绪波动会影响学习。学习紧张时，一两个月也不写信。

第一个寒假我没有回老家，留在学校度过，但很想家，就给书琳写了一封信，请她代我回田心看望父母，信里附了一张从她家到我家的详细路线图。她邀了同街的小学同学，拿着这张图到田心找到我的家。不巧，那天父母都不在家，母亲带着年幼的妹妹去西山外婆家了，家里只有三个弟弟。他们见客人来，手忙脚乱地生火煮饭，搞得厨房乌烟瘴气，炒了几个鸡蛋，煮了一碗茄瓜。后来她告诉我，她最讨厌吃茄瓜。她写信给我，说因为这次探望，我母亲可能误会了，以为她是我的对象。我回信说："可能是。"她很恼怒。

那时学生回家探亲坐火车可以享受半价车票，但只能坐慢车。从北京到南宁往返只要32元，持此车票中途可以转乘，多次使用。1960年暑假，我去了一趟南宁，住在在广西农学院（1992年更名为广西农业大学，1997年与原广西大学合并组建新广西大学）上学的同学蒋敏之那里，并和留在南宁的一些老同学玩。彭书琳回兴安去了，直到假期快结束时才回到南宁。我到广西大学去看她，并陪她上街买文具和牙具。她剩下一张当月的米粉票，带我到民生路三合馆买了一碗米粉，守着让我吃，她自己则饿着。

书琳的姐姐在兴安中学读初中时比我们高一个年级，后来考上长沙一所冶金专科学校，毕业后留在长沙工作；她姐夫是志愿军归国军人，分在醴陵军分区。有一年暑假书琳到长沙探亲，和姐姐、姐夫谈起我，姐夫鼓励她写信叫我到长沙玩。我从兴安回北京的途中，便在长沙下车，在他们那里住了两天。她姐姐、姐夫和我相处得很融洽，很喜欢我，有意让书琳和我进一步交往。

书琳的哥哥和嫂嫂在黑龙江省鸡西市教书，养母到那里帮带孩子。1962 年暑假，她去鸡西探亲，路过北京时，我去前门车站看她，邀她一起逛了天安门广场、故宫，然后去了北海公园，心血来潮，在那里拍了一张合影。她到鸡西后给我写信，第一次提到“愿我们今后生活幸福”。回程前，她

1962 年 8 月 5 日，我与彭书琳在北海公园合影留念

从牡丹江给我发来电报:“卅号十点半到京。”我随即向东北的同学打听有没有十点半从东北来的车。他们都说没有。我猜想是书琳把十二点半说成十点半了。那天上午有课，我上了两节课，到十点半才动身赶去火车站，到北京站时已是十一点半了，一查行车时间表，有牡丹江开往北京的66次直快，正是十点半到京。我顿时着急起来，在车站内外到处找，又到她前次住过的前门大栅栏旅店打听，毫无结果。第二天上午我又去车站，查看每一趟南去的火车，将近十一点时，进站到月台看到23次快车，乘客快上车完毕了，我从头找到尾，在最后那节车厢见到了她。她正伏在窗口向我招手，我奔跑过去，离开车还有八分钟。她说，昨天到京，在车站没见我，以为我没有接到电报，下车提着行李就到前门顺城街中华旅店去了，并写了一封短信寄去北大，随即回车站办理中转手续，所以没有碰到我。我也把误了接车的原因告诉她，求得她的谅解。她从车窗递出两个从鸡西带来的香瓜，我接到香瓜，火车就开动了。

大学毕业后，她被分配到广西地质局，下到大新县下雷镇锰矿劳动实习一年，接着又到田东县搞“四清”运动一年，最后被分配到四二四地质队，在德保钦甲山区工作。

我被分配回广西，进入广西壮族自治区博物馆（以下简称“广西区博物馆”）工作。我到南宁时，她已到大新下雷去了，我们没有见上面。直到那年春节，她回南宁过节，我们才见面。

1966 年 10 月 13 日，我与彭书琳的结婚照

1964 年 3 月，彭书琳（右一）
在南丹实习留影

1968 年 1 月 31 日，我前往德保钦甲看
望彭书琳

1966 年 10 月 13 日，我们在南宁登记结婚。她用攒了两年的钱买了一块英纳格手表，我买了一辆凤凰牌自行车。我们的新房是广西区博物馆内一个十几平方米的单人平房，木工师傅专为我们打造了一张新的双人大床。博物馆历史考古组、美工组的同事送来毛主席像、对联和语录，为我们布置新房。我们买了一些糖果，晚上举行了简单的婚礼。与书琳同在下雷实习的十几名同事也来贺婚，送来了毛主席语录和笔记本，这两本笔记本我们现在还留着。

那时，“文化大革命”刚刚开始，“红卫兵”搞“大串联”，铁路交通受阻。我们结婚十天后，母亲和二姐、小妹带着一个小外甥才从老家兴安赶来。他们乘坐冷水滩至南宁临时加开的“混合火车”（兼运旅客和货物的火车），一路颠簸到南宁。我们在食堂吃饭，没有自己的锅瓢碗盏。母亲带来一只鸡，没法处理，只好拿到在南宁工作的一位远房亲戚的家中，一起吃了一顿。

两个星期后，书琳回下雷锰矿，随后分去位于德保县钦甲村的四二四地质队。两地分居，日思夜念。因为“文化大革命”期间，工作时有停顿，所以我有机会偶尔跑到地质队去住几天。

1968 年，我们的第一个孩子出生了。地质队修简易的盘山公路时，要沿路埋炸药爆破。书琳怀孕六七个月时，还要去埋雷管点炮。她把引信设计得有长有短，从长的开始，一路点过去，点到最后一个就往山边滚。离预产期还有一个星期左右，她挺着大肚子，从德保山区走七八里路到公路边等过往的班车，挤上车，一路颠簸回南宁待产。这样做相当危险，现在想来还有些后怕。

家和考古密不可分

我很幸运，一到广西区博物馆便加入历史考古组，参加了广西的文物普查工作。那时，广西考古还比较落后，没有经费，也缺少人才。历史考古组有七八个人，都是大学生，但真正学过考古专业的只有我一个。但是他们很勤奋，自己摸索，总结了一套适合广西本地文物普查的经验，取得了很好的成绩。我就跟他们学习，全身心投入，很快入了门，每次都较出色地完成任务。半年下来，我就能独当一面了。我曾率领十几个人的文物普查队伍到陆川、全州做文物普查工作，成为当时最年轻的领队。

当时，广西考古工作刚有了一些起色，但随着“文化大革命”风暴席卷全国，文物考古工作被迫中断，不得不把业务工作停下来。为了不让业务荒疏，我冒着戴“白专”帽子的风险，读古书，研读地方史志，暗中为积累资料使劲。

“文化大革命”后考古工作恢复了，我们又回到了自己的工作岗位，压抑了十几年的力量一下子释放出来。其间，我除参加桂林、玉林两个地区的文物普查，还参与主持了柳州、百色、钦州、河池等地区的文物普查，并深入壮、瑶、苗、侗、彝、水、京、毛南等少数民族聚居村寨，征集民族民俗文物，足迹遍及广西 70 多个县市，对广西 23 万多平方公里土地上的地上、地下文物历史和现状了如指掌。

文物普查靠走路，跋山涉水是家常便饭；考古发掘蹲田野，日晒雨淋更平常。横县秋江的贝丘遗址，合浦堂排汉墓群，贵县罗泊湾汉代大墓，都留下了我的汗水。我主持过南宁豹子头贝丘遗址，贺县石壁湾汉晋墓群，兴安石马坪、界首、龙山湾等墓群的发掘；还主持过兴安秦城遗址的勘探和发掘。

为了这个家，彭书琳改行了。1978 年将近 40 岁时，她调到广西区博物馆文物工作队来。她大学读的是采矿专业，

1966 年 6 月 2 日，我跟随文物普查队在全州咸水河岸边休息

在地质队工作了 14 年，接触过许多古生物化石。文物工作队领导根据她的专长，分配她做古生物化石鉴定和研究工作，并送她到广西医学院（今广西医科大学）进修体质人类学。在进修的一年中，她每天都同人的尸体打交道，人的每一条经络、每一根骨骼、每一颗牙齿都要摸到，摸熟摸透，以便为考古发现的尸体和骨骼鉴定性别、年龄，推算他们的身高和饮食环境。为此，她搜集了许多人骨。她的办公室有两个大立柜，像中药铺的药柜一样，每个立柜有十多个小抽屉，抽屉内装的都是人头骨和四肢骨。从事体质人类学研究是一项非常细致而枯燥的工作，要考证一个人所处的历史年代、性别、年龄及当时的生活状况，必须对这个人头骨的各个点进行精细测量，计算出大量的数据，做对比归类，这往往需要连续几天几夜的奋战。在广西还没有人做过这个工作，她的工作是开创性的，因而她成为广西第一个古代体质人类学"先锋"。退休之前，她想找一个年轻人接班，有的来了一段时间，经不起寂寞，很快就跑了，以致这项工作至今后继无人。

广西是收藏古代铜鼓最多的省（区），历来比较重视铜鼓的收藏和研究。1979 年 4 月，我出席了在西安召开的全国考古学规划会议，这次会议将铜鼓研究列入南方民族考古的重点课题，并倡议在南宁召开一次全国性的铜鼓学术讨论会。广西区博物馆负责筹备这次会议，我被派往广州、昆明、成都、重庆、贵阳等地调查铜鼓，并搜集古代铜鼓文献资料。

1980年3月，古代铜鼓学术讨论会召开后，刚成立的中国古代铜鼓研究会指定我起草《古代铜鼓学术讨论会纪要》，并派我去北京参与编辑论文集。在编辑论文集期间，文物出版社编辑孙关根同志鼓励我写一本有关古代铜鼓的通俗读物，我写出了6万字的《铜鼓史话》，1982年出版。意料不到的是，这本小书竟受到学术界的好评，被中国史学会评为“爱国主义优秀通俗读物”，荣获了广西壮族自治区社会科学研究优秀成果二等奖。从此，我步入铜鼓研究王国的大门。

1984年我被选为中国古代铜鼓研究会理事，1989年被推选为秘书长，1996年担任理事长。1988年我写出20多万字的《铜鼓艺术研究》专著，1999年出版了《古代铜鼓通论》，2005年出版了《壮族铜鼓研究》。我成了中国古代铜鼓研究的首席专家，体现了我的人生价值。

1997年以后，广西考古进入丰收期。顶蛳山遗址被发掘，此项成果被评为“全国十大考古新发现”之一，以它命名的“顶蛳山文化”成为中国原始文化序列中广西第一个以当地地名来命名的史前文化。彭书琳参加过这处遗址的部分发掘工作。从1998年起，资源晓锦遗址连续进行了四个冬天的发掘，彭书琳都参加了，我是这个考古工地的领队，断断续续也参加了发掘工作。这个遗址展示了桂北新石器时代的一种新型原始文化。上述两处遗址，加上百色革新桥遗址、都安北大岭遗址等史前文化遗址的大面积揭露，奠定了广西考古序列的整体框架。

1999年冬彭书琳退休，2000年夏我也退休，但是我们还坚持在考古工地奋战，当年还一起去湖北巴东参加三峡考古大会战，没有感觉到自己已退休。2012年，我被推荐为20世纪中国知名考古学家，这是考古学界给我的最高荣誉。

一路相扶到白头

我和彭书琳在事业上一路相互扶持，一起合作写过专著《文明的曙光》《历史的足迹》和不少学术论文。我属于“学院派”，对古代文献比较熟；她则是“技术流”，从理工科转到文科，对考古来说是“半路出家”。就某些课题而言，我们的合作文理互补，查漏补缺，相得益彰。遇到分歧，我们也像中学时代讨论数学一样，有争论，不争吵，只有探索。

有不少考古发掘，我们两个是同时上场的，如1997年香港大屿山东涌唐代遗址的发掘，1998年香港西贡濠涌新石器时代遗址的发掘，1998年至2001年资源晓锦遗址的发掘，2000年三峡考古大会战，等等。田野考古有苦有乐，大部分时间猫在探坑或墓坑里，面朝黄土背朝天，偶尔伸伸懒腰，抬起头来仰望蓝天，一旦有重要发现就欣喜若狂。记得在三峡考古时，我们住在湖北巴东县官渡镇西襄口计划中的水淹区，从住地到巴东新城去买菜，需要先下到河谷底，乘船过长江，再爬上对面山坡的百步梯。一个来回需要两个多小时，因此我们很少进城。需要吃肉，住户宰猪，烘干后挂在灶头，每餐割食一块，我们7个人，两个月吃了他4头猪。没有青

2002年1月，在资源晓锦新石器时代遗址考古工地，我和彭书琳向湖南省考古研究所何介均所长介绍发掘成果

2007年2月，我和彭书琳在大新县考察巷口崖洞葬

2018年9月，我和彭书琳考察阳朔大石城

菜，就到山上摘野菜。当地人不懂吃白花菜，村前村后到处都是，我们分片采摘，摘完这一片，转到那一片；这一片摘完了，那一片又长了出来，摘了一遍又一遍。山上到处种着红薯，收获下来堆满田头地角，主人一大锅一大锅煨来喂猪，我们则把好的挑出来吃。

1998 年至 2001 年的四个冬天，我们投身资源晓锦遗址的发掘，每一次都待一两个月。让彭书琳无比自豪的是，正是她 60 岁生日那天，她亲手发掘出第一颗碳化稻米。她说，这是上天给她最好的生日礼物。此后她指导工人用水洗法拣选出 30000 多颗碳化稻米。这些距今 4700 多年的稻米在越城岭腹地的发现，打破了学术界关于广西水稻种植历史不长的推论，对于研究稻作农业的起源和稻作文化的传播，具有十分重要的意义。

退休之后，我和彭书琳接受广西文物考古研究所返聘，仍然下考古工地。她仍在百色革新桥、邕宁顶蛳山、南宁灰窑田等新石器时代遗址蹲探坑、剔人骨，继续进行在职未竟的古代崖洞葬考察和研究。

为了研究崖洞葬，我陪她走遍了大新、隆安、龙州、平果、天等等地，攀悬崖，入洞窟，历艰险。2007 年，我们都已 68 岁了，2 月 5 日来到大新县，在大新县博物馆馆长何农林等人陪同下，深入宝贤洞考察。进洞时需四肢伸直爬行 18 米，双手向前伸，双腿向后蹬，艰难地在狭小的洞穴里蠕动。洞穴如此漫长，空气潮湿腐臭，时刻担心进去以后怎么出来，会不会闷死在里面。工作结束后，爬出洞口才松了口气，但久久还是后怕。

经过多年的补充调查和资料清理，她终于完成了《广西古代崖洞葬研究》专著，2013 年得以正式出版。与此同时，我也修改补充完成了《广西考古通论》，也已顺利正式出版。这为我们的考古生涯画上圆满的句号。

我们携手走过半个多世纪，经历过最单纯的时光、最幽暗的时刻，也有过光辉灿烂的日子。无论何时何地，人生的境遇如何，我们从未放弃努力，从未忘记相互扶持，相互激励，共同进步。

要说遗憾，就是工作太忙，没有太多时间陪伴子女，错过了他们最珍贵的童年和少年时光。我们育有两男一女，为支持我们的工作，家里老人和亲戚轮流来南宁看护他们，奶奶来过，外婆来过，姨妈来过，年仅 14 岁的小姑也来过。她们轮番上阵，孩子们常常见到新面孔。但他们乖巧懂事，很小就能自立。他们 3 岁到 6 岁都在幼儿园寄宿，每周一早上送去，周六下午接回。大儿子上小学时，给他挂一把房门钥匙，请邻居关照，早晨催他起床，晚上催他睡觉，一日三餐他自己在食堂打饭。三个小孩上小学和中学都在南宁，没有让我们接送。我们甚至不知道他们的学校在哪里，他们在哪个班级。现在他们都已成家立业，最大的已年过半百，孙辈已读高中、上大学。

对子女，我们是开明的，不干涉他们的生活。抚养孙

2004 年春节拍摄的全家福

辈，我们资助他们请保姆。节假日他们会回到这个家，共享天伦之乐。平时，我们是“空巢老人”，仍能下田野和外出参加学术会议，有时也出去旅游。世界这么大，都想去看看。在职时工作忙，没有时间，家庭经济负担重，没有钱。退休后，有时间了，子女自立，经济也较宽松了，腿脚还灵便，可以出去走走。走出广西，全国各省、市、自治区，包括港、澳、台，我们都去过了；走出国门，去了越南、老挝、柬埔寨、泰国、日本；走出亚洲，到过欧洲、美洲；我们还计划去非洲和澳洲。现在，我们尽情享受着新时代给予我们的幸福晚年。

我愿为国守住家

（微信扫描二维码，倾听凌尚前诉说戍边情怀）

他的家乡位于中越边境线旁，离他家5公里处的天池国防民兵哨所居高临下地扼守着进入我国的一条边境要道。1979年，16岁的他亲历战火袭击，立下参军入伍保家卫国的志向；1981年，18岁的他报名参军，成为哨所上一名没有军衔的边防战士。自那时起，他在哨所连续坚守了整整38年。他，就是天池国防民兵哨所哨长凌尚前。他以界碑为伴、哨所为家，妻子黎兰新一直无怨无悔地支持他，女婿赵皓天在他的影响下放弃月收入5000元的货运生意当了哨兵。从这个戍边家庭的故事里，我们可以感受到“和平守护者”38年不变的爱边、护边、戍边情怀。

讲述者：凌尚前　撰稿者：凌箐璐

没军衔，我也干

1963年2月，我出生在百色市那坡县平孟镇(原为平孟乡，1992年撤乡建镇)弄汤村岜陵屯的一个普通农民家庭，我的家乡距离边境线不到一公里。像那个年代生长在边境的大多数孩子一样，战火给我留下了难以磨灭的记忆。1979年，刚满16岁的我见证了边境的战火硝烟，目睹了宁静的村庄被炮火炸成一片废墟，目睹了父老乡亲因为飞机大炮的轰炸而东躲西藏。在躲避战火的过程中，很多老乡流离失所，有的失去至亲，悲痛欲绝，有的颗粒无收，难以生存。看到这一幕幕情景，我暗下决心：作为男子汉，我一定要参军入伍，保家卫国！

听说我想上战场，老父亲坚决反对："现在正在打仗，去当兵可是会死的啊！"怀着对老父亲的愧疚，1980年12月的一个清早，刚满17岁的我，偷偷穿上堂叔给的老式军装，把自己收拾得利利索索，赶到平孟乡人民武装部去应征入伍。"小凌，不行，你太瘦了！"望着个子矮小、体重不足45公斤的我，平孟乡人民武装部覃干事直摆手。"我还在长！求你了，我一定要参军！"我一直和覃干事较着劲。覃干事被磨得没办法，也许是被我想参军的真诚所感动，于是将我纳入体检名单。我高兴得一蹦三跳，跑到卫生院去体检，不料五官科的医生检查到我的3颗大牙被虫蛀得厉害，中间都空了。毕竟征兵体检规定摆在那里，我当兵的梦想泡汤了。

我心灰意冷、垂头丧气地回了家，恨得牙痒痒，一气之下，我对着镜子用钳子把虫牙拔掉了，搞得满嘴都是血，急得父母赶忙把我拉到乡卫生院去上药。为我上药的正是那个为我体检的医生，听了这事，他哭笑不得，说："你这是干啥呢？好男儿志在四方，不当兵、上不了战场，就不能保卫国家了？生活在边境线上，你机会多得很呢！"他的一席话让我重新燃起了希望。

回家之后，我除了帮家里干农活，还经常锻炼身体，一有时间就拿着自制的红缨枪到山上练刺杀。1981 年 2 月，650 高地解放军某部全连阵亡的消息从边境传来，我亲眼看见昨天还生龙活虎的解放军战士，第二天全身盖着白布被抬下战场。"他们比我大不了几岁，却为了保卫我们，把命都丢了！"我心里更加坚定了即使战死也不言悔的决心。

机会终于来了。1981 年 3 月，民兵营长赵建华到弄汤村走家串户，打算招收 5 名年轻人去哨所当民兵。18 岁的我得知消息之后，毫不犹豫地找到赵营长，闻着硝烟与木棉花的味道，来到离家 5 公里的天池国防民兵哨所（以下简称"天池哨所"）当上了哨员，实现了梦想。"守卫哨所，就是守护家园！"站在哨所上，一抬眼就可以看见自己成长的村庄，这让第一天走上哨位的我，从心底升腾起一种神圣的使命感：只要能保卫国家，没军衔，我也干！自此，我与天池哨所结下了不解之缘，成为哨所上一名没有军衔的边防战士。

拔点作战

1984 年 4 月至 5 月，天池哨所协助那坡县武装民兵一营在 111 号界碑（现 662 号界碑）附近实施拔点作战，我们的主要任务是进行潜伏和侦察警戒，以此掌握越军动向和确保预设炮阵地的安全。

每天晚上，我都要随一个组的民兵在界碑附近实施侦察警戒，我们的侦察警戒地点是一座简易木板房。晚上 6 点，我们过去后，先在木板房周围拉上长一点的线埋上绊雷，防止敌军特工在夜晚进行渗透袭扰，到凌晨 5 点左右我们再把绊线收回，便于潜出进行侦察。

当时，敌军也在边境附近埋下了大量地雷。遇到雷场，因为没有排雷装备，为确保潜伏通道和侦察警戒地段的安全，我和战友们就只能在伸手不见五指的深夜中摸黑排雷，同时还要防范敌军特工的渗透袭扰，异常危险。

有一天凌晨，一起行动的一名战友被炸伤大腿。还有一次，在执行侦察警戒任务过程中，哨员隆向冬不慎触发地雷当场牺牲。当我和战友将隆向冬的遗体带回哨所时，大家悲痛不已，恐惧笼罩在哨员们的心头。有的哨员埋怨说：“我们不是正规军，只是民兵，犯得着把命搭上吗？”当时的我处在悲恸之中，我心里很清楚这确实很危险，也想过万一自己死了，谁来为父母尽孝。但一想起昨天还有说有笑的战友就这样突然地走了，如果自己打了退堂鼓，怎么对得起他拿命换来的战果。拔点作战已按计划进行，上级交代的任务就摆在眼前，只能进不能退。发言时，我说：“比起担任主攻任务的民兵分队，上级交给我们的任务已经是很轻的了。若我们侦察警戒的任务完不成，将耽误拔点作战的进程，因此，我们必须坚决完成任务！”

当天，我们抓紧时间训练发现和排除地雷的技能，特别是对夜间手臂感知发现地雷等内容进行针对性训练。第二天，我们又义无反顾地上了山。通过开辟潜伏通道，暗中侦察警戒，我们最终观察到约有一个班兵力的敌军在木屋里上哨、换班、吃饭、休息，一遇到大的响动，就会全部不见踪影，由此准确判断出在他们的木屋下面还有防空坑道。除了获得这些有价值的情报，我们还通过潜伏和警戒，为炮兵阵地的开设清除了障碍，确保了炮兵阵地的安全。

5 月的一天凌晨，主攻民兵分队在夜色中架好炮，向敌军开炮进行摧毁射击，我们这个哨所小组则与其他民兵分队一起，集中火箭筒、轻重机枪火力进行辅助射击。最终在这次作战中，我们取得了歼敌 9 名、摧毁敌木屋 1 栋的战果。1985 年 9 月，我又与哨所的其他民兵参与了对敌军卡朗哨所的拔点作战。1986 年 6 月 14 日，天池国防民兵哨所因在拔点作战中表现突出，被广西壮族自治区人民政府、广西军区授予“英雄民兵哨所”称号。

五公里的“鹊桥相会”

1986 年，在父母的撮合下，没有花前月下，没有海誓山盟，我与黎兰新结为夫妻。妻子黎兰新比我小一岁，婚后，我继续驻守哨所，妻子独自一人承担起照顾老人、养儿育女、耕田种地的重任。哨所离家虽然只有短短5公里的路程，但我们却一直过着牛郎织女般的生活。

哨所与家之间横着三座高度超过200米的山。在边境公路没有打通前，步行来往要踩着尖锐的山石，上山、下山几个来回，需要半天时间。2004年以前，村里没通电话，家人要给我带个信，全凭赶街的乡亲路过捎带过来。哨所每个月4天的轮休是家里最盼望的日子，可我不是在巡逻就是在哨所搞建设，难以保证仅相距5公里的"鹊桥相会"。逢年过节，为了让离家远的哨员回家团聚，我也都会按比例让哨员们请假回家，而自己留在哨所值班。在亲人最需要我的时候，我也无暇顾及。

1989年5月，一名乡亲受家人之托找到正在巡逻的我："恭喜你当爹了，还不快回去看看你儿子。"其实，那些天我天天都惦记着即将生产的妻子，却没想到孩子提前降生了。我赶回家，看到床上一脸苍白的妻子，我内疚了好久。

两年后的一天，父亲跑到哨所对我大发雷霆："当年你妈生你的时候，我可是寸步不离。"数天前，家里几次催促我回去准备迎接第二个孩子的降生，我嘴上答应，可那段时间我正备战县里组织的民兵比武竞赛，又把妻子临产的事搁在了一边。

对妻子，我满心愧疚。"我最大的愿望，就是等你有空时陪我去逛一次县城。”这是妻子时常挂在嘴边的一句话。妻子的这个愿望，我记不清已承诺过多少次，可始终未曾兑现。自嫁到我们家起，妻子就用柔弱的肩膀挑起了家庭的重担，操持家务、下地种田、养儿育女、照顾老人，一年四季她就像陀螺般忙得团团转。

1992年的春节，我大年初三才回到家，一家人还没有来得及一起吃顿饭，哨所的电话就打来了："665号界碑附近有情况。”接电话时，妻子一直盯着我。放下电话，我的目光与妻子碰到了一起。“别为难了，去吧！”妻子轻声说。一家子好不容易才吃一顿迟到的团圆饭，我知道妻子心里十分不舍。但知夫莫如妻，她知道挽留也是徒然，还不如让我安心去执行任务。“爸是咱们家的客人吗？”我刚刚踏出家门，就听到小大人一样的儿子说了一句

1995年，我们一家四口合影

话，心里如打翻了五味瓶，其实我比家里的客人还让他们陌生。聚少离多，我和妻子都早已习惯。哨所的副哨长周炜健给我们算了一下：我和妻子结婚32年，我每个月4天公休，我们夫妻俩待在一起的时间全部加起来不过4年多。如果除去我把公休让给别人或公休时执行紧急任务的时间，我们相聚的时间实在是少得可怜。

两次改变命运的抉择

1989年6月，边境形势已经趋于稳定，平孟乡人民武装部需从国防民兵骨干中招一名熟悉边境情况的干部，组织考察后，我和同事隆帮良被列为合适人选。我考虑到隆帮良家里兄弟姐妹多，双亲体弱多病，家庭情况比自己困难，而自己作为一名共产党员，理应吃苦在前、享受在后。我深思熟虑后说："就让小隆去吧，如果以后还有机会我再争取。"于是，组织采纳了我的建议。

1992年年底，哨所精简整编，上级对有功之臣和连续工作10年以上的哨员进行转移安置，我因为符合条件被录用为镇政府的办事员。这时我的一双儿女已经降生，虽有百般不舍，但考虑到家庭实际困难，我决定放下哨所的事，走上平孟镇政府办事员的岗位。喜讯传来，家人十分欣喜，提前杀了年猪，精心为我置办了酒席，饭后在爆竹声中热热闹闹地把我送出村口，看着送别时一家老小笑中带泪的样子，我深刻地感受到家里人吃的苦太多，这一刻让他们等了太久。

然而，过了几天，我办事员的板凳还没有坐热，副哨长陆福光就给我打来电话："你一走，大伙都要散了，有的说家里需要劳动力，有的说在哨所不如出去打工，要是你不想办法，剩下我这个光杆司令也没信心干了。"原来，哨员们觉得我这个守了 11 年哨所的老哨长都走了，大家坚持苦守哨所也没了心思，面对打工收入是哨员工资的几倍甚至十几倍的差距，哨员们也陆续离开外出打工，8 个人的哨所忽然间只留下了 1 个人。

听到哨所"人去楼空"的消息，我的心情跌到了谷底，那段时间我总是在想，当年牺牲的战友的英灵会不会怪我把这个哨所守搞没了。几经权衡，我还是放不下边防，放不下哨所，我穿上迷彩服又回到了哨位，劝回了哨员，干起了老本行。县人民武装部领导了解到情况后问我："你是有功之臣，已经放弃了一次改变人生命运的机会，再次放弃的话，过了这个村可就没有这个店了。做出这样的决定，你能保证今后不怪组织吗？""当年多少人为了守边境舍了命，我的这点牺牲能比他们的命还宝贵吗？我向党保证，自己的决定自己承担！"我斩钉截铁地回答。

丢下锄头捧铁饭碗是很多人梦寐以求的事，一来可以改变身份地位，光宗耀祖，二来有稳定的工资收入。在两次改变命运的机会面前，我都选择了放弃。妻子得知后十分不甘，实在忍不住跑到哨所将我一阵数落："你就忍心一家老小跟着你遭罪？我真是嫁错了人。"面对妻子的埋怨，我沉默不语，我心里明白，5公里的“鹊桥相会”已经让妻子过得很苦了，经济上的拮据更是让这个家难上加难。我刚进哨所时月工资30元，到20世纪80年代末涨到近100元，90年代最多时领到400多元，21世纪前十几年不足1000元，自2014年后才突破2000元。这样的收入对孩子上学、老人看病、家庭日用开销等费用来说，无疑是杯水车薪。20世纪90年代后，随着改革开放和边境贸易的兴起，乡亲们有的南下打工，有的做起了边贸生意，家家户户盖起了小洋楼，物质生活得到了极大改善，唯有我们家一贫如洗。

我守着哨所，你守着家

天池哨所于1978年6月组建，位于那坡县平孟镇东北侧12公里处，海拔918米。天池，名字听起来很美，不懂的人肯定以为这是一个风景秀丽、碧波荡漾的地方，实际上这里只有满山黑不溜秋的石头、两间狭小潮湿的营房、一条勉强算得上路的巡逻道。20世纪90年代，哨所还不通水、不通电、不通路。为了守边关，哨员们需要克服种种困难，吃水用水要到两公里外去挑，米、油等生活物资要通过马驮人背，走10公里的山路到集市去买，来回一趟需要6个小时。艰苦的生活条件，让不少年轻人上哨不久就打起了退堂鼓。人都留不住，边还怎么守？

为了改变哨所面貌，创造一个拴心留人的工作生活环境，从20世纪80年代初入哨所开始，我就一直寻思着如何改善哨所的生活条件。1988 年以后，边境战事减少，中越边境进入一个相对和平时期，在保证完成执勤任务的同时，我带着哨员们一起艰苦奋斗，改善哨所的生活条件。哨所建设之初，从山脚到山上只有一条石头路，陡峭狭窄，高低不平，而且长满青苔，下雨的时候非常滑，一不小心就会摔跤。为了方便哨员们出入哨所，1987 年，我和哨员们一起劈山挖土，肩挑背驮，3 个月不离哨所，用钢钎和铁锤凿出了一条一米多宽的台阶路。

以前经济条件不好，上级下拨的伙食费少，哨所离集市又远，哨员们常常只能吃些干菜、咸菜，生活条件很差。1992 年起，我带着哨员们在屋前屋后的石头缝里一点一点抠出 9 块“袖珍菜地”，种上各种蔬菜；又带头捐出一个月的工资，加上县人民武装部扶持的 2000 元，建起鸡棚、鸭舍、羊圈，大家一起养鸡、鸭、羊，还在山坡上挖出一口鱼塘养鱼。这些措施不但大大改善了大家的伙食，每年还有几千元的收益。

2000 年起，县人民武装部筹措资金改造哨所。我夜以继日地带着全哨民兵积极参加军工自建，花了一个多月时间，用人力把 20 多吨建设材料搬上了山，使哨所的改造工程提前半个月完工。哨所饮水、用水以前都是靠挖水池积蓄雨水，数量、质量都没有保证，几个星期不下雨就会断水。2001 年，在上级的帮助下，我带着哨员，通过肩扛人抬，硬是将 5 根 200 多公斤重的水泥电线杆搬上哨所，架上电缆，解决了用电的问题。2002 年，我又带领哨员安装水管、砌水柜，从山脚泉眼里引来了清洁的泉水，告别了靠天吃水的历史。

“巡逻加执勤，白天兵看兵，晚上数星星”，这是天池哨所枯燥生活的真实写照。为了丰富哨所的精神文化生活，2002 年，我积极向上级有关部门申请，给哨所开通了卫星电视。哨所的生活条件逐渐好了起来，也很少有哨员因为生活条件的原因退哨了。

由于我常年驻守在哨所，与妻子聚少离多，妻子自嘲她嫁给了一个像螺丝钉一样钉在哨所的丈夫，时常打趣说：“你对哨所的一草一木熟悉得不得了，却不知道家里种了什么庄稼、养了什么牲口。”“家是最小国，国是千万家，哨所就是我们在祖国边境上的‘家’，我在山上守着哨所，你在山下守着家。”我说出了心里深处的想法。

三次“二万五千里长征”

20 世纪 80 年代中后期，虽然边境战事渐少，但边境线上并不稳定，巡山放哨、查看争议地区、协助维护边境安全成了边境国防民兵哨所的日常任务。以前的老界碑一般是从山野丛林中采集的原石，大多沿着山脊线走向而立，巡逻时都是沿着走出来的小径前行，有的地方根本就没有路，山间的茅草和荆棘很多，常需砍刀开路，不但行进缓慢，手脚还经常会被划出一道道血口子，要确定新界碑的具体位置，只能边探路边确定巡边路径。双号界碑因为是越方立的，我方这边没有路，因此非常难巡。再如从 667 号到 668 号界碑、669 号到 670 号界碑，看起来直线距离不足一公里，但中间横着三座大山，基本上只能沿着山脊线前进，需爬上爬下，实地距离达 7 公里以上。

“上坡气喘喘，下坡脚打闪”，我和哨员们对此有太深的体会了。上坡时气喘吁吁，体力消耗很大，下坡时小腿肚直打抖，膝盖发热，更吃不消。为爬上陡峭的山坡，必须手脚并用往上攀爬，最陡时几近 90 度，一抬头，就能看到前面人的脚跟。下坡时，要么重心后仰，屁股着地，脚跟前顶，枪挂在胸前，要么面朝陡坡，背着枪，抓着草丛或树枝小心

我（前一）带领天池哨所的民兵执行巡逻、管控和防御任务

后退，摔跤打滑是常有的事。你问巡逻累不累，肯定累，你要问到底怎么个累法，我还真是说不出来，不苦不叫守边。

每年7月、8月巡查667号至668号界碑时，因路途远，体力消耗大，带满满一壶水都不够喝，而山上又没有水源，一直要等到巡完667号界碑下来，拐弯走到山脚一个小石坑那里，才有从山体合水线那里渗下来的两个巴掌那么大的一小坑水，有时里面还漂着一层牛粪。但太阳毒辣，我们个个汗流浃背，口渴难耐，哪管得了那么多，经常是用手撇开牛粪，掬起水就喝。

巡逻途中我们还要小心蚊虫叮咬，以及蜈蚣、山蚂蟥、毒蛇的侵袭。1986年6月的一天，当时我已是副哨长，按计划带队前往110号至111号界碑地段巡逻。当时的天气已经开始潮湿闷热，爬过一座石山后，是一块地势较低的丛林，且林木和藤蔓都很多，荆棘丛中还有不少石头，不小心谨慎行进极易崴脚。大家背枪进入丛林，一路抓着藤蔓，闪躲腾挪跳跃着往前走。两名哨员拦住我说："老凌，你腿有风湿，我们负责在前面开路吧。"我没有同意，说："这段路比较险，我更熟悉一些，还是我在前面开路，你们跟紧一点，小心脚下就是。"

每逢夏季，山林中的灌木就疯长。以前巡逻时都是顺着老百姓砍柴或放牧时踩出来的小路前进，隔一段时间再来巡逻时，路就几乎看不见了，只能凭着模糊的路线前进，遇到草木多的地方，就用砍刀重新砍出路来。路越来越难走，藤蔓中的茅草差不多跟人一样高。我左手扒着茅草和树枝，右手熟练地挥着砍刀砍下去，巡逻路就慢慢开辟出来了。正砍得起劲，我突然觉得左手刺痛了一下，原以为是被茅草或是什么荆棘刺了一下，没有在意，就继续往前走。就这样边砍边走前进了一会，我感到左手麻酥酥的，而且不怎么听使唤了，仔细一看，无名指上有几个小伤口，正隐隐渗着血，血黑黑的已凝结了一小层。“坏了，被毒蛇咬了！”我惊呼一声。哨员们也吓了一跳，赶紧跑过来。不一会儿，我就眼前一黑，毒性发作昏了过去。

醒来时，我第一反应还以为自己在山林中，问大家到达111号界碑没有，使得守在病床前的父亲气不打一处来:“还巡什么巡！这么不小心，差点连小命都丢了！打仗那几年，你瞒着我当了民兵也就算了，现在仗也打完了，我不想再看你有什么闪失，你不能再干了。”

“幸好哨员们给你敷了蛇药，并跑着轮流把你背下山来了，要不命都没了。”医生告诉我。因错过最佳治疗时间，我留下了终生残疾，左手无名指此后再也无法蜷曲。我安慰父亲道:“边防就是我们自己的家，我们不来守谁来守？我的战友为了保家卫国，有的被地雷炸伤，有的甚至献出了年轻的生命，我能活着守在边防线上，留下点残疾算不了什么。”

虽然后来修了巡逻路，路好走多了，也不用那么费力地上下陡坡了，但巡逻路弯来绕去却变长了。对哨所来说，巡逻一次在时间上并没有节省多少，因为我们不像边防部队那样配了巡逻专用车，可采取乘车与徒步相结合的方法巡逻，我们只能靠徒步巡逻。每次从670号界碑地段巡逻返回，就会经过老家弄汤村岜陵屯。经过家门口，有时会看到妻子一个人在家里或田地中忙忙碌碌的身影，我的心中满是歉意和感动，但因为有任务在身，我无法为妻子分担家务和地里的农活。没有妻子的任劳任怨，我也坚持不到今天，我深知自己亏欠妻子的太多太多。

勘界立碑前，我们要完成每月8次全线横向、每周两次纵向巡逻。2008年勘界立碑后，巡逻任务轻了些，但还是得跋山涉水，风里来雨里去。有记者帮我大概算了算，37年来我穿坏的解放鞋至少有200双，走过的巡逻路加起来超过了三次二万五千里长征的距离。

我还是最适合扛枪放哨

建新房子之前，我们家只能用家徒四壁来形容。几间四面透风的木瓦房，几把木板凳、一张木桌子、两个木柜子、三张木床，就是可以用手指数得出来的全部家当。家里没有一件用钱买的家具，全是用木头手工打造的。遇上风雨大作的天气，全家人在瓦片稀疏的房屋里又挪床又移柜子，接雨水的盆盆罐罐摆满屋子，“水漫金山”是常有的事。2008年，自家举债一部分，县人民武装部帮扶一部分，我们家才拆除木房子开始建砖房，直到2013年上半年，才搭起了两层小楼房的架子。“虽然没搞装修，但起码有个水泥造的窝了！”

2005 年，我们三代人一起合影

2008 年，我在旧房门口与妻子合影

我们全家人已经很满足了。

我微薄的工资收入根本不够补贴家用。孩子上学、老人看病、家庭日用开销，常年都把希望寄托在妻子种的几亩玉米地、养的几只鸡和几头猪身上。有一年春天，才刚凑齐两个孩子的学费，母亲的胃病又犯了。东拼西借实在凑不够医药费，我只能动员妻子把家里唯一的耕牛卖了。母亲的病治好了，但没了耕牛后，我们家连续几年温饱都成了问题。

20 世纪 90 年代初，随着改革开放的兴起，边境贸易发展进入快车道。依靠兴边富民政策，当地老百姓有的外出去打工，有的做起了边贸生意。不到十年，家家户户都拆掉了木瓦房，盖起了小洋楼，物质生活得到极大改善。

同哨所的民兵黄善下哨后，通过经营红木生意，短短几年时间就在县城建起了几百平方米的大房子，买上了私家车。看到我的两个孩子用的是塑料编织袋做的书包，穿的是几块钱的塑料凉鞋，他多次动员我不要苦守哨所，跟他下山一起做生意，还劝我即便不为自己着想，也要想想自己的后代。很多亲朋好友也劝我不要在哨所干了，趁着好时代到外面赚钱去，也好改善一下家中的生活状况。我告诉他们："航母要人开，树茂有人栽，有人适合当官发财，有人适合挖地种菜，我嘛，还是最适合扛枪放哨。"

天池哨所距离边境线不足500米，防区有边境小道10条、走私便道两条，紧挨着哨所就有一条走私通道。在哨所后山之巅，拿起望远镜就能看到平孟口岸车来人往、商贾云集的繁荣。曾经硝烟弥漫的战场，成了通贸兴边的商场与货场，昔日的军事要点成为赚钱的黄金通道。

从 20 世纪 90 年代初至今，有亲人希望我对走私“睁只眼闭只眼”；有朋友让我通融一下，想在防区开矿石、伐木材、捕猎野生动物；有不法分子欲借哨所存放走私货物、开设赌场；他们给出的丰厚条件被我一一拒绝。见我“敬酒不吃”，便有走私分子恼羞成怒放出话来，说要让我妻离子散，恐吓我服软妥协。但无论怎么威逼利诱，我都不为所动。

前几年，我被平孟镇边防派出所特聘为封控弄汤村路段的“打私路长”，常常有人跟我说：“靠山吃山，靠水吃水。你要是脑筋肯转弯，睁只眼闭只眼，隔三岔五搞一点‘外水’，谁会知道？”2017 年春节前，有个自称做边贸生意的陌生人，带着几十斤猪肉和几箱水果找到哨所来“慰问”。反常的热情引起了我的警觉，我婉言谢绝了。结果两天后，我带队巡逻时抓到一伙走私生猪的团伙，带头的就是那个老板。他还掏出一沓钱要往我口袋里塞，让我们“行个方便”。我说，不要再打什么歪主意了，我们要是想发财，还会等到今天吗？老板被派出所的人带走时，还甩下一句难听的话：“怪不得混了几十年还是个站岗放哨的。”这么多年，我们哨所协助海关、派出所查获走私案件、截堵盗伐盗猎上百次，没有一个人参与走私、护私。当地群众说：“老凌就像天池山上的花岗岩，硬气！”

守护好祖宗留给我们的地

2011年国庆节前夕，母亲病倒，我回到家，病床上的老母亲说话都困难，但紧攥着我的手不肯松开。

母亲积劳成疾，平时都靠妻子照顾。这次我决定留下来多陪她几天，想不到第二天又接到上级通知：国庆期间，哨所负责人要坚守岗位。我犹豫着准备请假，但母亲坚决不同意，于是我打算先回哨所，等过了国庆节再带母亲去县城检查治疗。

可是，母亲没有等得及去县城。10月6日，母亲永远离开了这个世界。

母亲的离去，让我深深理解了“子欲养而亲不待”这句话的内涵。2014年中秋节，我再一次体会了这种痛苦。父亲上气不接下气地咳嗽气喘，我把父亲带到县里检查，结果如晴天霹雳：肺癌晚期。

“送来晚了，还是回家安养吧。”医生说。回到家，我决定到哨所把工作安排好后陪伴父亲走完人生最后一程。临出门前，父亲仿佛有预感似的拉着我的手说：“战火燃烧过的土地最宝贵，既然你当年不顾我的反对坚持去哨所，就一定要守护好祖宗留给我们的地！”我强忍着泪水点点头。

然而，命运再次和我开了个玩笑，刚回到哨所，我就接到了父亲离世的噩耗。我心如刀绞，回想一辈子含辛茹苦的双亲，有生之年我未能陪伴他们几天，撒手人寰时也没有看到他们最后一眼。我发疯般跑回家，握着父亲冰冷的手长跪不起……

“孩子来到世界第一眼没有见到父亲，两位老人离开世界的最后一眼没有见着儿子。”听到左邻右舍议论我对亲人的无情，我心里深知守边三十几年，我没有辜负父亲的嘱托。

边境线上，越界巡逻、砍伐、耕种，甚至私设界物、界碑等情况时有发生。一万次认真执勤没有情况，一次疏忽就可能使国家利益受损。记得有一次巡逻，我们发现一群越方边民正在越境植树，我们拦阻时，对方还气势汹汹地质问道：“这里又没有界碑，谁说是你们的？”虽然我文化水平不高，但对防区的边境线，闭着眼睛都能走一遍。我掰着手指，一条一条讲清那块地前几年是谁种的、种的是什么，讲到两边老界碑的位置、边界线走向，他们哑口无言，只能退回去。2007 年中越陆地边界勘界立碑时，我也参与了防区的勘界工作，我们那一段基本没有争议，土地一寸也没有少。2013 年，越方在 665 号界碑处拓宽巡逻便道，推倒了一棵界竹，越过边界仅 0.5 米，在地图上也就是连 0.1 厘米都不到的距离，常人根本就发现不了这一细微变化。我拿出原来巡逻路的照片上报，在上级部门的交涉下，越方尊重证据事实，依据法律协定回填改造了道路，捍卫了我们国家领土的完整。三十几年来，我和哨员们处置边情上百起，做到有理有据，无一失当失妥。

一面特殊的锦旗

天池哨所的荣誉墙上，挂着一面特殊的锦旗，上面绣着“排雷抢险，风雨同舟，心思百姓，雨水情深”，这朴实无华却满含深情的16个大字，是弄汤村百姓赠给天池哨所的。这个故事要从1993年说起。

1993年广西壮族自治区实施“八七扶贫攻坚计划”，弄汤村借力拓展耕地，我和哨员们投入到炸石开荒的会战中，与当地群众连续奋战100多天，从十几公里外拉土9000多万立方米，在炸平的乱石岗上填起了22亩新田。1993年和1997年，为打通富民兴边的贸易通道，广西军区实施两次边境大排雷，我曾上过战场，熟悉边境的雷场情况，又主动请缨，义无反顾地奔赴雷场，当起了排雷队的向导。由于山高坡陡、林密丛深、补给困难，我们就以深山为营、密林为帐，干起来就是十天半月不下山，经常是一日三餐吃干粮、喝泉水，铆足干劲，艰苦奋战在边境雷区。

2000年，广西壮族自治区实施以修建千里边境公路为重点的边境建设大会战，天池哨所民兵负责参与山脚下两公里进村路的打通工程，其中有50米需要穿山而过，施工难度极大。我与十几名哨员炸山石、平路基，每天劳动12个小时，有时候手磨破了会与手套粘在一起，要用热水泡化血块才脱得下来。我们不叫苦不叫累，缠上两层纱布接着干，最终打通了这条致富路。后来，广西壮族自治区实施定点扶贫工作，广西军区实施“三包一定”扶贫工程，我又和哨员们积极参与弄汤村 7 个屯的开挖水渠、建设地头水柜、铺设电缆等工程。几年的时间，弄汤村最闭塞的屯也通上了电，水利工程将灌溉的水引上了大山，助推当地的种桑养蚕项目快速发展。如今，我们村桑树总种植面积已超过 2000 亩，养蚕户户均收入达到 13000 元。边民们纷纷返乡，看中的就是离家近、有钱赚。

2010 年，广西出现了罕见的特大旱灾，哨所附近的村屯大地龟裂，水柜干涸，溪泉断流。我按照上级“一营包一乡（镇）、一连帮一村（屯）、一个骨干负责一户”的指示，带领哨员们迅速投入到抗旱救灾中。虽然自己家的 4 亩玉米地已经面临大面积枯死的危险，但在困难群众的期盼面前，我顾不上自己，选择了更为偏远的果梨村弄蕉屯。由于不通路，村民居住分散，每次送水到户，要走 8 公里山路，我就和哨员们一起靠人背手抬，每天定时将“生命水”送进每家每户。两个月的持续送水帮助弄蕉屯的群众熬过了大旱，但我自己家的地却荒了一半，面对妻子的埋怨，我说：“不把群众的利益放在第一位，我就白穿这身军装了。”

2015 年，弄汤村上蓬屯发生了史上最大的森林火灾，山火覆盖面积超过 13 亩。发现火情后，我立即带领哨员们奔赴火场，只见熊熊烈火已经燃遍了两座山头、一条山沟，严重威胁到周围林木和几十户群众的安全。火势蔓延之处，有的在悬崖绝壁之上，有的在深沟险谷之间，前去扑打很危险。困难前面只能前进，不能后退，我们冲进火海，用来扑火的树枝打秃了就用脚踩，面孔熏黑了、眉毛烧焦了，胶鞋烧坏了，脚烫起泡了，仍不退缩。经过一昼夜的战斗，最终扑灭了山火，使火场周围的村屯转危为安。

一件传家宝

2015 年农历腊月二十六，是我的儿子凌宇大婚的喜庆日子。我郑重地将一条珍藏了 32 年的枕巾交给他，说：“虽然这只是一条枕巾，但老爸一直待它如传家宝，因为它记载了一段历史，代表着一种荣誉。现在我将它交给你，希望你不要忘记过去，像老爸一样做一个守边人。”

看到这条枕巾，我就像回到了那个战火纷飞的年代。1985 年 9 月，为配合那坡县城厢镇民兵特种分队炮击 534 高地南侧敌军营房，那坡县人民武装部派军事科科长朱跃和过来，组织各民兵哨所哨员到预设炮阵地遂行侦察和警戒任务。当时农勇任天池哨所副哨长，他带上我还有另外两名哨员组成一个小组。

那天下午 5 点，我们四人吃完晚饭后，每人携冲锋枪 1 支、子弹 120 发、手榴弹 4 枚，并准备好水壶干粮，就从哨所出发了。到达现 662 号界碑附近的弄更屯，朱科长在那儿给大家再部署了一遍任务。此时天色已晚，趁着夜色掩护，我跟着副哨长又摸过去 300 多米，就来到一片空地上，这片空地也就是特种分队的炮阵地。侦察警戒小组的主要任务就是侦察有无敌军潜伏在炮阵地附近，排查有无敌军预埋的地雷，并负责特种分队进入、撤出炮阵地的警戒。

我们通过交替掩护前进，侦察是否有敌军潜伏，待周遭地形全部侦察完毕后，我们就两人一组分散在空地前沿的草丛中进行潜伏警戒。我和一个叫隆朝象的哨员负责空地西北侧方向。因为时间尚早，潜伏时我们可以轮流打个盹。“朝象，你睡吧，我睡不着。”想到马上就要战斗了，我特别有精神，一丝睡意都没有。我让隆朝象放心睡一会儿，自己则睁着眼睛，瞪着敌军方向，竖耳听着周遭动静。也不知过了多久，隆朝象醒过来，看到我还操着枪趴在那警戒，就推了推我，轻声说：“尚前，你也眯一会吧，要不太累了，会影响后面行动的。”我一想也是，就抱着冲锋枪轻轻躺下了。

“尚前，醒醒，他们来了。”我被隆朝象叫醒时，吃了一惊，马上端起了枪。“别紧张，是我们的人上来了。”我这才稳稳神，隐约看到特种分队带着迫击炮，通信连带着电台，已行军到空地边上了。看了看夜光电子表，正好是凌晨4点20分。特种小分队静悄悄布设好炮位，到凌晨5点，他们开始进行射击。

约10分钟炮击后，特种分队迅速转移炮阵地，哨员们负责一边掩护一边后撤。撤到弄更时，军事科朱科长一个单位一个单位点名。农副哨长大声报告人数：“天池哨所圆满完成任务，人员装备全部到齐！”

不到20天，战斗纪念奖品就发了下来。我们因为保障炮击战斗有力，每人发了两件T恤、两条枕巾，上面还绣有“对越军炮火还击作战，广西壮族自治区人民政府赠，1984.5”字样。

三十几年过去了，有些战斗纪念品已用旧用坏了，但我一直将其中一条枕巾保留了下来，并把它当作“礼物”送给儿子，希望儿子能够明白其中的含义。

动员女婿上哨所接我的班

2016 年 11 月 6 日，我的儿媳被送往县医院待产，当时我正在执行任务。等我满心欢喜回家，却得知儿媳产后大出血的消息。儿媳虽被抢救过来，但已变成植物人。

突然的变故，让我们这个原本就不富裕的家庭雪上加霜。“一旦我走不动了，你就来顶我的班，国防总是要有人站岗的，别人我管不了，我干不动时你得把这个岗一直站下去。”这是我对儿子的多次叮咛。

可是，如今家里出了事，儿子暂时不能接我的班，那就让女婿来吧。于是，我动员女婿赵皓天放弃月收入 5000 元的货车运输工作来哨所当哨兵。我的决定得到了女儿凌船的支持。“爸爸您为了保卫国家，长期站岗巡逻，患上了严重的风湿病、颈椎病，您是我最崇敬的一个人。”26 岁的女儿动情地对我说:“曾经我责怪您不顾家、放弃好的工作机会，长大后才明白，这有多么不容易。”

2017 年 2 月 13 日，女婿赵皓天上哨的第一天，我郑重地把扛了几十年的钢枪递到他的手里。

家乡支持国防的氛围越来越浓厚

我们哨所民兵虽然不是戴军衔的兵，但却是担负特殊国防任务的民，我和我的战友们都非常看重这份荣誉，非常认真地履行自己的职责，我们的工作也得到了部队和地方各级领导的肯定。从 1978 年建哨到现在，我个人先后荣立 1 次二等功，3 次三等功，12 次被评为“边防执勤先进个人”和“边海防工作先进个人”，4 次被评为“优秀哨长”，9 次被评为“优秀共产党员”。此外，我 2012 年被评为“全区民兵工作先进个人”，2014 年、2015 年分别被百色市和广西壮族自

这些年，我获得的部分荣誉

治区评为“爱岗敬业道德模范”，2017 年被广西军区评为“十佳国动标兵”，2018 年被广西壮族自治区评为“新时代八桂最美国防人”。我们哨所也先后被广西壮族自治区和广西军区授予“英雄民兵哨所”荣誉称号、评为“先进边（海）防哨所”，荣立集体一等功 1 次，二等功 2 次，三等功 5 次。我的家庭也于 2016 年 10 月，被广西壮族自治区评为广西“最美家庭”。

相比这些荣誉，让我更高兴的是，家乡支持国防的氛围越来越浓厚。过去，随着市场经济思潮吹进边陲小镇，边民人心思富，愿意当兵的越来越少。如何让边民找回军民一心、同守共建的好传统曾让我十分挂心。多年来，每到征兵季，我就配合那坡县人民武装部挨家挨户做动员，走遍了哨所附近的 4 个村 40 个屯，积极发动边民踊跃参军，支持国防。

2012 年，爱国主义教育和国防教育基地在天池哨所正式挂牌后，经过几年的营区开放，哨所的辐射面和影响力逐渐推开，受教育的人数越来越多。边境小镇支持国防、献身国防的氛围愈加浓厚，先后有 160 名边民在平孟镇国防民兵天池、旧村、弄平哨所担任哨员，其中坚守 5 年以上的有 50 人，坚守 10 年以上的有 14 人。仅我们村 312 户人中，就有 80 人参过军，有 45 人当过哨员。可以说，绝大部分乡亲们的国防意识、国土意识已经扎根心中。

如今天池哨所已经成了那坡县“两学一做”教学实践基地，平孟镇青少年爱国主义教育、国防教育基地，每年都有

我的军功章有你的一半

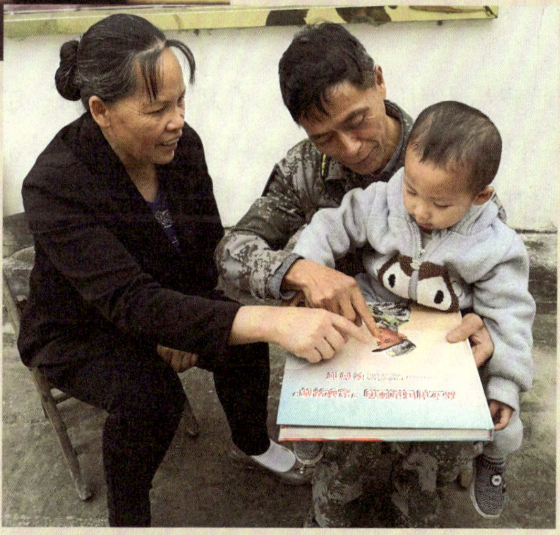

我给孙子讲守边的故事

我们夫妻俩给哨所的菜地浇水

近千人到哨所接受教育。看到当年“一村一连、一户一哨、一民一兵”的传统又回来了，让我越发觉得守哨所很光荣、很有意义。2017 年 11 月，我从哨长的位置退了下来，但仍参与巡逻。2018 年 10 月，我的妻子也主动申请上哨成为天池哨所的一名哨员，和我一起建设哨所。

我想，边疆和平发展，离不开强大的国防。如今我还是哨所的一员，只要组织需要我，我会一直坚守下去，直到我走不动的那一天。

父母在哪我在哪

（微信扫描二维码，倾听贾双飞演唱《父母在哪我在哪》）

从种畜场的文艺宣传队到县文工团，再到地区文工团；从中国音乐的最高学府中国音乐学院，到进入广西歌舞团，再到成为广西教育学院艺术学院的院长，目前已是国家一级演员的贾双飞一路走得很顺，这离不开家人的支持。小时候，贾双飞的父亲喜欢唱歌，母亲喜欢唱评剧，他的童年时代就沉浸在父母那美妙的歌声里，充满了阳光和快乐。1981 年，他跟随父母从遥远的牡丹江来到柳州，从此以广西为家，并在广西成家，一待就是 38 年。“家和万事兴”“百善孝为先”，正是因为坚守这些中国最古老的家庭观念，贾双飞家庭才有了最坚实的依托。

讲述者：贾双飞　整理者：李乐和

父亲是我的启蒙老师

“我 7 岁时，父亲把我带到沈阳，你 7 岁时，我却要把你们带下乡。”每每说到此事，我的父亲都觉得有些遗憾。

我叫贾双飞，1963 年出生于辽宁沈阳。1969 年，为了响应“上山下乡”的号召，我们全家搬迁到辽宁省铁岭地区康平县山东屯公社郭家大队专业小队。那里地处偏远，人烟稀少，整个小队只有几户人家。我们家在小队待了一年多，饥饿是我印象最深的记忆。因为缺少粮食，大家把甜菜切成丝，裹上玉米面蒸成团，充作干粮吃。苋菜、灰菜等野菜更是被我们挖了个遍。

7 岁，是该上学的年龄了。我们上学不正规，没有教室，就在村里一户人家的一个大一点的房间上课。不同年龄的孩子分别读一、二、三年级，都坐在炕上一起读书。

一年后，1971 年年底，我们家调到黑龙江省虎林县（今虎林市）种畜场，父亲过去专门饲养骏马。这里条件相对较好，可以吃到白面了。

父亲到种畜场后，就发动场里的孩子一起上学。那时也是几户人家的孩子凑到一起上学，但人数比小队里多一些了。后来，场里专门在车库隔出场地来给我们上课，我们才有了一间像样点的教室。

我和二弟与父母合影

父亲叫贾夫彦，读书的时候成绩很好，曾考上过大学，但因为种种原因没有能去读，这也成了他一生的遗憾。在我心中，他很全能，才华横溢。他在种畜场学校里做老师，语文、化学、美术都能教，小学、初中、高中的知识都懂。父亲擅长教化学，后来去柳州长虹机械厂的学校，也是教化学。除了父亲，还有一些知青也会教我们知识。

父亲喜欢唱歌，母亲喜欢唱评剧，我的童年和学生时代就沉浸在父母美妙的歌声里。在那个非常重视文艺宣传的年代，父亲因有唱歌特长，成为种畜场文艺宣传队的独唱演员，经常到各地演出，在场里也小有名气。

那时上课，上半天课需要劳动半天。父亲上课没有课本，就自己找一些书本给我们读。在劳动间隙，父亲会教我们唱儿歌，有时候一天教好几首。

因为遗传，也是因为耳濡目染，我从小就爱唱歌。场里的大喇叭每天都会播放歌曲或者样板戏，冬天我也冒着严寒准时站在大喇叭下听歌，听得常常忘记回家吃饭。人们都说这孩子挺怪的，只有父亲理解我。为了支持我唱歌，他想办法借钱买了一台旧的海燕牌半导体收音机。从那以后，我学唱歌的劲头更足了。

北方天黑早，一收工，吃完饭，许多知青会慕名到贾老师家里来坐坐，我们家就成了大家聚会的场所。他们有的拉二胡，有的拉手风琴，有的吹口琴，有的唱歌……七八个知青聚在一起，就能够开一场别开生面的音乐会。他们唱革命歌曲，也唱周璇的歌，还有电影《夜半歌声》里的歌曲。他们在那吹拉弹唱，我在一旁倾听，偶尔也会跟着唱一唱，很多歌曲我听一遍就能唱得像模像样了。大家觉得我唱歌好听，就说“小双飞以后肯定是歌唱家”。

耳濡目染，唱歌成了我最开心的事情。我学了很多歌曲，除了样板戏和儿歌，还会唱许多新歌。《我爱五指山，我爱万泉河》《北京颂歌》《毛主席走遍祖国大地》等，都是我爱唱的歌。父亲识谱，我拿到《战地新歌》这本书，看到曲谱却不懂怎么唱，就让父亲教我唱。“接过雷锋的枪……”“毛主席把那烛台照亮……”“东方红，太阳升……”“红军不怕远征难……”这些都是父亲一边看谱一边教我唱的，直到现在我还记忆犹新。

父母支持我走艺术的道路

1974年，电影《闪闪的红星》“闪耀”中国，我也第一次登上舞台，唱《红星照我去战斗》。说是舞台，不过是在场部食堂里搭的简易台子。大家搬个凳子在台下坐，我就在叔叔阿姨面前表演。为了让我闪亮登场，我妈用各种颜色的线给我织了漂亮的小毛衣。我穿着花毛衣，画上红脸蛋，在台上演唱。

从那以后，我在种畜场就有些小名气了，并加入了场里的文艺宣传队。1976年，我13岁，就可以代表种畜场到县里参加文艺会演，跟叔叔阿姨辈的歌手、演员一起登台演出，还和阿姨辈的歌手对唱《九九艳阳天》。我长得老成，和他们站在一起，并不显得有多稚嫩。除了唱歌，我还有许多特长，每到种畜场的学校举办文艺会演时，我可以一人出六七个节目，如拉手风琴、独唱、说山东快书、说相声……总是忙得热火朝天。

大家都说：表演节目，双飞如果不在，好像少点什么。

1977年恢复高考后，我14岁，在父母的支持下，去了牡丹江市参加艺术高考。临行前，父亲二话没说，拿出60元钱给我做路费。这60元差不多等于他们两个月的工资，对我而言更是一笔巨款。我不知道父母如何省吃俭用才能攒

我（右）第一次登台演唱，父母给我涂上红脸蛋，穿上花毛衣

我（二排左二）加入种畜场文艺宣传队

下这些钱，而父亲对此轻描淡写，他说就想让我去锻炼锻炼。

到了牡丹江，由于年纪小，看到那些大哥哥大姐姐表演得如此好，一向敢于表现的我竟然有些怯场。在那里，我第一次和着钢琴的伴奏唱了《毛主席的恩情比山高比水长》，是李双江老师的歌曲。唱完我就回来了，后来过了很久也没有接到学校的通知。这次艺考就当见见世面了。

1979 年，我高中毕业，被种畜场派到虎林县学车工。可到了农机制造厂，我就被借到那里的文艺宣传队去了，又开始到处演出。从 7 月份到年底，我学了差不多半年时间的车工，但常常因外出演出不能准时到工。我那车工师傅刘师傅也很无奈，只好讲：“小贾，你这孩子不错，但你不是这块料，你还是走你自己的路吧。”

1980 年年底，虎林县文工团招学员，我报了名。当时有 3 个县的人一起报考，几百个人争抢不多的机会。最后，文工团招了 6 个男学员，我是其中一个。在公布的考试成绩里，我的演唱考核分数是排名第一的。17 岁的我进入了虎林县文工团当学员，待学成正式录取就可以领学员工资。和家里一商量，我就把众人眼红的车工工作辞了，全心全意地投入文工团的学习和工作中。

全家从东北“飞”到西南

我的名字叫“双飞”，是因为父亲叫贾夫彦，母亲叫张冬艳，父亲说，二雁，那就双飞吧。没想到我们全家从东北

我（三排左一）加入虎林县文工团

飞到西南来了，并在这里扎下根来。

我刚到虎林县文工团没多久，父亲的调令下来了。他要离开黑龙江，到广西柳州去。

父亲有风疹，北方冬天暴风雪凛冽，一吹起来如同刀子在拉扯皮肤。每当这时，父亲就很容易过敏，脸和脖子都肿起来。他年轻的时候还能扛过去，可年纪越大这病症就越明显，让他十分痛苦。正好父亲有一个机会到柳州工作，家人觉得南方的天气可能对父亲的病情有好处。

1980 年年底，父亲调到柳州长虹机械厂子弟学校做教师。第二年，他在广西稳定后，要把我妈、我弟和我接到柳州去。

父亲让我选择要不要去广西，这让我很矛盾。我在虎林县文工团已经学习一年了，刚刚崭露头角，如何能放弃这来之不易的工作？但一想到以后与父母远隔几千里，又特别舍不得。父亲了解我的想法后，劝说道："你要真有这个才能，是这块料，到哪儿都没问题。广西柳州那边也有文工团，你也可以去那儿唱。"

就这样，我选择听从父亲的话，把虎林县文工团的工作辞掉了，跟随家人来到广西。

1981 年，人生地不熟的我，只好暂时放下心中的演艺梦想，在父亲的厂里当经济警察。经济警察就相当于现在的保安，那时候还没有保安这个词，但比保安正规一些，我们上岗前都要经过严格的军事训练。

1981 年 9 月至 1982 年 2 月，我负责上山站岗看守厂里的水塔，整整半年。这半年我很痛苦，心理落差太大。特别是在风雨交加的日子，我忍受着南方的湿冷，想念着千里之外的家乡，焦虑着自己的前途。为了排解忧虑，也为了不让自己的歌艺生疏，我只好把日月星辰，把山林小草，把水塔，当作自己的听众，白天也唱，晚上也唱。

那年，我们厂里为职工举办集体婚礼，需要人表演节目。正好我们保卫处承办此事，就推荐我去唱歌助兴。我记得我当时唱的是《康定情歌》和《牡丹之歌》。这一唱，我在厂里出了名，大家都说："真像！真像！这是广西的蒋大为。"

厂里出了“广西的蒋大为”，这一消息很快就传到了柳州地区领导的耳中。

1982 年 2 月 20 日一大早，柳州地区文化局的一个副局长带着柳州地区民族歌舞剧团的团长何振宇、副团长肖金诚等人来到了厂里，指名要考核我。他们来的时候，我正扛着半自动步枪在水塔边站岗。

我被同事叫了回去，但还不清楚是因为什么事情。回到家，父亲神秘地问我：“双飞，你想不想唱歌？”

“想啊，我做梦都想。”

“有个机会，人家想听你唱歌，你唱不唱？”父亲卖了个关子，把我唬得一愣一愣的。

“那肯定得唱！”我坚定不移。

后来，我才知道是柳州那边的歌舞团来考察我。我换了一身整齐干净的衣服，唱了《牡丹之歌》，朗诵了《红军不怕远征难》，还在面试人的要求下演了“接站”的戏。当场，团长何振宇拍板，让我后天就去报道。

1982 年 2 月 22 日，星期一，那一天我记得很清楚。我成了柳州地区民族歌舞剧团的学员，一年后转正，工资也涨到 24 元。

我考上柳州地区的歌舞团，这让父亲很骄傲。每次他一有机会到柳州城区来学习，首先去歌舞团看我。我每次回家，母亲就给我做榨菜肉末，装上一罐子，让我带回单位吃。

1983 年，中国音乐学院想招一个少数民族班，便到四川、

我在中国音乐学院校门前留影

重庆、云南、广西、贵州等地招生。我得知消息后便去报考。当时带队招生的是中国音乐学院的沈时松教授，在招生考试现场，我唱了一首新疆民歌《在那遥远的地方》，从招生老师满意的眼神中，我看到了希望。最后我被录取了。我们班6个人，唯独我是男高音。

那年我是5月份报考的，考试的时候并没有告诉家人，考完之后才告诉父亲。待我拿到通知书，我还跟父亲开玩笑说自己没考上。父亲忙不迭地安慰我，让我不要灰心。当我拿出录取通知书时，父亲很惊喜，直夸我“出息了”。

在中国音乐学院声乐系，我师从著名声乐教育家朱以为、刘建华等教授；1986年，我被广西壮族自治区歌舞团录用，担任独唱演员。

家和才能万事兴

这一路我走得很顺。2005年5月，我调入组建不久的广西教育学院艺术系，历任艺术系的副主任、主任；2014年艺术系改为艺术学院，我担任院长至今。如今，我是国家一级演员，广西教育学院艺术学院院长，广西政协委员，广西首批文化名家暨“四个一批”人才，中国音乐家协会会员，中国声乐家协会副主席，中国文艺志愿者协会理事，广西音乐家协会副主席，广西文化厅艺术委员会委员，广西高校高级专业技术资格评审委员会委员，全国社会艺术水平考级考官，广西教育学会中小学音乐教学专业委员会理事长。

能够取得这些成就，离不开父母的培养和支持。特别是我父亲。我刚到虎林县文工团时还有点摸不着北。每次我拿到一首新歌，就第一时间冲回家，让我父亲教我，指出我有哪些地方不对。父亲教完后，我的心里就踏实了。从虎林县到骏马场坐火车约50分钟，我往返了很多趟。我还在柳州站岗时，每每回到家，我俩就像是老师和学员一样。父亲会让我唱歌给他听，我唱，他也唱，两人互相切磋，指出对方的不足。

而我的母亲则会默默地支持我和父亲。有时候她忙完了，听我们爷俩在唱歌，也会唱上一小段。

父母生活一直很节俭。我上大学时，二弟刚上初中，三弟上幼儿园；待我大学毕业，二弟去当兵，三弟上小学。那时候，一个家庭养三个孩子，哪有什么钱啊，连个自行车都买不起。

穷人的孩子早当家，更何况我是老大。我7岁就可以踩着板凳炒菜，希望能帮父母分担家务。他们下地干活，我就照顾弟弟，自己做饭，用洗衣板洗衣服。这种习惯一直保留到现在。如今每次从南宁回到柳州父母家，我都会忙这忙那。因为很忙很少回家，每次回家我就会多干点活，以弥补自己的愧疚。

别看我平时在舞台上风光，回到家我会换上背心、短裤，就是最普通的儿子。以前我每天晚上有时间就会打电话给父母，现在每天晚上都会和他们视频通话十几分钟。

我与父亲在广西壮族自治区歌舞团门前合影

我参加慰问演出

我参加心连心艺术团在百色的演出

因此，别人常对我妈说："张老师，你们有个好儿子！"我妈就会说："没有女儿，就把大儿子当女儿养了。"

改革开放给我带来了很多机会，让我能通过自己的努力使我的家变得更好。

1986 年，我加入广西歌舞团后，有很多外出演出的机会。记得有一次，我在外演出整整一个月，酬劳和出差补助加上之前积攒的工资，让我有了一笔不小的财富，整整 2000 元。我把钱带回去给我妈，我妈完全不敢相信。那一次，我帮父亲买了自行车，帮母亲买了手表，也给家里添置了收录机。

1989 年 10 月 30 日，我与当时在海南某部工作、后来调回广西三〇三医院工作的王梅结为夫妻。

"家和才能万事兴。"这是母亲在我结婚时告诉我的话。在经营家庭方面，父母是我的榜样：我们家虽然贫穷，倒并未"贫贱夫妻百事哀"，父母通过自己的辛勤劳动和努力，让这个家越来越好。

父母在哪我在哪

1992 年，我女儿出生时，我还在外地慰问演出。那时，我经常在外演出，特别是节假日，几乎都不在家，更别提陪小孩和老人，所以女儿从小就对我出差习以为常。因为觉得对女儿有所亏欠，我对她更加细心，这点连妻子都自叹不如。

父母在子女教育方面对我影响至深。我小时候，母亲每天都要把我打扮得干干净净，即使衣服、裤子已经是补丁摞补丁；而父亲是典型的严父，他虽然会跟我开玩笑，但有时却非常严厉，他是我音乐上的坚强后盾，无论何时他都坚定不移地支持我。因此，在管教女儿方面，我教育她从小要干干净净、礼貌待人，也会与她如同朋友一样相处。

在家里，婆媳之间也没有什么矛盾，母亲还经常帮妻子讲话，让我要对妻子体贴一些、温柔一些。

我的家庭还有一个奇妙的传承。

我与妻子、女儿合影

我（后排右一）与家人合影

由于父母都是老师，我从小对教师这份职业有特殊的感情，也希望自己能够站在讲台上教书育人。

1989 年后，因为自己的爱好，我也时不时会在培训学校上课。1994 年，广西民族事务委员会办广西少数民族歌手班，找我去上课。这一教，就是八年。虽然我在歌舞团上班，但我也一直在外面从事教学工作，不知不觉中也算是接过了父母的教鞭。后来加入广西教育学院，更是如此。

女儿比较害羞，从小不愿意在外表演。我曾经鼓励女儿上台表演，但女儿不愿意。有一次我听她念英语，觉得她的声音很好听，就建议她走播音主持这条路。后来她读了广西民族大学的播音主持专业，又在广西大学读新闻传媒的研究生。如今，她进入广西电台工作，在那儿的小主播培训班做老师。

我爸是“老老师”，母亲是“老师”，我是“小老师”，女儿算是“小小老师”。虽然每个人授课的环境、内容、方式都不一样，但“育人”的思想倒是一脉相承。

这些年，我也见证了广西艺术事业的发展。20 世纪 80 年代，南宁只有南宁剧院、文化大院的舞台，现在有了广西音乐厅、艺术中心、体育中心等。硬件设施好了，各种文艺演出也越来越多了，无论是国内的还是国际的。1998 年，心连心艺术团走进广西百色慰问演出，我有幸作为广西歌手代表登上舞台，与中国知名歌唱家刘爱玲共同演唱了一曲《要问我们想什么》。

现在，南宁也有了自己的艺术品牌——“南宁国际民歌艺术节”，并且打出了知名度，每年都会有许多知名的歌唱家来邕演出，与广西人民共庆佳节。

能有这样一个幸福的家庭，能生在改革开放的年代，这一切都让我很感恩。

在回忆往事时，我脑海里常常回放一个画面：弟弟刚出生那会儿，13 岁的我半夜起来上厕所，看见母亲抱着弟弟在哄。弟弟拼命哭闹，母亲不停地哄着。她很疲惫，但很耐心，神情很温柔。我揉着睡眼，很心疼她。通过母亲照顾弟弟这个场景，我能够想到母亲是如何照顾和关怀我的。

父母老了依旧爱唱歌，歌声依然动听

想起这些，想到父亲母亲已经衰老，我总是忍不住眼圈泛红。

父母给了我们生命，给了我这个家，所以我告诉自己一定要好好孝敬父母。特别是我们这行，靠嗓子吃饭，一定要更加孝敬父母。因为没有父母赐予的条件，我就没法吃这碗饭。

现在，我录制了一首歌叫《父母在哪我在哪》，我在演唱的时候就很感慨，因为歌词写出了我的心声：

有父母在就有家，
老人在哪我在哪。
父母在哪我在哪，
陪陪老爸看日出，
陪陪老妈送晚霞。
一份亲情万份爱，
父母养育恩，
要及时报答。

小山村木匠家的40年

（微信扫描二维码，倾听龙歌述说家乡的变化）

龙歌，本名覃展龙，从一个不通公路的壮族小山村走出来，成为广西文坛中具有影响力的壮族作家。他的父亲是故乡有名的木匠，一生挥斧拉锯，削木拼板，用勤奋的双手将这个家带向兴旺。如今，父母颐养天年，兄弟姐妹事业有成，而这个承载了他们所有家乡记忆的小山村即将因为水库的修建而面临集体搬迁，留下的将是无限的回忆与思念。在龙歌的眼里，家少不了父亲自制的木玩具；在父亲眼里，家少不了除夕夜儿子的挥毫泼墨；在兄弟姐妹们的眼里，家是无论你到何处，都能在一声召唤中，全家人围在一起吃个团圆饭，酒香肉香笑声甜……

撰稿者：龙　歌

父亲的斧锯人生

我父亲叫覃光荣，2018 年已 86 岁了，一生挥斧拉锯，削木拼板，是故乡有名的木匠。在故乡，很多人都不知道我父亲叫什么名字，尤其是年轻人，但如果提到覃木匠，大部分村民都知道是谁。“喏，那栋最高最漂亮的楼房就是覃木匠的家！”

他们说的最高最漂亮的楼房，就是背靠青山、傲视黔江的一栋西式风格的乡村别墅，那绝对是当地数一数二的小洋楼，是 2000 年兴建的。这栋乡间别墅共 4 层，每层有六房两厅，每层使用面积 168 平方米。因为每层楼的高度均超过 3 米，所以看上去好像比城里的 6 层楼还高一些。此前武宣县水库移民工作管理局来

我在家乡的小别墅前留影

调查登记时，这栋楼被列为一等楼房。

因为手艺十分了得，方圆十里八乡，覃木匠不仅是响当当的人物，还成了标杆，代表着当地木工行业的水准。乡亲们做家具或建房子时，遇到搞不清楚的事情，总是说："最好还是去问一下覃木匠吧！"

我的童年时期正处于比较贫穷的年代。那时候家家户户都很穷，我的家境尤甚。在全村的小伙伴中，我的衣着是最破烂的，我家的食物也是以红薯、木薯、玉米之类的杂粮为主，算来也是吃得最差的，更悲惨的是还经常断炊。如今与儿孙辈们谈及这些，他们都以为我在编故事，根本就不相信。

贫穷归贫穷，但是我有两样事情却是同伴们无法比拟的。一是我的玩具多，令大家艳羡不已：陀螺、弹弓、手枪、大刀、红缨枪等各种各样的木制玩具，可以说是应有尽有。这些深烙着时代印记的儿童玩具，都是父亲的杰作。其实，对父亲来说，我的这些童年玩具都属于复制品。因为我的华珍姐、展兴哥、展民弟、展团弟，甚至我的众多老表们，也差不多是人手一份。在那个木制玩具盛行的年代，作为一个木匠的儿子，在同伴们羡慕的眼光中，我觉得自己是世界上最幸福的人，尽管衣着破烂，尽管食物极差。

二是无论我家怎样穷，我上学的学费总能凑齐，从未拖欠。这也是一件令我骄傲的事情。同时，我学习所需的用品，比如笔墨和作业本，也都是从来不会缺少的。我甚至还可以多得一角几分钱来买一本最喜欢的小人书。当然我的兄弟也一样享受到这样的待遇。这一点也是父亲的功劳，他将流血流汗挣来的钱，毫不吝啬地投入到对我们的智力培养上。

其实，父亲每个月能挣到的钱并不多。那时农村还是生产队的形式，父亲由生产队派出去做木工活，算是生产队的一门副业。父亲一天的工钱是 1 元 5 角钱。以每月 30 天计，就算天天有工做（事实上是不可能做到的），也只有 45 元的收入。按规定，父亲得把 30 元交回生产队，然后折算成工分，才能获得生产队按人头分配的口粮。当时每 1 元钱折成工分是 10 分。实际上 10 分的工分值才是 1 角 6 分钱到 1 角 8 分钱，也就是说，父亲每挣得 1 元钱交给生产队之后，就贬值为不到两毛钱了。然而，为了解决一家人的口粮问题，父亲只能服从生产队的规定。当然，这也是对生产队的感恩，要不是生产队派父亲去公社学习木工手艺，父亲恐怕也是与众多的乡亲一样，只能在日晒雨淋中耕田种地了。

一天 1 元 5 角钱的工钱，从 20 世纪的 70 年代一直延续到改革开放初期。也就是说，在整个漫长的生产队时期，父亲微薄的收入没有任何改观，我们一家人贫困的生活状况也没有任何改善。

但无论如何，父亲还是靠他的勤劳为家里挣到极为有限的生活费用。在那个极度艰苦的年代，父亲和母亲要养活 5 个子女，还要保证个个能够上学，真是很不容易的事。

父亲的手艺帮家里节省了很多的开支。那时，我家里的猪、狗、鸡、鸭、鹅，凡牲畜使用的食具，用的全是木槽子。

父亲制作的风谷机

父亲制作的禾架

1988年4月，父亲、母亲和孙辈们合影

家里的桌椅板凳、床几柜橱、木犁竹耙、水桶澡盆、门栅楼梯，还有婴儿车、独轮手推车等，几乎所有的家用器具，都出自父亲的巧手。这些东西，如果要花钱添置，得花掉多少父亲一分一毛积攒的人民币，真是不敢想象啊。

父亲成家后，便开始了与斧锯形影不离的木工生涯。

凡父亲亲手做的家具，都结实耐用。那个老式的马槽柜和南方柜，母亲如今还在使用着。时间虽然在它表面烙上斑驳的伤痕，但最初的拼接缝隙却丝毫不曾松动，仍以坚实的姿态目睹母亲数十载的人世沧桑；还有那张传统的架子床，是孕育我们姐弟生命的所在，承载着岁月的苦涩与欢乐，虽然经过漫长岁月，依旧没有任何腐朽的迹象。老家那边的家具，除孙辈们添置的现代家具外，绝大多数都是出自父亲之手。

父亲的一生，都以原创者的智慧不断丰富他刨锯斧凿的创作生涯。木工手艺不仅是他的生存手段，也是他的精神寄托。孩提时代，我特别喜欢跟他周游各个村庄，看他帮别人做家具。锯拉刨推、斧砍锤击、凿眼合榫、引线弹墨……这些都是他一生反复做了千万次的经典动作。

父亲的杰作很多很多。在家乡那一带，十家就有六七家存藏我父亲的作品。因为是好作品，所以即使随着岁月的流逝，即使父亲当年的杰作已经显得老旧了，也没有几个人会舍得丢弃父亲为他们精心打造的佳作。

虽然父亲的木工手艺了得，但在改革开放之前，他还是无法依靠精湛的手艺解决温饱问题。

20 世纪 80 年代伊始，我的家乡开始实行新的生产运营方式，随之而来的便是翻天覆地的变化。

我的家乡上峡江

我的老家在广西来宾市武宣县三里镇上江村民委员会那马村（自然村，以前叫生产队，现在官方称为屯）。习惯上，上江被称为上峡江，下江被称为下峡江。黔江对岸还有个中峡江，新中国成立前归武宣县管辖，新中国成立后划归桂平。

从武宣县的勒马滩至桂平市的弩滩，就是泛指的大藤峡。这段河谷两岸，有三个行政村的名字中间带有一个“峡”字，即武宣县三里镇的上峡江和下峡江，桂平市石龙镇的中峡江。我的老家就坐落于上峡江的一个叫那马的自然村。

武宣县城附近有一个著名景点叫五马拦江。传说古时候黔江发洪水，黔江南岸各村即将淹没于洪水中，有五匹天马为了拯救人民，化为五座石山，拦住洪水。后来拦江失败，五马被冲散，分别落归武宣镇的马步，桐岭镇的马来，三里镇的马王、勒马和那马。当然，这都是文人编的离奇古怪的故事而已，但很多村民都以为自己村名字的由来便是这样。

上峡江、下峡江和中峡江，是广西最狭长最险恶的大峡谷。2015 年动工兴建的广西红水河流域的最后一个梯级水电站——大藤峡水电站的坝址，就坐落于下峡江的红石滩附近。上、中、下峡江是中心库区，这个区域内的村庄大部分都要拆迁。2019年大藤峡库区蓄水后，很多村落，包括我的那个那马村，将被彻底淹没。

大藤峡风光美不胜收。改革开放后，由武宣、桂平相继开发的大藤峡旅游项目，让古老的中溜和浔州两个历史古城赚足了人气。

上峡江和下峡江地处大龙山，是武宣最偏僻的地方，由于长期交通闭塞，一直不通公路，各方面的发展都受到极大的制约。早在二十几年前，这里的村民就纷纷外迁，到县城买地建房或购买商品房。

上峡江总人口近3000人，现在15个自然村的留守老人不足百人，将近半数的自然村是名副其实的空壳村。村委会为了

上峡江是生我养我的地方

方便在县城居住的村民办事，索性将办公室迁到了县城，最早在银宇宾馆租房子办公，现在则迁到旧防疫站办公。据说，整个武宣县，把村民委员会迁到城里办公的，就只有上峡江了。

家乡是全县唯一尚未通公路的地方，渡船是最便捷的交通工具。前些年，县里还决定修建全县最后一条通村公路，现在既然整体搬迁，就没有必要浪费钱财了。意想不到的是，大藤峡水利枢纽工程指挥部需要修一条应急公路通过上峡江，目前已经平整路基了。正是因为一直不通公路，这里的自然生态得以保存良好。

其实不管是上峡江还是下峡江，改革开放以来，村民的日子还是过得不错的。正所谓靠山吃山，靠水吃水。虽然不通公路，但通水路，大部分人家临水而居，出行并不像想象中那么艰难，每天都有船渡上武宣下桂平。由于地处大龙山，林木资源非常丰富，这就是天然的金山银山。而黄金水道黔江从各村子前奔流不息，让很多人找到更好的发财路子——从事水上运输。我的兄弟从 20 世纪 70 年代末 80 年代初，也就是我读完

通往大藤峡库区的三级公路经过我的家乡，正准备铺设水泥路面

高中上大学的时候，就开始了利国利民的水运事业，凭着努力，凭着闯劲，他们终于打下了一份厚实的基业，现在衣食无忧，日子红火，小康生活早就不再是梦想。与我兄弟们一样，多数村民都能挣到较为可观的钱财。在武宣县，村民到县城建房子买房子最多的，就算上峡江和下峡江了。

故园春暖

2018年春节来临时，在城里居住的兄弟们相约，最后一次回乡下过年。我已经好多年不在乡下过春节了，对乡下老家的思恋越来越深切了。兄弟们的提议正与我的心思不谋而合。

抵家那天，正是腊月二十九，各家各户都在张罗过年。和兄弟们提前回到老家的父亲早已准备好文房四宝，要我写春联张贴。每年春节，父亲最关心的事就是春联了。在父亲看来，这是一件含糊不得的大事。鱼肉酒菜之类，尽可放心让儿辈孙辈们去办理，唯独春联必定躬亲。往年我不回家过春节，父亲就自己挥毫泼墨。我回家了，这“大事”就理所当然交由我操持了。因为我不仅是家里而且是全村的“秀才”——恢复高考后村里第一个考上本科的大学生。幸好我平常爱好练书法，能写一手基本顺眼的毛笔字，不然就愧对父亲了。

父亲裁好大红纸，又调好墨汁，才叫我动笔。我用十二分的认真，工工整整地写下了两副春联：“江山娇艳百花放，大地春华万象浓”；“吉地祥光开泰运，福门旭日耀阳春”。

1999 年大年初一，我与兄弟放鞭炮

前一副贴在旧宅，后一副贴在新宅，煞是醒目耀眼。父亲笑逐颜开地说:“就得你这手毛笔字了，要是我们家再出几个大学生就好啦！”

除夕之夜，全家人围在一起吃团圆饭，酒香肉香笑声甜。全家四兄弟，除我一人在外地事业单位工作，其余三兄弟也早已弃农从商，各有置业，搬到县城居住后，就很少回老家过年了。平常各自奔波忙碌，是难得一聚的。2018 年大家都带自己的子孙回乡下老家欢聚一堂，真是快乐无比。排行在我之下的老三席间倡议，四兄弟加大侄儿共五人划拳猜码，庆祝九九新春五福临门。于是“四季发财、五谷丰登”的喊叫声便伴着电视机里的声声祝福，延续到子夜吉祥的钟声敲响。

初三，隔壁邻舍的棉哥和荣叔来串门。棉哥是村里的首富，在村里和县城都盖有小洋楼。他是靠搞水运发起来的，他有好几艘载重量超过2000吨的货船在家乡的那条河流上跑运输，赚得钵满盆盈。俗话说：靠山吃山，靠水吃水。这话在我那个既靠山又靠水的山村真是体现得淋漓尽致。棉哥靠水吃水发了大财，而荣叔却靠山吃山，在自己承包的山上种了大量的竹子、杉树、柿子树、油茶树等，每年收入也不菲。村上的许多乡亲，也都是靠种果树过上好日子的。荣叔说："现在党的政策就是好，我们农民想种什么都行。党中央又给我们延长承包土地30年，吃了这颗定心丸，我昨晚睡梦的时候都高兴呢！"说得我们大家都乐了起来。

这么多年来，故乡沧桑巨变是看得见摸得着的。我家便是最好的例证。

40年前，父亲用水泥在祖屋修了一个天井。他很自豪地说："瞧，这个天井多结实坚固呀，可以使用千秋万代了！"

30多年前，兄弟们齐心协力建起一栋新房子。房子的墙是用石头砌的，房子的顶层是用钢筋混凝土浇筑的。父亲又很自豪地说："这房子真坚固结实呀，可以住上千秋万代了！"

约20年前，兄弟们把祖上的老宅拆了，盖了一栋漂亮的洋楼。于是父亲又很自豪地说："这回真的保证可以住上千秋万代了！"

10多年前，随着浩浩荡荡的城镇化大潮，兄弟们分别到县城里建起了自己的楼房。父母也跟着搬到城里居住了。或许是每隔十年，家里就会出现意想不到的新变化，在城里享福的父亲，再也不说那句“千秋万代”的话了。

那个叫那马的壮族小山村

2018年的“十一”黄金周，我推辞了同事叫我一同去福建游玩的邀请，独自回乡下老家休养。与86岁高龄的老父亲从县城乘渡船顺流而下，一路熟悉的风景，一路熟悉的乡音，亲切无比。

一个多小时的工夫，家乡到了。青翠的竹子，如茵的草坪，简朴的农屋，奔腾的江水，晃荡的渔排，似乎都兴奋地张开笑脸，欢迎我这个归来的游子。

生我养我的这个壮族小山村里居住的村民最多时有300多人，10多年前回家过春节还热闹异常。而如今，平常都不会超过10个人，即便是过春节，也只有两三户人家在村子里过了。

入夜，猫头鹰在屋后背的苦楝树上幽幽而鸣，秋虫四处呢喃；只要听到一点响声，狗就汪汪汪吠个不停……这些都是我少小时就熟悉的声音。

一觉醒来，百鸟啾啾，不绝于耳，仿若天籁。故乡就在大藤峡水电站库区，大部分村民已经移居县城了，于是村子便格外的宁静。

一大早，罗四叔就送来几条刚捕获的鱼儿。罗四叔的老婆和孙辈们都住在县城，他却独守老家。他是打鱼高手，迷恋村子前面的这条大江，更迷恋大江里游来游去的鱼儿。

母亲 84 岁了，身体硬朗，和罗四叔一样，一直坚持住在乡下，养鸡、养鸭、养狗、种菜，她一个人吃不了那么多，就托渡船捎带给县城的儿孙们。

院子周围有很多果树，果实成熟了，母亲也不采摘，任其掉落一地，松鼠、飞鸟、蜂蝶常来光顾。

母亲的生日是农历八月十四，父亲的生日是农历九月初二。每逢双亲生日的时候，我都会孝敬他们一点钱。这次我给钱时，他们也和往年一样，照例不肯收下，说覃多（我儿子）将来娶媳妇要用很多钱，说给他买房子买车又要用很多

我与父亲

钱，说现在物价太高了，平时开支都要花好多的钱……这时候，我的眼眶就情不自禁地湿润了。

母亲捉了4只大项鸡，委托渡船送给在县城正在坐月子的第六孙媳妇。自从第六孙媳坐月子以来，母亲隔三岔五就捎自养的项鸡上县城。母亲还将煮熟的狗肉分成3份，捎给同在县城居住的大儿媳妇、三儿媳妇和四儿媳妇。

母亲还捎了一把青菜给四儿媳妇。母亲说，老大老三都租有地种菜，而老四却没有。现在城里的青菜四五元钱一斤，太贵了！

钟三哥的几个侄子回老家玩。三天后，钟三哥就把他们轰回县城去了。钟三哥说，这些孩子特能吃，我带回来十几斤米都被他们吃掉了一大半。钟三哥平时在城里打零工，趁着放假，回乡下找竹笋卖。

尤叔、尤婶去山上给油茶树割草。每到油茶果收获的季节，村民们都会给杂草丛生的油茶树林割草，以便于收果。只是现在给油茶树割草的人已经少之又少，而年迈力衰的尤叔尤婶夫妇俩仍坚持着。

家乡是县里乃至桂中地区为数不多的茶籽油产地之一。茶籽油是木本油，对预防治疗“三高”（高血糖、高血脂、高血压）很有效果。现在市场上卖60元钱一斤，有时还买不到真货。茶籽油虽然越来越珍贵，但村里的绝大多数人家现在都无暇打理油茶树了。这在尤叔、尤婶看来，实在是太可惜了。

我归家后不久，便迎来父亲 86 岁大寿，宁静的小山村顿时热闹起来了。老家的习俗，老人过大寿，来贺寿的乡亲都是不请自到。这种敬老风尚一直这么沿袭着。早在一天前，在县城居住的大家庭成员已先回到村里准备寿宴。

当天中午，哥哥及弟弟的货运船都刚好从广州返航回到家里。三艘 2200 吨级的大船就停泊在村前面的小码头，看上去挺气派的。兄弟们进家与老父亲一起吃寿宴，每人还给父亲一个红包，道上添福加寿的贺语。饭后，便又匆匆忙忙赶航了。

姐姐也回家给父亲贺寿。当年背着弟弟上小学的姐姐，劳碌奔波了大半生，如今脸上布满了一道道深深浅浅的皱纹，显得非常的苍老。她特地从家里给我装了 10 斤新榨的花生油。

即将消失的那马村

大藤峡水电站建成蓄水后，我的老家将被大水浸泡，全村将不能再住人。也就是说，我曾经的家园将不复存在。事实上，现在兄弟们也都是住在县城里，老家的房子基本上也闲置了，只是老父亲故土情深，或许也是牵挂我的老母亲吧，一定要回老家做寿。我私下琢磨，这应该是老父亲最后一次在老家做寿了。很快，一直独自简居小山村的老母亲也要搬到县城跟儿孙们住了。我的兄弟们早就动员她不要住在村里，因大家心里都明白什么叫作“万一”。

但无论如何，我童年的美好记忆和不美好的记忆，将永远留在大藤峡，留在上峡江，留在那个叫那马的壮族小山村。

一台相机和四个大学生

（微信扫描二维码，倾听贾政庭述说改革开放带给他家的变化）

华南第三高峰元宝山的南麓有个良双村，村里有个贾师傅。在少数民族村寨，能被人称为师傅的，都是技术人才。这贾师傅远近闻名：年轻时，为了娶到一见钟情的苗族姑娘，他拎着一盏马灯，在夜色掩护下成功“偷亲”。成家后，他挎着一台相机，走遍附近几个乡上百个村屯，每个村的人都认得他。凭着一台相机，一路夫唱妇随，贾师傅一家过得有滋有味，四个孩子考上了大学，走出了山路十八弯的山村，走向了外面的精彩世界。

讲述者：贾政庭　撰稿者：龙　涛

黑夜里，我“偷”到了心上人

我是柳州市融水苗族自治县红水乡良双村牛塘屯人，2018年我就79岁了。牛塘屯是一个苗寨，寨子里全是苗族人家。高小毕业后，我先后在村里当过信用合作社会计和大队文书，1974年生了一场重病后就一直务农。

妻子杨翠英和我同一个村，住在我屯对面的侗寨屯，距离不远，两公里多，也就下个坡再上个坡的距离。她所在的屯名是侗寨屯，其实也是一个苗族寨子。杨翠英没读过书，所以我们虽在同一个村，以前却谁也不认识谁。

1963年春天，侗寨屯来了个照相师傅，我和村里的几个青年约着去照相。来到侗寨屯，看到有几个妹子也在等着照相。我的一个同伴认识她们中的一个妹子，就邀请她们一同照合影，她们愉快地同意了。这几个妹子中有一个特别漂亮，笑容特别灿烂，我就暗暗喜欢上了，后来知道她叫杨翠英。

在我们大苗山，苗族青年大多是通过“坐妹”找到对象的。“坐妹”就是男青年到有未婚嫁的妹子的人家去玩耍，通常是男女围坐火塘边谈天说地，一般还会唱苗歌、弹果哈、打油茶等。经过一次次的“坐妹”，青年男女从陌生到认识，再从了解到相互有好感，最后互相赠送定情信物订下终身。这一次照相后，我开始到侗寨屯“坐妹”。到杨翠英家“坐妹”

1963 年，我拍摄了人生第一张照片，左一是我，右三是杨翠英

时，杨翠英常常是一边纺纱织布，一边和我们聊天，从来都是勤勤恳恳的。我觉得她好勤快好能干，心里想：这真是村上数一数二的好妹子！我就更喜欢她了。

经过一年多的“坐妹”，我和杨翠英加深了彼此间的了解，并相互有了好感。后来杨翠英偷偷送给我一条花带，我也送给她 50 元钱，算是定了情。但是，她妈妈坚决反对我们在一起。为什么呢？因为在杨翠英 14 岁的时候，她妈妈已经把她许配给了寨上一个男子。杨翠英是死活都不情愿，一直没去

“夫”家。

为了娶杨翠英，我只好采取苗家的传统做法——“偷亲”。

1964年农历十一月，过苗年后不久的一天，同屯一个叫贾老同的到屋喊我：“政庭，村口有个妹子叫你快去找她，有事啵！”我想，是不是杨翠英在找我呢？出去一看，却是杨翠英的姐妹杨梅整孤零零地站在村口。她对我说：“翠英讲，如果你喜欢她，明晚就到杨响立家去接她，如果你不同意就算了。”我一听心花怒放，觉得无比幸福，回答说：“我一定去！”杨响立也是侗寨屯人，是杨翠英的堂叔，他家和杨翠英家相隔有一百多米。按我们苗家传统的“偷亲”习俗，如果家里不同意，新娘就要到一户信得过的人家，当作临时娘家。这个临时娘家是同情、支持新娘的，不会把消息透露给新娘的家人。杨响立家就是杨翠英找的临时娘家。

第二天晚上10点多钟，我和族里一个兄弟各提着一盏马灯，我还带了一支手电筒，在苍茫夜色中去杨响立家“偷亲”。来到杨响立家，看到我心爱的人正坐在火塘边——她按苗族新娘出嫁习俗，腋下夹一套新苗衣和一把油纸伞，脚上穿着一双新草鞋，看样子是做好了我不来接就不回自己家的打算。火塘架着一个三脚灶，灶上的锅里放着蒸糯米饭的木蒸笼，蒸笼正冒着腾腾热气。火堂里的火苗不断升腾，把她的脸映得红彤彤的，十分漂亮，我的心就像揣了只兔子一样怦怦直跳。我们在杨响立家按苗族迎娶新娘的习俗吃了饭、喝了3杯糯米酒，然后接过堂叔、婶娘用树叶包好的两三斤糯米饭和 3 条酸鱼，领着换了新苗衣的新娘杨翠英回家了。

家里早已聚集了二三十人，他们一起在晒楼等待新娘的到来。按苗族习俗，新娘进门需族里一个儿女双全的长辈妇女从新娘手中接过纸伞和新娘新衣，引导新娘进入堂屋，其他人全部回避。堂屋内，新娘面朝东方，坐在包着新亮布的小板凳上，面前也是一个包着新亮布的小板凳，上面放着 3 碗糯米饭、3 条酸鱼和 3 杯酒。她象征性地吃了几粒饭，新娘进门仪式就这样完成了。第二天，家里就用过苗年时杀的年猪肉，叫上同一家族的人吃了一餐饭。族里人来吃饭时，每家带一斤米酒和一条酸鱼，算是新婚礼物。这样，我们就算办婚礼了。

在我们苗寨，一个女人有了孩子后，姓随夫，名随长子，意思就是某家某人的妈妈，这个新名字将伴随她往后的一生。随着时间的流逝，她原来的名字倒很少有人知道了。1965 年，我们的第一个孩子世隆出生，杨翠英随之改名为贾隆咪（“咪”在苗语里是“妈”的意思）。直到那时，她家里才承认我们的这门亲事。

为孩子上学想尽办法

良双村位于华南第三高峰元宝山的南麓，1984 年红水乡成立以前，归拱洞乡管辖。这里是高寒山区，岭多地少，山高水冷，交通不便，资源匮乏，经济来源相当有限，贫穷就像坚硬的石头一样，难以改变。改革开放以前，由于人口多劳力少，家里每年有 11 个月都是以木薯、玉米为主食，一年到头只有在逢年过节时才能吃上一餐白米饭。有一次，13 岁的世隆跟我一起到拱洞乡粮所挑米。人家炒菜的油烟飘过来，世隆在旁边一连深深地吸起来，好像吃到了美味一样，久久都舍不得离开。此情此景，我看了顿时觉得鼻子发酸。1983 年，我放排（把竹子、木材扎成排筏从水路运走）到三江富禄，住在旅社里，在烤火的时候和一个外地人聊天，他问我是哪里的，我说我是拱洞良双的。他说:“你们那良双啊，好苦的，到拱洞乡里要走一天路。你要送娃仔读书，走出大山啊。”

生活上的极度困难，使我暗下决心改变现状。但是，我的孩子相继出生后，加上母亲和没成家的小弟、小妹，全家十口人却只有两个劳动力，挣工分少，年终分的粮食少，辛辛苦苦一年到头，日子却没见有多少改变。我陷入了深深思索之中。良双这地方太封闭、太落后了，那些山崖，那些沟坎，那些田土，自古以来就是这个样子，一时是无法改变的。我冥思苦想，觉得只有把希望寄托在下一辈身上才是办法。我决心通过送儿女读书来改变命运。

当第一个孩子世隆到了上学年龄的时候，我早就为他准备好了书包和铅笔。到了上学那一天，我和妻子早早就起床了，我们为世隆煮了两个鸡蛋，准备了一根葱条，我们希望儿子进入学校后样样考到 100 分，希望儿子聪明长进。入学前，我就教会世隆识数认字，世隆入学后在同学中成了佼佼者，常常得到老师的表扬。这就使他从小养成了勤奋好学的性格，在同龄人中显得格外优秀上进。

1981 年秋，世隆从初中毕业，以优异成绩考取柳州地区高中（今柳州地区民族高中），成为融江片区大浪、白云、拱洞和大年 4 个乡唯一考上地区高中的学生。世隆走出大山上高中后，每学期路费、学费和生活费增加到 1000 多元。这时，我最小的孩子世仕也 6 岁了，开始上小学。那时候，已实行生产责任制，把田地、山场和农具分到各家各户了。

1981 年，我和 5 个孩子合影，当时妻子杨翠英刚从田里回来，就没参加照相

我家分得几亩田和一头母牛。每天，我和妻子出去干活前都把孩子们的分工写在楼板上：老二秀梅挑水煮饭，老三世朝赶牛，老四世尧赶鹅。因为辛勤劳作、分工有序，每年的粮食收成加上每年卖一头牛、半头猪（另半头过年吃）的收入，基本解决了几个孩子的上学费用。

1985 年，就是红水乡成立的第二年，世隆考取了广西医学院（今广西医科大学），成为全乡第二个大学生（第一个是红水乡成立前考取的韦明山，后担任融水县县长）。不但我们全家为他高兴，全村、全乡都为他高兴，都说是“深山里飞出了金凤凰”。那时候，世隆上学还不用交学费，国家也发放生活费补助。但我想，孩子正是长身体的时候，又在大城市求学，可不能让他在外受委屈，所以我每月给他五六十元钱。老三到拱洞中学上学，每月也要 10 元到 20 元，老四、老五在村里上小学，也需要一些钱。全家 5 个孩子，除老二因为可怜我们夫妻压力太大而坚决回家种地外，全部上学读书。开销因此捉襟见肘，我渐渐感到力不从心。再这样下去怎么送得起孩子读书？

融水是林业大县，改革开放之初，人们纷纷做起木头生意。我开始也想做木头生意，但因没有本钱，也觉得风险太大而作罢。后来还尝试过养猪和做衣服等，结果都以失败告终。

就在万般无奈的时候，我发现了一个商机。

在我们良双村，有一个源于明朝万历年间（1573—1620

年）的节日，叫闹鱼节。节日里数万人下河闹鱼嬉水，争抢象征幸福的活鱼，十分热闹。有一年闹鱼节，三江县富禄镇有个叫王咪康的妇女到我们村里卖米花糖。我妻子看到她无亲无戚，就收留她到我家来住。她的米花糖又好看又好吃，1 角钱一包，一天卖得好多钱。我就想，如果学得这门做米花糖的手艺，就不愁孩子们的上学费用了。当我向她表达我的想法时，她讲："你到富禄去，我教你。"过了几个月，农事没那么忙了，我就顺着山道先到拱洞，然后从拱洞坐车到大年乡，再走山道到富禄，这一路我走了十几个小时。在富禄住了一个晚上，学到了制作米花糖的技艺。从爆米花到煮糖，再从控制火候到观察糖色，我都熟记在心。回家后不久就是春节了，我制作了好多米花糖，每天走村串寨，很快就卖完了，赚了不少钱。接着是春社、闹鱼节……但是，大苗山节日虽多，热闹的节日也就三四个，平日里米花糖根本卖不动，而孩子们上学的开销却一天比一天大，我只能放弃了继续做米花糖的生意。

买下第一台相机

1963 年，我第一次照相的时候，看到摄影师用木质三脚架支起外拍机时，感到非常新奇。收到照片后，我更是觉得照相机很奇妙。从此，拥有一台照相机的梦想一直揣在我心里。1986 年暑假的一天晚上，我在一份报纸上看到一个广告，说珠海一个叫何武全的人开了个彩色扩印部，吸收全国各地胶卷扩印照片，冲卷2元，晒相（5寸）5角一张。看到这个广告，我心中的梦想一下又被点燃了。心里想，以前生活那么困难，还是有不少人找照相师傅照相，现在生活好过些了，又有了彩色照片，照相应该很受欢迎。又想，照相只要有照相机和胶卷就行了，不花什么本钱，没有什么风险。于是，我就和大儿子世隆商量看能不能做照相生意。世隆上大学后常和爱好摄影的同学玩，对摄影知识懂得一二，他也觉得这是个好办法。我和他还决定，要做就快做，一定要在闹鱼节人多的时候开张。经了解，一部相机200多元，但家里当时只有100多元。征得妻子同意后，我们卖了一头大牯牛，得了300元钱。第二天，我就和世隆到柳州，花200多元买了一台华夏牌照相机，又买了5卷富士彩色胶卷，共花了近400元。

照相机买回来后，父子俩开始研究说明书，因为白天要干农活，只能晚上研究。一连三晚，我一手拿着相机，一手拿着使用说明书钻研，遇到不懂的地方，就问世隆。到了第四个晚上，我觉得说明书看得差不多了，就让世隆像老师考学生一样考我。遇到记不清的，我又重新背诵并实践一次，直到熟悉相机的简单操作。白天，在干农活之余，我做了一个一尺见方的玻璃相框。相框里装上大儿子在大学照的几张彩色照片，上方贴着一张写着“一底2相3元钱”的字条。万事俱备，只欠东风——我一切都准备好了，只等闹鱼节到来了。

闹鱼节那一天，我一早就起来了，买了张粉红色的大方纸，写上“彩色照相，一底2相3元”几个大字，然后卸下一块门板贴上，再和儿子把这块门板扛到村前的大松树下，倚着树干。当我背上相机和相框再次来到大松树下时，早在树下看广告的人们一个个围了上来，好奇地观看相框里的照片。

“务呵！务呵！（好啊！好啊！）”

“有这种相片呀？”

一番议论后，有人问：“没得相片怎么办？”

我说：“先照相，给相片了再给钱。如果没得相片就不收钱。”

听我这样一说，一个大胆的妹子说：“那我照一张。”这是个外村来过节的妹子，我并不认识。我问了妹子的姓名和村名，叫世隆帮我写好，再将照相序号一一登记好。我按说明书步骤操作：调好光圈、快门、焦距，然后再看一下胶卷外壳的说明，确认无误后，叫妹子站好，然后定下神，屏住呼吸，“咔嚓”，第一次按下了装有胶卷的相机的快门。

第一张照片拍完后，照相的人纷至沓来，有照单人的，也有合影的，还有照全家福的。我们父子俩一个照相一个登记，忙得不亦乐乎。到了傍晚，不知不觉就照了4卷胶卷。第二天一早，世隆走了五六个小时山路，把胶卷带到拱洞乡邮电所邮寄。

在等待照片寄回的时间里，我每天都忐忑不安。好几次

1990 年的全家合影

梦到照片一张都不行，醒来全身是冷汗。20 多天后，邮递员来到了村里，当他把一大包相片交给我的时候，我都不敢当众打开。但是，乡亲们闻讯后，特别是照了相的人，一个传一个，都到我家来看照片。我说："你们莫动啵，先等我分好。"我只拿出其中一卷，打开一看，张张清楚，心里的大石头这才放下来。乡亲们看到照片后无不称赞。当天，我发完了本寨的照片，又帮不少村民照了相。看到已没有多少胶卷了，我第二天赶到柳州，一下买了 10 卷胶卷。

胶卷买回后，我一头挑着相机、相框、晒好的照片和雨伞，一头挑着行李包，戴上竹笠出发了。我按前些天晚上规划好的出行线路，经良友村，过培提村，到培基村……最后又回到良双村。每到下一个村子前，我都把那个村子的照片放到相框里。结果，围观的村民更多了。人们看到照片拍得好，就又纷纷让我给他们拍照。

从此，为了孩子上学，我踏上了串村走寨的照相之路。

这一干就是十年！

在苗寨建起暗室

1991 年，老四世尧从县民族中学考上了柳州地区高中，老五也考上县民族中学，家里的开销就更大了。就在这时候，身份证办理工作在全乡全面铺开。身份证要用黑白照片，当时乡里没有照相馆，人们办身份证只能去县城照相。为方便群众，派出所邀请外面的照相师傅进山来拍照，可也不太方便。我看到这种情况后，找到派出所领导，要求承担这项业务。派出所领导看到我为了孩子读书的干劲，也深受感动，他们研究后把全乡的身份证照相业务给了我。

业务是接下来了，但我的相机是装彩色胶卷的，一个胶卷要照一段时间才照完，不方便随时换装黑白胶卷。为了做好这个业务，我专程到柳州，花 400 多元买了一台凤凰 205 相机，还买了一台黑白像印相机、冲洗胶卷设备、药水和一些相纸。当时，世隆已加入学校的摄影协会，掌握了黑白照片印相技术，这些都是他教我的。他还趁着回家度假的时间，手把手教我曝光、显影、定影、水洗、上光等黑白胶卷和照片处理流程。在了解了光学的基本原理、记住了有关显影和定影药品的化学名称及配比后，我把饭桌搬到世隆的房间，摆上印相机、显影定影液和相纸，用一块床单把窗口挡住，房间就成了“暗室”。为解决“暗室”所用红光，我编了一个竹笼罩，贴上红纸罩在煤油灯上，需要曝光就开一下窗子。就这样干了一段时间后，觉得很麻烦，光线也不好掌握，有的照片不是欠曝就是过曝。要解决这个问题，首先要攻克光线难题。

我回忆起 20 世纪 80 年代初，乡电影放映队到村里放电影，在放映故事片前放了一个苗语科教片《广东农村小水电》。我们村的水力资源十分丰富，和电影里的情况差不多。看了电影后，我就想做一个小水电。但市面上的发电机功率都在 10 千瓦以上，一直找不到合适的发电机。一次，我到柳州购买胶卷和晒相材料时，在市场上找到了用水轮机和电动机改装成的 500 瓦的小型发电机。有了水轮机和发电机只是第一步，第二步是要找到引水管。引水管最好是钢管，但钢管太贵，运输也困难，我们就因地制宜利用毛竹做引水管。村里的毛竹不够大，我和二儿子世朝到 5 公里外的良陇村砍竹子背回家。1990 年下半年，经过艰难的引水、装机、牵线，我家建成了全村第一个家庭小型水电站。当电灯亮起来的那一瞬间，我激动得快掉泪了。后来，村里有十几户人家向我们学习，也建起了家庭小水电站，这些家庭小水电站直到 1998 年村里通了电后才全部拆除。

有了电后，有了稳定的光线、良好的光源，相片的质量有了较大提高，我干得更欢了。为了提高摄影水平，世隆还为我订阅了《大众摄影》，购买了我国著名摄影艺术家吴印咸主编的几本摄影书。经过学习，我的照相技术越来越成熟，我也越来越得到乡亲的信任。我的业务从开始的拱洞乡（包括后来成立的红水乡）拓展到白云乡、良寨乡。几年时间过去，这几个乡上百个村屯都留下了我的足迹和汗水，多数村屯我已经记不起到过多少次了。有人开玩笑说："贾师傅，你比乡长还出名啵。"我问是什么意思，他说："乡长都没有那么多人认得，每个村、每个人都认得你贾师傅。"

甘苦与共一家人

我从事照相业务后，家里的农活基本上都留给了妻子。一年里除了农忙那几天，我帮着干点农活，其余都是她一个人在操劳。我家总共有四五亩田，由于田块小，不能用牛来耕作。春天，刚过完年她就得出门去锄田了。家里的田虽然不多，但很分散，这里一块那里一块，远的田要走一个半小时到两个小时的路程。因此，过年后的一个多月时间里，她总是一锄一锄地挖田。每当我回家的时候，看到她在锄头把上挂上装了小鸭子的鸭笼出门锄田，孤零零地消失在远方，我的心里很不是滋味。我想，等孩子大了，我们就一起享福吧。秧插下去后，接着是耘田。先把水排干，等田里的杂草都露出来后，她就一把一把地扯除，然后把它们踩到泥里。

这又是十天半月的时间。在她的精心护理下，我家的禾苗一直都长得较好，每年的水稻收成解决了全家的吃饭问题。

而我自己，一边照相，一边发相片。一出门就是四五天，有时十天半个月才回家一次。那几年，在路上最大的问题是吃午饭。我出门照相时一般吃住都在亲戚家，如果没有亲戚，我就免费帮一家人照相，并在他家食宿。早上吃了早饭后出门，到另一个村子时常常是中午了，而我还没有找到下一个投靠的人家。中午时分，人们大多在外干活，村里只有一些小孩子和老人。那时候，许多村寨连代销店都没有，更不用说小吃店了。这样，午饭经常吃不到。后来，我买了一包白糖，每次出门都带上，饿了就泡点水喝，算是吃午饭了。在大苗山，虽然说山高水长，但过去一些村屯严重缺水。有的村几百号人共用一眼小泉水，大热天的也不能洗澡，更不用说洗衣服了。我只好等到半路上遇到有水的地方再洗衣服，洗好后就晾在扁担上，往另一个山头走去。后来有人告诉我，远远看去，我就像一个旗手扛着一面旗子，在山梁上走向太阳。

我想，我就是扛着一面旗帜，我的部队就是孩子们，我要领着他们走向光明的太阳！为了孩子们，我再累再苦也值得，只为多照一张照片，为孩子们多赚点上学费用。可是，有时候上天就好像和你开玩笑一样。有一次，我从拱洞村走到培基村，再到良寨乡的高基村，从早上 8 点走到晚上 6 点，一张照片也没拍到。那一天，我感到从没有过的累，真想躺下睡一个长长的觉。但想到孩子们要上学，我不敢放弃。

有一年快过年了，别人家都杀年猪了，可我依然在照相和发照片的路上。直到除夕的前一天晚上，我才发完全部照片回到家。孩子们看到我回来，一个个喜出望外地跑向我，说："爸爸回来了，我们可以杀年猪了。"我一把将孩子们搂住，情不自禁地流下了辛酸的泪水。

当然了，苦中有甜。有一次我在乡供销社买了10卷富士胶卷，结果冲出来后发现全是过期的乐凯胶卷，而且全部偏色。跑了那么多的路，走过了那么多的村寨，这些照片根本拿不出手，不仅一分收入没得，反而白白花了200多元的胶卷钱。光是这200多元，就是我一个多月的收入啊。我心里想，这下蚀本了。我抱着试试的态度到乡供销社反映情况，了解到乡供销社卖给我的这些胶卷是外地一个商人托卖的，乡供销社有这个人的联系方式。世隆帮我出了个主意，叫我直接与供货商联系，说要再买20卷胶卷，叫他到拱洞来。供货商来后，我叫上工商所和供销社的人，拿出所有报废的胶卷给他看，供货商只好承担我的全部胶卷、误工等损失。有一次我到广校村，村里的干部知道我来了，打开广播喊："今天，照相的贾师傅来了，大家全部停工，一起跟师傅照相啵。"结果，那天就照了4卷胶卷。

1996年，随着我的几个孩子相继在县城工作，我也来到县城开了家照相馆，结束了走村串寨的漂泊生活。2000年，我60岁时，孩子们不再让我工作了，我这才转让了照相馆，彻底告别了照相的生涯。不知不觉间，我从事照相工作已14

我在家清理老行当

我和大儿子世隆看旧相底

我（前排戴苗帽者）在闹鱼节领着后生们活动

年了。现在，我的大儿子世隆在柳州市社会福利医院担任院长，二儿子世朝从广西大学毕业后在县文体局工作，三儿子世尧从广西大学研究生毕业后在柳州担任律师，四儿子从重庆邮电大学毕业后在柳州电信局工作，是局里光纤通信方面的主要工程师之一，我唯一的女儿也通过考试成为一家国企的职工，我们夫妻随孩子定居柳州。前些年，几兄弟还回到老家良双村建了一幢别墅，每年的春节、闹鱼节，我们都回到良双团聚……

在我家的影响下，乡亲们纷纷送孩子读书。同村的贾福

2013年，我们全家三代合影

香有 4 个小孩子，他们通过打工送孩子上学。现在他们的孩子中除最小的还在大学读书外，其余均大学本科毕业，有当公务员的，有在事业单位工作的。全村从我家世隆成为第一个大学生起，现在共有大学生 121 个，其中我们牛塘屯就有 35 个。

岁月如梭，斗转星移，改革开放使生活变得日新月异。我们家也是改革开放的受益者。特别是国家恢复了高考制度，使我的 4 个儿子能够有机会全部考上大学，走出大山，改变自己的命运。现在，数码相机和手机照相成为主流，但伴随着我多年的老相机，仍然是我的最爱。有事没事我就把那些旧行当拿出来看一看，有时还擦拭一下。我从没有想过要处理掉它们。毕竟，它们给我带来了太多的回忆。

一个仫佬族家庭的30年

（微信扫描二维码，倾听陈倩娉的真挚祝福）

她是从广西河池走出去的仫佬族女孩陈倩娉，从一个山区小姑娘到多国政要身边的女翻译，向世界传递中国的声音，她用了30多年。而这30多年，对于陈倩娉来说，一如吴晓波笔下的《激荡三十年》，承载了她和家人的光荣与梦想。在她的影响下，她的妹妹、表弟、表妹接连踏出国门深造。在她的导游下，她的父母环游了欧洲各国，感受了欧洲各国不同的文化信仰、建筑风格、生活方式。而更多熟悉或不熟悉她的人，则从这个仫佬族家庭的故事里，读到阳光、温暖，读到激励我们不断前行的一股股力量！

讲述者：陈倩娉　撰稿者：赵　敏

说普通话不时闹笑话的小地方

我出生在山清水秀的罗城仫佬族自治县，这里是广西12个世居民族之一仫佬族的聚居区，而我，是一个仫佬族的姑娘。

1965年，我的父亲陈爱新和母亲朱光宣响应政府号召，“上山下乡”到罗城龙岸插队，后来转到龙岸茶场。在那段艰难又单纯的日子里，他们相识相爱。1970年，他们的爱情结晶——我，呱呱落地。我出生后就在农场的环境下成长，与邻居的孩子们一起，吃百家饭长大。当时，我们的玩具就是叔叔阿姨在茶地里捕捉到的螳螂，或是用废木料做成的玩具。白天，孩子们用竹子编成的簸箕排成玩具火车，开往“北京”“上海”。晚上，乡亲们捕捉萤火虫做成灯具，在黑夜里自娱自乐。我快两岁的时候，妹妹陈倩丽出生，父亲远在外地进修茶叶制作工艺，母亲无法在全职工作的同时照看我们两姐妹，我就被送到罗城天河镇，由同是仫佬族人的外祖母李三枝照看。外祖母忙里忙外，除了干杂活挣钱养家，有时也会做一些那个年代不太合乎主流的小生意。此外，她还需要照顾正上学的两个姨和一个舅舅。在我的印象中，外祖母一辈子就没有歇息过，外祖父在乔善乡工作，她拉扯大自己的4个孩子，后来又照看5个孙辈。

父女三人合影

我与妹妹合影

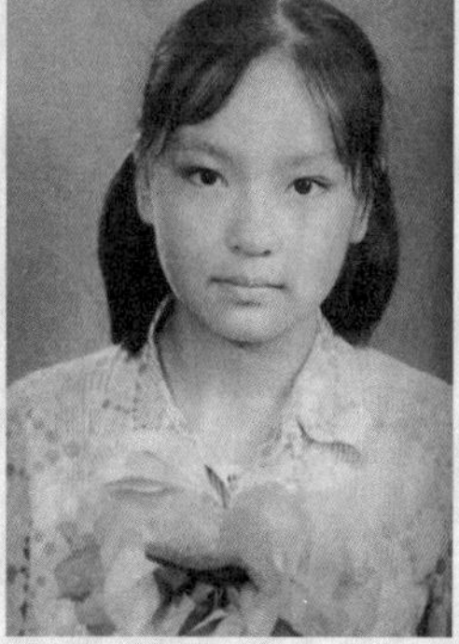

少年时期的我

1978年，我8岁，刚刚上小学，就读于罗城二小。在我的记忆里，那时的罗城作为县城，显得破破烂烂的。改革开放的春风已经吹遍了神州，可在这座地处西南的少数民族城镇，人们动作似乎总是慢一点，慵懒、缓慢又缺乏生机。县城里可供休闲娱乐的只有电影院。为了看电影，有一次我和亲朋好友冒着大雨，步行半个小时，全身湿透了，才看上黑白版的《冰海沉船》(旧版《泰坦尼克号》)。

那个时候的罗城，别说讲英语了，就连普通话都没有多少人会说。这里的大多数居民在各种场合都热衷于使用本地的方言——桂柳话。就连上课，不少老师也是用方言。这也闹出了不少笑话。

记得我上小学一年级的时候，校务处长领了一个年轻的姑娘到班上给我们讲述她成长的故事，并介绍她为“副市长”。她谈了些如何在医院里治病救人的故事，我们听了半天，才终于领悟，原来她是位“护士长”。

20世纪八九十年代，国家越发重视普通话推广工作。父亲作为老师，首先要好好学习普通话，用普通话授课。因为后来我父亲一直都在县城教学，所以我也在县城读书，从小就讲普通话。老师用普通话教学，我能够更好地接受，这对我的快速成长起了一定的作用。

收音机带我联通世界

相对而言，我的家庭是比较超前的。我祖父陈耐抗战时期曾在中美通讯训练班担任英语翻译。20 世纪 70 年代末的一天，我和父母、妹妹去看望祖父陈耐。在空闲时，70 多岁的祖父拿出随身带着的袖珍英文词典来学习，还教我念几个生活中常用的词汇，他这种活到老学到老的精神深深感染了我。父亲则是在 1977 年全国恢复高考后，调离了茶场，他的执着改变了我们一家人的命运。

他一边工作一边进修，最后获得英语本科文凭和学士学位。那时候资源匮乏，学习环境差，能够学好英语是件不容易的事情。为了能听到英语广播，父亲从祖父那里弄到一台收音机。这台收音机因为早已毛病多多，被闲置不用了。父亲想方设法请师傅把收音机修好，还自制了一个音箱，使那台被废弃的老古董“旧貌换新颜”。这样每天早晚，我们父女三人都能围在这台老掉牙的用金属衣架搭作天线的收音机旁，收听 BBC（英国广播公司）的英文节目。虽然听不懂，但英语的语音语调对我来说犹如音乐般美妙动听。我当然不会知道，多年后，我竟然能坐进 BBC 的演播厅，向世界传递中国声音，回想起来，似乎是冥冥中结下的不解之缘。

在那样的年代，大多数同学、乡亲对外文和外国有着陌生感，总感觉隔了一层，但由于祖父和父亲的引导，我对异国他乡却充满了好奇。

父亲曾先后担任过罗城师范学校、罗城高中、融水中学、宜州高中的英语老师。每个英语老师都配有一台录音机。录音机在当时很稀罕，很多人见都没有见过，这让其他科的老师都羡慕得不得了。

为让山里的孩子也能说一口纯正的英语，父亲自己掏钱买磁带，自己先跟着磁带一遍一遍学。在课堂上，他一边播一边教，有时候一个发音就让孩子们反复练上十几遍。

“要想给学生一瓢水，老师先要有一桶水。”父亲告诉我。

父亲在我的英语求学道路上扮演着至关重要的角色。他教给我严谨治学的态度，让我了解到英语的美妙之处。直到现在，有人夸我在英语上的成就时，父亲都会满心得意又有些不好意思地说:“有的人说跟遗传有关，有的人说是她有天赋。”

母亲说，我还在牙牙学语的时候，父亲就开始跟我说英语。等我大一些了，父亲偶尔会教我唱英文歌。

一年中秋，月如银盘，夜凉如水，繁星满天。父亲教我唱 *Twinkle Twinkle Little Star*：“Twinkle，twinkle，little star. How I wonder what you are. ”我仿佛真的看到星星在天空中闪烁，对我眨巴着眼睛。

走出大山是无数山里人的梦想

小学三年级，我正式开始学英语。那时的学校环境并不好，特别是英语教学环境很差，当时学校没有语音室，没有条件能听到纯正的英语发音，更不用说有外籍教师了。全校英语教学组只有一台录音机，轮流为各班级学生播放录音磁带。幸运的是，当时的县领导对英语教学十分重视且有远见，责成县师范学校培养急需的48名中小学英语教师。

因缺乏英语师资，父亲被破格录用，从刚被招进师范学校两周的学生，变成了英语班班主任，他一边工作，一边自学，与同事胡老师一起，在1978年培养出罗城的第一批英语教师。因此，我才有机会从小学就开始学习英语，而不像河池市其他县的学生，需要等到读中学才上英语课。

虽然我还小，但真的觉得学习是一件快乐的事情。在父母的教导下，我开始每天给自己制订周密的学习计划。早上6点，天刚微微亮，我就起床看书看报了……夜里10点，睡觉前的最后一件事，也一定是学习。

我不偏科，但对英语似乎有着不一样的天赋和感情。很奇妙的是，我似乎天生有学习英语的能力，记英语单词的能力很强，基本上是过目不忘。我想，这种记忆力源于我对英语浓厚的学习兴趣吧。

在很多人忧心考试的时候，我好像一点都不害怕，考试经常是满分。当父母问我，又考了一次满分心情如何的时候，我打趣地说:“我想考个99分都难！”

由于学习好，我小学读了4年就提前毕业了，并以双百分成绩考入初中。初中的学习更加紧张了，我每天下晚自习回到家，经常看书到深夜。母亲常说，对于我这个刻苦读书追求上进的女儿，她是既爱又怜。她担心我太用功影响身体健康，总是劝我早点休息。

那时候，国家也十分重视英语教学，中央电视台也推出了学英语的节目。我最爱的是一个英语情景教学节目 *Follow Me*（《跟我学》），几个外国演员通过表演各种各样的场景来教我们日常的英语对话。我常常在哈哈大笑中就学会了一些简单的对话，也第一次感觉学英语并非只是为了考试，而是为了与国际联通，扩大视野。

进入 20 世纪 80 年代末，我从初中升到高中后，感觉到时间似乎不够用了，只能更加发奋努力。父母为了鼓励我，奖励我一个复读机作为礼物，我视若珍宝。复读机在那时刚刚流行起来，许多家庭根本没有条件买。这台复读机也是父母省吃俭用买给我的，一台复读机的价钱相当于他们两个月的工资。为了不辜负他们，每天早上我都会 6 点起床到校园读英语，下课和闲暇时间也总是反复地听英文磁带，努力弄懂每一个词句的意思……

那时候，在位于大山区的河池，许多孩子的家庭都很穷，孩子们能够以优异成绩考到县城读书，是一种光荣，但也给家庭带来一定的负担。我们姐妹俩在河池地区高中读书时，父母虽然都在学校工作，但收入也不多，给我们姐妹俩的生活费非常有限，但这已经比同期的许多孩子要好了。我曾经看到我们班的一个同学，连续一个月都用咸菜下饭，饿得面黄肌瘦，哪还有精力去学习。

我于心不忍，有时把自己节省下来的伙食费，悄悄夹进经济困难的同学的书本里。后来，这事情被老师知道了。再后来，连我的父母也知道了。我以为他们会责骂我，没想到父母反而给我做了一顿“大餐”作为给我的奖励，并告诉我：“我们为你感到骄傲。”

走出大山，改变命运，过上好日子，是那个年代山里人的梦想、心心念念的追求。对在山区长大的我来说，亦有这样的追求和志向。我希望能够通过学习，将命运牢牢地握在自己手中。

出国留学不那么难了

由于对英语特别感兴趣，高考时我考取了华中师范大学英语专业。

进入大学，我才发现原来我不过是井底之蛙，在来自天南地北的同学当中，英语比我强的大有人在。轻松的大学生活让许多学生成了脱缰的野马，但我不能放松，必须抓住一切机会提高自己。我明白我的根在哪里，梦往何处。在华师大读书的四年，除了学习课本知识，我抓住一切机会向来自美国耶鲁大学的外教学习，积极参与他们的课外活动，看电影，学唱英文流行歌曲，写英文日记，参加每周五晚上的英语角，通过语境学习英语词汇和搭配，全面提高自己的听说读写技能。

1991年，大学毕业后，我到广西师范大学外语系任教，当时月工资才138元。

在广西师范大学，我认识了一名来自美国的外教伊丽莎白·亚历山大教授（中文名李沙白），由于志趣相投，我们很快成为最亲密的朋友。任教期间，我陪着李沙白游览了中国各地的名胜古迹，包括许多佛寺和道观。一年后，李沙白到英国工作，她从报纸上看见伦敦大学亚非学院在招比较宗教专业的研究生，便把这个好消息告诉了我。

特别开心，但又特别纠结！曾经出国留学是我想都不敢想的事情，如今这样的机会就在眼前。可是去伦敦大学读书，每学年要 7000 英镑学费，按照当时的货币汇率，7000 英镑相当于十几万元人民币。此外，每个月还需要生活费等费用，每学年加起来大约需要 20 万元人民币。20 万元对我来说，就是一个天文数字。我跟父亲商量后，父亲很支持我去伦敦大学读书，但也因为没有钱而烦恼。

就在我开始打退堂鼓的时候，李沙白说考上之后可以向伦敦大学申请每年 6000 英镑的奖学金，但是需要 3 位教授的推荐信。我喜出望外，因我的英语成绩优异，学校免去了英语雅思考试的要求。之后，我拿到华中师范大学的两位教授和李沙白教授的推荐信，又顺利申请到了奖学金。我想，这可能是上天眷顾我吧！

1994 年 8 月，我到了伦敦，好运再次降临了。一位在桂林阳朔与我曾有一面之缘的英国核能工程师皮特·罗伯茨先生，得知我到伦敦大学就读后，解囊相助给了我 3000 英镑的生活费。另一位老太太芭芭拉·罗斯，和我在游览长江的邮轮上相识，当时她人生地不熟，语言又不通，却在中国以背包客的方式独行。我和李沙白邀请她同行，住在我们安排好的旅馆，一路上照顾她。临别时老太太给我留了一个电话号码，叫我以后如果去英国的话就去找她。抵达英国后，我与她取得联系，她好心地让我在需要的时候在她家留宿。“这些人也是我人生中的贵人。”我在心中对自己说，“以后一定要好好报答他们。”

让英国人看到了中国力量

学费解决了，生活费也解决了，但人要有骨气，不能总是依赖别人，我选择一边打工一边学习来充实自己。学习期间，我周二至周四住在芭芭拉家的客房，其余时间和假期住在李沙白西萨塞克斯郡的家——一个与其他两个英国人合租的老宅子，每周在两地之间奔波。周末有时在李沙白工作的国际贵族学校新英格兰学院打零工，我在餐厅里洗过盘子，在婚宴上做过侍者，还给学院的学生教过中文。虽然很辛苦，但我十分珍惜这样的工作经验，它既能提高语言水平，又能了解来自世界各地的学生、同事和上司的价值观，学会怎么与他们相处。在这些新老外国朋友的帮助下，我非常顺利地融入了当地语言和文化环境，还提升了我的沟通技巧和待人接物的能力。

一年后，我顺利拿到硕士学位，希望能从事翻译工作。然而，在学校就业顾问的办公室里，我始终找不到能够学以致用的工作，顾问还告诉我翻译不是一个稳定的职业。那时候，英国人普遍对中国很陌生，觉得中国是一个十分神秘和遥远的国度，对中国人的印象也很刻板，所以我能得到的翻译机会并不多。

“我不能放弃，我必须改变英国人对我们的看法，让英国人深入了解中国的文化底蕴和精髓。”我在心里暗暗为自己打气。就这样，我倔强地坚持以翻译为生，一台摆在楼道角落桌子上的李沙白教授资助的二手电脑，就是我的办公设备。

坚持和努力，总会带来收获。我从小看着祖辈、父辈每天勤恳劳作，勤劳不懈、奋斗不息的精神早已融入我的骨血。1995 年，我创办了英中通翻译有限公司，专门承接中英文的口译和笔译业务，开始走上创业之路，并积极参加各种职业资格考试，不断扩大服务范围和领域。在多位英国友人的帮助下，我的公司在开办两年后逐步走上正轨，越来越多的客户找上门来要我去做翻译。

1997 年，一代伟人邓小平逝世，时任国家主席的江泽民致悼词，BBC 急需一名同声传译（简称同传），于是找到了我。这一次，不容有失！坐在 BBC 的演播室里，我将按照当天《人民日报》社论准备的英文稿摆在面前，一边听着江泽民主席的中文致辞，一边用英文发送出去。我暗暗地握紧自己的拳头，告诉自己必须全神贯注。翻译结束后，我悬着的心才终于落地。此后，我听到了很多人对我的赞誉，脑海里回想的却是当时我手心里细密的汗珠。

正是有了这样一次成功的经历，来找我们公司做同声传

我在联合国留影

译的活动越来越多，我也开始将公司业务重点往同声传译方向发展。

2001年12月，中国加入世界贸易组织之后，中英直接投资和贸易往来越发频繁，为我的翻译业务带来量的提升，同时也促成了质的飞跃。2010年，我被国际翻译界最权威的国际会议口译员协会接纳为正式会员。从此，我从英国走向欧洲，走向世界，为越来越多的重大活动担任同声传译工作，也成为许多欧洲国家领导人指定的翻译人员。

姐妹俩同传室并肩作战

除了我，我的妹妹陈倩丽也不甘落后。

妹妹从中文专业本科毕业后一直在广西财经学院教授语文课，同时利用业余时间自修英文。2006 年凭着较为扎实的英语基础，她顺利地考上了英国伦敦威斯敏斯特大学中英文笔译与口译专业硕士研究生，她的一切留学费用依靠她自己平时的积累与我的帮助顺利解决。两姐妹出国留学不要家里一分钱，这在当今时代被人们认为是很难的事。

2007 年，妹妹以良好成绩荣获硕士文凭。按照当时英国的有关规定，她可以在英国试业两年。在这期间，她曾受聘于伦敦都市大学、伦敦商务孔子学院等多所学校及语言教学公司，并积极开展多层次对外汉语教学活动。例如：为伦敦 St Francis Xavier 学院成人夜校班教授“快乐汉语”课程；曾先后担任伦敦都市大学中英翻译专业 3 名硕士生的指导老师；为七大洲投资公司 7 名职员进行小班中英文翻译教学；为英国最大保险组织劳合社主席和首席执行官办公室秘书教授高级商务汉语；为全球性投资银行常务董事 Eric Benoist 教授初级、中级汉语课程……此外，她还与多家翻译公司合作，进行了大量笔译、口译工作，笔译工作量高达 100 多万字，所涉题材广泛。口译工作包括：为英、中文化部音乐剧行业合作论坛担任会议交替传译；为BBC关于北京奥运会的节目担任口译；为美国国家地理频道系列纪录片《赌城到中国》担任口译；等等。

2009年，妹妹学成归国，在广西财经学院先后教授对外汉语、应用文写作、语文、文学欣赏、商务英语、英语写作、翻译、中国风景名胜等课程。

2010年，国家汉办向全国高校招聘对外汉语教师。妹妹恰好拥有中文本科文凭、中英文翻译硕士文凭和对外汉语高级教师资格证，正是非常适合这类工作的人才。可以说，这是适合她专业特长、能让她大展才华的黄金机遇。经过层层考试选拔和培训，2011年她被派到国家汉办设在挪威卑尔根大学的孔子学院。通常规定外派教师一届两年，到期回国。但两年过后，孔子学院外方院长因她教学成效显著、大受学生欢迎，请求中国汉办让她延期两年。

在挪威第二大城市卑尔根工作、生活的4年中，原本单身的妹妹认识了年龄相仿、真诚待人的挪威公务员Jorgen，与他结婚成家，定居挪威。她在那里像我一样，自己创办了翻译公司，凭借她在语言领域的多种学历资质、多年的实践经验以及兢兢业业的工作态度，逐步赢得客户信任，成为全世界许多顶尖翻译公司的签约译员，擅长于高难度的广告翻译。

经过几年的艰苦磨炼，我的妹妹成为挪威全国仅有的3

2017 年，妹妹与她丈夫在挪威卑尔根市中心

我与妹妹在同传室里合作

个中英文同声翻译员之一，时常与住在伦敦的我联手共同出现在欧洲各国、中东地区国际会议的同传室里。

2016 年，我们姐妹俩携手在西班牙巴塞罗那为国际冰淇淋协会做同传；同年，在瑞士因特拉肯市为“中国论坛”做同传；2017 年，在卡塔尔多哈市为法律论坛、世界旅游日庆典做同传；2018 年，在挪威斯塔万格市为北欧智慧城市博览会做同传。

“姐妹俩为传播中华文化做贡献，是中西文化交流的使者，我们感到很自豪。”虽然我们不能常陪伴左右，但我们的父亲依然感到很骄傲和欣慰。

更多的乡亲走出国门，走向世界

家里人总说我们是他们的好榜样。我很高兴地看到，在我们的影响下，表弟、表妹也接连踏出国门深造。表弟朱立在英国萨里大学获得硕士学位，表妹韦露莎为留学美国的药学博士。现在，他们都已学业有成。

在我的邀请下，父母亲来过英国 4 次。父亲是个超级乒乓球迷，所以在 2012 年伦敦奥运会之前，我想方设法帮他们买到了有中国乒乓球队参赛的乒乓球赛的门票。父母在球场上观看国家队主将李晓霞、丁宁、王皓等比赛的时候，拿着国旗大喊“加油，加油”。他们兴奋得像个孩子似的脸庞，被永远地记录在中央电视台奥运体育直播节目里，这是我从未想象过的画面。是努力给了我丰厚的回报，是祖国给了我

我们姐妹俩带着父母游欧洲

难得的机遇。

除了英国，我还带他们两老去了德国、法国、荷兰、比利时、卢森堡等 30 多个国家，到法国见识了世界四大历史博物馆之首的罗浮宫，目睹了达·芬奇创作的布面油画《蒙娜丽莎》《最后的晚餐》，以及希腊艺术家雕刻的《米洛斯的维纳斯》《胜利女神像》。

我们一家人在联合国中国国旗下方合影

此外，我们还去了戛纳，那里的天空和海水无比的湛蓝，那里的海滨大道美丽、宽阔、整洁，一边是沙滩海湾，一边是雅致的酒店，酒店的建筑中有 20 世纪的古建筑群，也有非常现代化的楼宇。“我终于知道戛纳电影节为什么要设在戛纳了，因为这个小镇实在太美了。”母亲高兴地说。

希望将仫佬族的文化带向世界

1999 年，我加入了英国国籍。如今，我拥有了很多身份：联合国机构特聘译员，英国外交部特聘译员，国际会议口译员协会（AIIC）会员，欧盟委员会、欧洲议会认证一级译员，英国笔译和口译协会（ITI）会员，英国皇家特许语言学家学会（CIOL）会员，英国国家公共服务译员登记局注册译员。

此外，我公司的规模也越来越大，翻译内容越来越广，政治、军事、经济、商务、法律、医药、科技等诸多领域都有所涉及，在伦敦拥有了良好的口碑。近年来，由于“一带一路”倡议，我们公司的服务范围已经拓展到欧美、非洲、中东和加勒比海地区。

有了成就后，我总是心心念念着自己的祖国，希望能为家乡做些什么。

近年来，国家和广西壮族自治区越来越重视教育，加大了教育方面的财政投入。在教育政策的扶持下，河池市的学校亦发生了很大变化，很多乡村学校的办学条件不断得到改善，硬件建设上了一个新台阶。比如，旧瓦房不见了，取而代之的是一幢幢宽敞明亮的教学楼；坑坑洼洼的操场变平坦了，并配备了球场、草坪和跑道；公共厕所也改造翻新了，师生们上厕所不再需要排队等候；实验室、多媒体教学设备等一应俱全；有的学校新建了教师公寓楼、学生宿舍楼、食堂，师生们吃住都不愁了；有的学校种了很多花草树木，整个校园就像一个美丽的大花园。很多学校的校园环境越来越美，师资力量越来越强，师生们都讲普通话了。

2018 年年初，我回到河池市宜州区陪父母过春节，看到母校河池高中校容校貌焕然一新，图书室、实验室一应俱全，

2018 年春节，我回家与父母一起过年

教师人手一台办公电脑，学生一人一桌一单铺，每个班级一台一体机，多媒体教学技术十分先进……这与过去相比，真是天壤之别！宜州区也建设得井井有条，公交、医疗等公共服务便捷到位。当地政府正在朝着打造原生态旅游和养老基地的方向努力，积极发展新型绿色经济。

家乡发生了翻天覆地的变化，美丽的山水、动人的山歌常常萦绕在我的心头。我希望能为传播和保护家乡文化尽一点绵薄之力，我正在努力，希望将仫佬族、壮族等民族历史典籍翻译成英文，让更多的西方人了解广西的民族传统文化。也希望有机会为广西培养一批高端口译人才，为中国—东盟博览会、为广西走向世界做出应有的贡献。

一路传习一路歌

（微信扫描二维码，倾听吴春月灵动的歌声）

她，是三江侗族自治县土生土长的侗妹，她在热爱侗族大歌的家庭中耳濡目染，在“行歌坐夜”中与老公相识相知。她叫吴春月，从“侗族大歌之乡”——三江侗族自治县梅林乡新民村中寨屯走来，把作为世界级非物质文化遗产的侗族大歌唱出村寨、唱出三江、唱出广西、唱响全国。她一路传习一路歌，不但推广和普及了优秀的民族文化，同时肩负着历代侗族大歌传承人的重托。出生于1986年的吴春月，成为目前全县最年轻的新生代侗族大歌传承人。大歌成就了吴春月，也成就了吴春月的家。

讲述者：吴春月　撰稿者：梁旋云

儿时最快乐的事情就是参加村里歌会

我出生在广西“侗族大歌之乡”——柳州市三江侗族自治县梅林乡新民村中寨屯。我们这个小村寨远离县城，位于美丽的溶江（也叫都柳江）河畔。

我父母年轻的时候，家乡还没有通公路，从村里到县城古宜镇差不多要坐一天的轮船。由于交通不便，我们村里的人很少出远门。

听父母讲，他们年轻时出门最远的也就是到过县城一两次，柳州、南宁这些城市只是听其他人讲过，在他们心中，简直比天边还远。可就是在这样一个贫穷、偏僻的小山村里，村民们却非常豁达而乐观。老人们常挂在嘴边的一句俗话是：饭养身，歌养心，唱歌和吃饭一样重要！村里的人们没有太多娱乐方式，农闲时都会聚集在寨子里的戏台前唱歌、学歌，自娱自乐。

在我的记忆中，小时候最快乐的时光就是参加村里的歌会活动。在节日里，侗族男女歌队通常坐在鼓楼或围坐在火塘边对唱，用歌来表达感情，赞美大自然，这就是歌会。

举行歌会，仿佛比过年还要隆重，妈妈会拿出压箱底的新衣（侗装），把全家人装扮得喜气洋洋，然后大家一起来到寨中的鼓楼坪。

在鼓楼坪，全村男女老少都是盛装打扮参加歌会活动。

唱侗族大歌的场面很是壮观，大家从前到后依次站立：孩子站在最前排，然后是“腊勉”（侗语：年轻姑娘），再到“腊汉”（侗语：年轻男子），然后按年纪大小往后排队，排数不论，看场地大小和人数多少。歌会人多的时候会有两三百人，众人在一个小村寨里放声高歌，声音洪亮，响彻云霄。接下来，大家还跳多耶舞。多耶是侗族边唱边跳的一种集体舞，由一人领唱众人合唱，参与的人数越多越好，大家不分男女老幼，不分远近亲疏，不分贫富贵贱，手牵着手围成圆圈，歌声不断，舞步不停。多耶展示的是一种团结、和谐、大同的画面，表达的是侗族人民热爱生活、憧憬未来的美好愿望。

凡凡张卡，
尧多美嘎，
伦朗塞孝听，
多嘎伦朗塞孝敢中卡嘛郎朗朗里郎朗朗里……
（歌词大意：请静静听，我唱支歌，唱支蝉歌给您听，蝉儿声声叫得响！朗朗朗里朗朗朗里……）

大家都唱得很投入、很开心。数十或上百人齐声高歌，使整个寨子都热闹起来，节日氛围非常浓厚。

我还小的时候，不会唱大歌，只是觉得歌曲悦耳动听，词还朗朗上口。此外，每次歌会还可以和小伙伴们比一比谁的新衣服漂亮，臭美一番，真是又好玩又开心。

2005 年，我与父母合影

家人教我唱大歌

歌会是快乐的，贫困却让小小的我满是忧愁。我家有姐弟仨，我排行老二，前面是大姐，后面是小弟。由于除了种田没有其他的经济收入，加上姐姐小时候身体不好，总要吃药打针，花费比较大，家里很穷。屋漏偏逢连夜雨，1992 年寨上发生火灾，我家祖辈传下来的一栋吊脚木楼在一夜之间化为灰烬，使我们原本贫寒的生活雪上加霜。由于家庭困难，我姐小学未读完就辍学了，而我读完初中后家里也无力再供我升学了。

我的父母是普普通通的农民，他们喜欢唱侗族大歌，是我们村寨“月也”队伍里唱侗族大歌必不可少的成员。几乎每年春节都要去别的村“月也”，或者在别的村来我们村“月也”时唱歌。“月也”指侗族村寨之间集体做客，是侗族民间文化的交流活动，交流的方式以唱侗戏和唱侗族大歌或者对唱情歌为主。我小时候最高兴的是，每当我们村去别的村寨“月也”，回来的时候会抬着整头的大肥猪回来——是去“月也”的村寨送的，然后全村老老少少在鼓楼坪上聚餐。真是太开心了！我们小孩子大块吃肉，大人们喝酒、唱歌。那些去“月也”回来的表演队伍的成员，个个像功臣一样，受到全村人的尊重。看着村民纷纷给父母敬酒，小小的我心中产生了无比羡慕之情。

我从小耳濡目染，一直很渴望能够像父母一样唱好侗族大歌，给家里争光。

2002 年，我 15 岁，拜了我的叔母吴探花（“侗族大歌”区级传承人）为师，开始系统地学习侗族大歌。她既是师父又是叔母，对我的要求更为严厉。

说是拜师学艺，其实我并没有交学费或者送师父任何值钱的东西。那时我家一穷二白，没什么可送的，师父也不要求任何回报。我给师父带来的唯一好处就是农忙时帮师父做些农活，比如插秧、捡茶油籽、捡禾把（收糯谷）之类的轻劳力活，有时也帮她砍柴火和剁猪菜。

她一般是晚上或者下雨天教我唱大歌。侗族没有自己的文字，所以侗族大歌靠口传心授世代传承下来。侗族大歌的歌词大都是古老的侗话，比喻深奥，很多我都听不懂。侗族大歌的种类很多，按民间分类可以分为鼓楼大歌、声音大歌、叙事大歌、戏曲大歌等，我师父不识字，但她记性非常好，她的歌全装在她的脑子里。每当我遇到不懂的地方，师父就耐心地给我讲解。

一次，我跟着她学《高山歌》。这首歌太难学了，不但歌词深奥，音调还特别高，还要求咬音准确。当我遇到困难不想学的时候，师父就和我说：“春月啊，我们家世代传承侗族大歌，不能让它断在你们这一代啊！不管多难多苦，你一定要把它学会啊！我这一肚子的歌就交给你了，你要接好了，再把它好好传下去！”

而我呢，也许是有一定的唱歌天赋吧，跟随师父学习两年后，我进步很大，会唱的侗族大歌有《闹堂歌》《松鼠歌》《蝉歌》《高山歌》《撒网歌》等50多首，在村子里逐渐崭露头角。

一个“以歌为媒”的古老侗寨

我们侗族有个婚俗：新郎家迎娶新娘的当天晚上，主家会煮一大锅糖粥（寓意甜蜜生活由此开启），村里的适龄姑娘们会相约来唱歌、吃糖粥；而新娘家是在新娘回门的那天晚上煮猪骨粥（寓意有滋有味的生活由此开启），同样的，村里的适龄姑娘们也会相约来唱歌、吃粥。歌声响起，等于是向村里的男青年发出相邀的信号。姑娘们结伴到新郎和新娘家去整夜整夜地唱大歌，而村里的男青年会来“行歌坐夜”（也称“行歌坐月”，即结伴坐夜）。听老人们说，许多侗族姑娘和小伙通过“行歌坐夜”而相识、相知、相爱，一步一步走向婚姻的殿堂，留下了许多动人的爱情故事。

“行歌坐夜”的习俗在我们这一辈依然延续着。我的父母就是在“行歌坐夜”中相知相恋的，而我也是在“行歌坐夜”中找到了自己的意中人。

我和我的爱人吴岩山是同村的，从小认识。他的祖父吴公壮是我们这一带侗族地区家喻户晓的歌师。而我姑父吴光祖是“侗族大歌”国家级传承人，我的奶奶、我的父母和姑姑都喜欢唱大歌。我们都出生、成长在充满歌声的家庭里。以歌为媒，在几次“行歌坐夜”中，我俩互生好感。

我爱人比我大 8 岁，中专毕业的他是村里为数不多的知识分子，后通过考试被安排到我们村当村干部。农村人结婚相对早一些，我爱人在当时算是村里的“老后生”了。

我难以忘记那天晚上，他和村里的几个后生来到我家“行歌坐夜”，歌唱得好又一表人才的他吸引了我。他开口就唱起侗族大歌《高山井水》（歌词大意：高山井水清又甜，喝口井水思情人；几时跟哥火堂坐，妹和阿哥伴终生）。带有磁性的男中音和一脸真诚阳光的表情让我难以忘怀。他还非常健谈，当村干部的他，认得的人、见的世面都比我多。我们谈侗族大歌、谈人生、谈理想，好像有说不完的话题。

待我长到 18 岁，双方父母觉得门当户对，就为我俩定下了姻缘。由于还未到结婚年龄，我们并未操办婚事，而是选择先去工作。

把侗族大歌唱到北京去

父母每年都被邀请参加梅林乡举办的“二月二”花炮节，去演唱侗族大歌，渐渐唱出了名气。他俩曾于 2004 年和寨上的二十几位叔叔阿姨被邀请到北京去录制侗族大歌。他们从北京回来时，全村杀猪宰羊庆贺，在鼓楼坪上摆起长桌宴，村里德高望重的寨老带头举起酒杯感谢他们为村里争光，大

2004 年，父亲（前排右五）、母亲（后排右六）和村里的叔叔、阿姨到北京录制侗族大歌

2006 年，我（后排左三）、爱人（后排左二）同亲友们合影

2006 年，我与爱人结婚时合影

家像过年一样开心。我真为我的父母感到骄傲呀！

这件事让我深受鼓舞。我暗暗为自己鼓劲：一定要把侗族大歌学好唱好，以后也像父母亲一样把侗族大歌唱到北京去。

2004 年，我和村里的几位姐妹来到柳州市龙潭公园打工，在公园里的民族村为游客表演侗族大歌，于是我有了展示自己特长的舞台。

2006 年，我生下第一个孩子后就不出去打工了。在家带孩子的时候，我有了更多的时间和寨上的姐妹们一起学歌、唱歌，那真是一段快乐的时光。

到孩子一岁多的时候，我爱人去深圳打工了，我带着孩子也去了深圳。虽然大城市里的一切是那么令人新奇，但我心里始终牵挂着那生我养我的小村寨。没人一起唱侗族大歌的日子好难过啊！我内心纠结，不知该回去还是该留下。

正巧，到深圳几个月以后，梅林中学的石彦辉老师突然打电话给我，说他们打算组织一个大歌队备战第十三届全国青年歌手电视大奖赛，问我参不参加。这么好的机会我能放过吗？！于是我向我爱人许诺：唱完这次比赛我就安心回来陪他，不再总是想着唱歌的事了。

2008 年，我真的实现了自己的梦想，参加了第十三届全国青年歌手电视大奖赛。我和我的侗族姐妹们组成的“三江组合”，先后荣获市级选拔赛个人一等奖、自治区选拔赛个人三等奖、自治区选拔赛团体优秀奖，一路过关斩将，把侗族大歌唱到了北京，让全国人民都听到了我们原生态的、多

我（右三）和小姐妹在北京参加第十三届全国青年歌手电视大奖赛

声部的、无伴奏的、美妙的侗族音乐。记得我们当时是多么激动和自豪啊，那种感觉真是太美妙了。

我们来到中央电视台，见到了之前只在电视上看到的歌手，有韩红、宋祖英、孙悦等，还有著名主持人董卿、朱迅。我上台的第一感觉是，这个舞台真大，至少有我们村戏台的五倍大！我突然觉得自己好渺小，有些紧张起来。但是，台上主持人亲切的笑容和温馨的话语给了我信心。我不太记得当时主持人说了什么，只记得董卿就像一位平易近人的大姐一样用温暖消融了我的胆怯。这次我们在北京总共待了一个月，进行了三次比赛。虽然最终没有获奖，但是我们“三江组合”是广西几个代表队中唯一进入全国20强的一支队伍，我们感到非常的骄傲和自豪！比赛结束后，我还幸运地成了中央电视台的采访对象。央视介绍了我，介绍了我们的侗族大歌。

比赛结束回到家乡，家人及村里的乡亲们像迎接功臣一样到村口迎接我和一起去北京参赛的吴培茹。那时我才知道，我们在中央电视台参加的三场比赛，全村人都看电视直播了，大家对我们的表演大加赞赏。原来一不小心我也成了全村人羡慕的对象。以前是父母为村里争光，现在终于轮到我了。

接下来的2010年，我和姐妹们被邀请到上海演唱侗族大歌。这也是我人生中十分值得回忆的一次经历，因为这一次我们是飞去上海的，这是我长这么大第一次坐飞机。当飞机升上蓝天时，我的心仿佛随着飞机越飞越高。

我在心底感谢侗族大歌，感谢我的师父，也感谢我的家乡梅林乡新民村中寨屯——这个侗族大歌之乡。如果没有侗族大歌，只有初中学历的我，怎么能去到北京、上海表演，又怎能登上国家的大舞台！

侗族大歌成就了一个家

我知道，这辈子我和侗族大歌是分不开了。我不能不唱侗族大歌啊，因为它给予我无穷的快乐！去过北京、上海表演之后，凡是有登台演唱侗族大歌的机会我都不放过，不管是县里、市里、区里或者省外我都去。我爱人见我陷得那么深也无可奈何，只要我高兴，他就由着我去唱。

几年前，为了孩子有一个好一点的教育环境，我们举家迁到县城。到了县城，我还在折腾着唱歌的事。因为我们村也有不少乡亲在县城定居创业，我们就组成了一个侗族大歌队，叫“新民组合”。伙伴们白天忙着自己的生意，晚上就聚在一起唱侗族大歌。每一次县里举办文艺活动都少不了我们“新民组合”的参与。慢慢地，我们这支侗族大歌队就小有名气了，同时我们的队伍也在不断壮大。

2015 年，我们与县文化馆、县非物质文化遗产保护与发展中心组队排练的侗族大歌《知了叫碎妹的心》，代表柳州市参加第四届全区基层群众文艺会演获声乐类一等奖。同年，我有机会奔赴内蒙古自治区呼和浩特市参加首届全国优秀少数民族声乐作品展演。也是这一年的 11 月，以侗族大歌为代表的多彩非遗乐章全景展演《木楼歌海多耶情》在上海梅陇文化馆拉开帷幕。我站在闪亮的舞台上，身穿美丽的侗族服饰，和伙伴们把三江侗族原生态的《蝉之歌》《撒网歌》《琵琶歌》奉献给上海的观众。

2015 年，我被评为“侗族大歌”三江侗族自治县级代表性传承人。2016 年，我又被评为“侗族大歌”柳州市级代表性传承人。

现在，我被聘请为柳州市群众艺术馆、三江文化馆侗族大歌免费培训班的授课教师，为三江侗族自治县党政机关干部、企事业单位人员、街道（社区）群众、中小学生传授侗

带着侗族大歌进校园

族大歌。我们先后举办了 18 期培训班，培训学员 1200 人次。我们还走进中小学，开展“一校一品”特色民族文化进校园活动。目前这一活动已经普及全县 20 多所学校，吸引了上千名学生参加侗族大歌兴趣班。

我获得了一系列荣誉，正是这些荣誉让我有更多的机会到各种大舞台去展示自己的才艺。通过走出去，我开阔了视野，不仅看到了祖国的大好河山，我也认识了许多文艺界的老师，他们给予我帮助，并引领着我努力向前；我也认识了各个少数民族的朋友，知道全国各个少数民族都有像侗族大歌一样精彩的传统文化，这也让我更加深刻地感受到了自己肩上的重任，坚定了要把侗族大歌学好、唱好并传播出去的决心。可以这样说，侗族大歌给我带来快乐和幸福感，同时也给我带来了实实在在的好处。

我爱着大歌，大歌成就了我，成就了我的家。

油茶传歌歌传情

除了唱大歌，我还爱打油茶。我从小到大吃油茶，因为小时候生活困难，一年到头没能吃几顿肉，所以油茶泡饭是我的美味佳肴。油茶，是三江的一种特色饮食，打油茶是三江人招待客人的第一道礼俗，凡是有客人来访，主妇立马生火架锅打油茶，以示欢迎；打油茶是侗族人婚嫁迎娶过程中必不可少的一种仪式，送新娘要打油茶，接新娘要打油茶，新娘回门要打油茶……

油茶在过年的时候最为丰盛，因为春节大家都杀年猪，猪肝、粉肠是最好的油茶料。过年打油茶也最为热闹：正月初一,一个大家族叔伯兄弟每家轮流打油茶，这家吃完到那家，有时从早打到晚都轮不完，初二再继续。大家边吃油茶边唱歌，柴火油茶越煮味越浓，男女老少、妯娌姑嫂围坐火塘，油茶不尽歌声不停，在冬日里真是暖意融融啊！我至今还经常回忆起这样的场景，但搬到县城后就很难品味到这样单纯的生活乐趣了。

其实，在我们侗寨，油茶与侗族大歌就像一对好姐妹，是不能分离的。听我父母讲，过去我们寨过年“月也”的时候，会唱一整天的侗戏或侗族大歌，中场不休息。唱得口干舌燥怎么办？这个根本不用担心，寨上的姑娘们到饭点会很准时地将煮好的热乎乎的汤圆油茶挑上台供演员们吃。一碗油茶下肚，大家又唱得特有精神。好多人都说我们侗家的油茶有提神醒脑、清嗓润肺的作用呢。

在我的记忆中，关于油茶与侗族大歌的最感人的场面发生在我姑姑出嫁的那天晚上。当时我还小，记得吃过晚饭后，妈妈将压箱底的侗衣给我穿上，我们要为姑姑送嫁。那晚的场景真是记忆犹新！我一眼望见姑姑穿着最漂亮的侗族新衣，寨子里和我姑姑差不多大的姑娘都穿着盛装围坐在火塘边，我奶奶在打油茶。姑娘们由一人领唱，众人合唱，唱着唱着，不知怎的，我姑姑就泣不成声了，然后大家就一起陪着她哭。大家边唱边哭，有时候又哭一阵笑一阵的，歌声歇处吃一碗油茶。歌一首一首地唱，油茶一碗一碗地吃，直到新郎来接走新娘。我不懂她们为何又哭又笑的，后来才听妈

我和朋友们打油茶、唱侗族大歌

妈说，她们是在唱古老的侗族大歌——《感恩父母歌》。女儿感恩父母的养育之恩，回忆过去几多艰辛、几多不舍，触景生情，所以哭泣。

为了让大家有一个相对固定的学歌、唱歌的场所，也为了自己家庭能增加一点收入，我在县城开了一家油茶店，叫“月也三江”，即“做客三江”的意思，生意还不错。我在店里建了一个侗家的火塘，到我店里吃油茶的顾客对柴火油茶都情有独钟、赞不绝口。晚上歌友们就围着火塘打油茶，唱歌娱乐。

在我的影响下，我 12 岁的儿子和 5 岁的女儿也喜欢上了侗族大歌，我希望他们能把侗族大歌传承下去，把侗族文化发扬光大。我爱人早在 2003 年就不当村干部了，之后去外地打工。为了支持我唱歌，几年前他回到三江县城创业。白天他忙他的工作，晚上就到我的“月也三江”油茶店里帮忙。因为他也有很多喜欢侗族大歌的朋友，我们就一起为朋友打油茶、唱侗族大歌。而我的父母仍然留在梅林乡中寨屯，村里还是每年都举办歌会，每次他们都积极参加，自娱自乐。同时他们也很乐意将自己会唱的大歌传给别人，乐意当民间免费传歌授课的“土教授”。

在大歌传承上，我近期的计划已经列好：2018 年 10 月，给县城“新民组合”培训侗族大歌；2018 年 11 月，再带徒 50 人；2018 年 11 月至 12 月，排练节目，开展侗族大歌进校园活动；2019 年 1 月至 3 月，和侗族歌师学习收集传统

我、爱人和女儿穿着侗装合影

侗族大歌曲谱；2019 年 4 月至 6 月，进校园传唱侗族大歌；2019 年 7 月至 9 月，参加侗族大歌进社区活动；2019 年 10 月至 12 月，参加侗族大歌成就展巡演活动。

我希望县城能有一个专门进行侗族大歌表演的场所，让侗族大歌爱好者有一个展示才艺的舞台；同时，让来到三江的游客都能听到优美的旋律，让侗族大歌传播更远，走向世界，让更多的人了解侗族大歌，并通过侗族大歌知道三江、了解侗族。

母爱成就国医大师

（微信扫描二维码，倾听韦贵康谈亲情的力量）

韦贵康，是广西目前仅有的两名国医大师之一，也是目前广西唯一健在的国医大师。在别人的眼里，他医术精湛、医德高尚，是“中国好医生”的典范；他治学严谨，有教无类，弟子遍布海内外；他待人真诚，朴实无华，备受尊重和爱戴……而在韦贵康的眼里，他只是一个出生于广西宾阳县高田乡新阳村的农家孩子，他觉得自己骨子里更是一个中国传统意义上的儿子、丈夫和父亲……

讲述者：韦贵康　撰稿者：覃华芳

母亲守寡育儿女

1938年10月5日，在宾阳县高田乡新阳村一个贫寒的农民家庭里，一个新生儿呱呱坠地，那就是我。我4岁那年，父亲因病离开了人世。顶梁柱的突然倒塌，使得家里的重担落在了当时年仅29岁的母亲柔弱的肩膀上。母亲美丽、勤劳、善良、贤惠，父亲去世后不少人登门牵线搭桥让她改嫁。记得小时候，村子里的大人总是喜欢跟我开玩笑，说："贵康，你妈妈那么漂亮，总有一天你妈妈要改嫁的，到时候你就没有妈妈了……"每次听到这样的话，我心里都特别难受。我是真的很害怕，害怕哪一天回到家就再也见不到妈妈了。

然而，日子一天天过去，我每次进家门，都能看到妈妈在家忙碌的身影。后来听别人说，妈妈一一谢绝了上门提亲的人，她把一切希望都寄托在了一双儿女的身上，尽心照顾公婆，默默地忍受着人生的孤独和劳累。白天，她像其他山民一样，在田野里辛勤劳作；夜晚，在油灯下为一家人纺线做衣。农闲时节，她还像男人一样，上山砍竹，在家剖竹、编筐、编箩，然后挑着自编的竹筐、竹箩到圩市售卖……我很清楚地记得，在一个寒冬腊月的晚上，我复习完功课之后，刚准备上床睡觉，妈妈突然发现我的布鞋破了，脚指头露在外面。再一看，鞋底也磨破了，妈妈的眼眶一下子就湿润了。

她心疼地摸着我的脚，眼泪掉了下来，特别愧疚地对我说："鞋子都穿烂了，我都没时间做新鞋给你们。"说完，妈妈不顾疲累，找来旧衣服做材料，在昏暗的煤油灯下给我们兄妹俩纳鞋底。尽管我一再说"妈妈没事的，鞋子还能穿，早点睡吧"，但妈妈还是专心地一针一线地缝着。夜深了，我躺在床上看着妈妈低头纳鞋底的背影，难以入眠。这个场景在我的心里烙下了深深的印记，这么多年都难以忘怀，如同那首《游子吟》穿越千年而来，情景再现：

慈母手中线，游子身上衣。
临行密密缝，意恐迟迟归。
谁言寸草心，报得三春晖。

妈妈对我的爱，让我心底满是温暖，浑身充满了力量。

放学、放假，我就带着妹妹上山砍柴、割草、放牛，回到家就切红薯藤、煮猪潲水、喂猪、剖竹。为了帮母亲减轻负担，两个孩子就像两个小大人一样，把农活干得有模有样，村里人都对我们赞不绝口。

母亲含辛茹苦地将我们兄妹拉扯大，不仅在生活上，在做人方面，母亲也对我们倾注了无数心血。她将自己听来的历史故事、人物传说讲给我们听，希望我们从中学习做人的道理，教育我们无论做什么，都要专心致志才能成功。比如有个故事我至今还记得：古代有一个名叫秋的人，棋艺精湛。

2003 年，我与 91 岁高龄的母亲合影

2010 年 3 月，我在自己读过的小学门前留影

有两个学生跟他学下棋。一个学生非常专心，集中精力听老师的教导。另一个学生认为学下棋很容易，人虽坐在那里，心却飞走了，秋讲的知识他根本没有听进去。结果这两个学生虽然在一起学习，又是同一位名师传授，但一个成了棋艺高超的名手，另一个却没有学到什么本事。

母亲也用自己的实际行动教育我们，做人要踏实、努力，懂得感恩。就是在母亲如涓涓细流般的爱与教导中，我慢慢长大成人。

由于过早地经历了人世间的悲欢离合、疾病痛苦，我从小就养成了坚强、吃苦耐劳、积极向上的性格。

我先后就读于文华完小、高田中心小学、昆仑中学和宾阳中学。这 4 所学校，离家最近的 1 公里，远的 30 公里。我舍不得穿母亲给我纳的鞋子，无论是炎热似火，还是天寒地冻，我常常都打着赤脚在崎岖的山路上来了又回，数不清往返了多少次。

初二那年，我的堂哥因病离开了人世。父亲、堂哥两位至亲的离世让我立誓学医。我视学习机会如珍宝，争分夺秒地刻苦学习，成绩始终名列前茅。我视苦难为财富，也正是因为经历过苦难，我在今后的漫漫医路中，格外坚韧和笃定。

登上中医的最高殿堂

1959 年，我考上广西中医专科学校（广西中医学院前身，今广西中医药大学）。因成绩优异，综合能力突出，毕业后

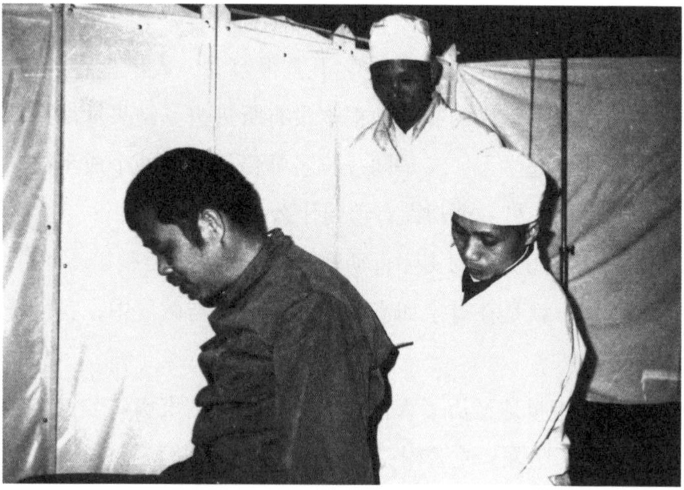

年轻的我在诊治病人

被保送至河南平乐正骨学院，攻读中医骨伤专业学士学位。

坚定不移的信念以及刻苦钻研的劲头，让我沉浸在医学知识的海洋里。毕业分配时，我婉拒了赴发达省份工作的机会，毅然回到广西的母校工作。从此，我身兼双重角色：作为教师，薪火相传，在讲台上诲人不倦；作为医师，秉承杏林名医悬壶济世的情怀，为患者解除病痛。

功夫不负有心人，双重的职业经历，让我对教学和临床有着更深入的理解。我结合扎实的临床实践，开始汇集前人先进的学术思想和脉络，尝试构建自己的医学领域。渐渐地，我掌握了“中西医结合小夹板治疗骨折新疗法”“新医正骨疗法”“镍钛记忆钉固定技术”“人工关节置换术”“脊柱侧弯畸形哈氏棒固定术”等当时较为先进的新技术疗法。

1989年对我来说是不平凡的一年。在这一年3月，身为广西中医学院副院长兼广西中医学院第二附属医院（现广西中医药大学附属瑞康医院）院长的我，接到了一个特殊的任务——名义上是去北京开会，实际上是去给一位特殊的病人诊治。入住北京友谊宾馆的第二天，一位青年来到我的客房，自我介绍道:“您好！韦贵康教授，我是某某的秘书，专程来接您。您辛苦了！”听到某某的大名，我既激动又纳闷。没容多想，那位青年就把我带到了中南海。原来，是一位女士患有严重的头痛、头晕、失眠、血压异常、颈椎疼痛等病症，到北京几家大医院诊断后，虽然吃了不少药，但一直疗效甚微。后来，有一名经我治愈的患者向她推荐说“广西有一位著名的骨伤科专家韦贵康，对这类疾病采用独特的手法治疗，疗效不错”。于是，经中央有关部门批准，特意请我来给该女士诊治。

寒暄之后，我详细查阅了该女士的病历和相关检查结果，精心拟订了治疗方案，确认可以运用旋转复位法与后伸拉板法治疗。在征得该女士同意后，我凭借丰富的临床经验，巧妙地施展独特的手法治疗。第一次治疗后，该女士就感觉自己的头脑轻松了许多。到了第三天，该女士就感觉自己的颈椎疼痛、头晕、失眠等症状都有所减轻，血压也趋于正常了。到了第六天，该女士感觉自己的病情明显好转，就去北京一家大医院复查。经过X线与脑血流等检查后，当班医生惊奇地发现，该女士的颈椎系统已经趋于正常，特别是脑部供血不足的情况明显好转，忍不住问她用了什么灵丹妙药。该女士开心地说："我是用理疗的方法治好的。"又经过两次巩固治疗后，这位女士的病情基本痊愈。她由衷地说"感谢韦教授"，并称赞我的手法治疗真的是太神奇了。

学无止境，业精于勤。我不断开拓进取，创造出新的成绩：我持有"手法治疗颈椎性血压异常""脊柱曲度变化与颈肩腰背痛关系""整脊病损整治三十六法""脊柱相关疾病中医诊疗技术""韦氏奇穴与奇术""阴阳五行手法的开发与在脊柱病损应用""痛安汤临床应用""子午流注原理在手法中应用""三焦整体排毒"等科研医疗成果与技术。我创立的广西国际手法医学协会、世界手法医学联合会、世界手法医学联盟在海内外影响深远；我培养的数百名海外弟子，在东南亚形成了"八桂韦氏中医骨伤流派"，使中国的传统医学与手法，逐步融入这些国家与地区。

为师者，大都希望自己的弟子秉承师德，发扬师门文化。在 60 多年的教学、科研和临床生涯中，我培养了上万名海内外学生，将"八桂韦氏中医骨伤流派"传播至世界各地。广西中医药大学附属瑞康医院大骨科 109 名老中青医疗骨干，大部分都是我的学生。收徒授道，薪火相传，我坚信这是太阳底下最光辉的职业，并由衷感到使命光荣、任重道远。

这些年来，我有幸攻克了一个又一个医学难题，使 30 多万名经我治疗的患者从行动不便到恢复如常、获得健康。千淘万漉虽辛苦，吹尽狂沙始到金。2017 年 6 月，我登上了

我指导德国、澳大利亚学生

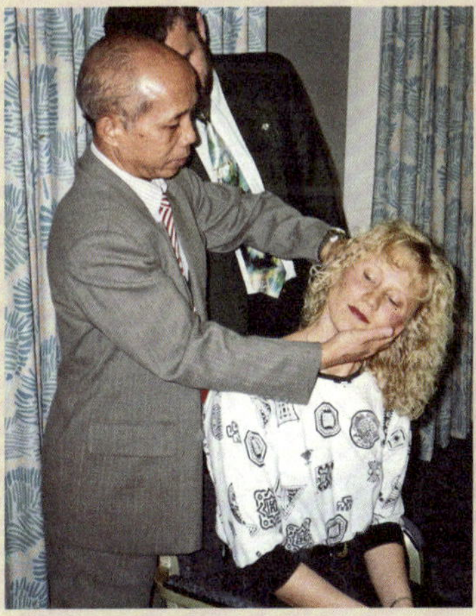

我为德国病人诊疗

我荣获“国医大师”称号

中医的最高殿堂——获得了“国医大师”的称号。

我的家庭观

获得“国医大师”的称号是所有从事中医事业的医者梦寐以求的荣誉。获得“国医大师”荣誉的我，深知这份沉甸甸的荣誉背后，凝聚了太多人的关心和支持。特别是来自家人的爱，让我在医学路上越走越坚定，越走越开阔。

回顾自己走过的人生路，我常常觉得，尽管自己已经成为一位享誉国内外的中医大家，但在骨子里，自己更是一名中国传统意义上的儿子、丈夫和父亲……

母亲未满30岁便失去丈夫，含辛茹苦地将我们兄妹抚养成人，教我们做人做事的道理。她不仅是一位善良慈爱的

我与妻子在贵州马岭河漂流前留影

一家三代合影

母亲，更是我的人生导师，让我在前行的道路上找到了正确的方向，在遭遇挫折和困难时不气馁、不放弃。我忘不了1996年的春天，因为连续奔波劳累，我得了严重的心肌梗死。在医院住院抢救治疗的几个月里，已经84岁高龄的母亲，不顾家人的劝说和阻拦，每天起早贪黑煮我喜欢吃的饭菜，希望我早点康复。那时躺在病床上的我，几乎不能动弹，时而清醒，时而迷糊，但冥冥中能感到一股强大的力量一直在支撑着我，让我增加了战胜病魔的勇气。

我的爱人胡贞德，在几十年与我相伴的日子里，总是任劳任怨，毫无保留地付出，从未有过抱怨，几十年如一日，每天早上6点起来做早餐、做家务，照顾老人和孩子。刚结婚不久，我就带领学生“开门办学”，常常不着家。两个孩子年幼时，我去上海进修，我爱人就独自在家带着两个孩子，操持家务，还要上班。后来我经常外出讲学，进行学术交流，妻子也是从来没有一句怨言，全力支持。在照顾好老人和孩子的同时，妻子也没耽误自己的事业，从一名护士晋升为副主任护师。我觉得正是有了这位知冷知热的贤内助，有了稳定的感情依靠，才能让我在和谐愉快的家庭氛围中心无旁骛地追求自己的医学事业。

儿子韦坚耳濡目染，也热爱上了医学。2005年，他考上了德国法兰克福吉森大学人类生物学专业的博士研究生，希望在现代国际背景下，尽自己的能力，为祖国的中医药事业做一些力所能及的事。2005年，韦坚出国留学前，我曾征求母亲的意见，问她是否同意她的孙子出国留学。母亲深明大义地说:“让孩子去。不用给孩子留那么多米，留给孩子多一点谷子。留给孩子金山银山米山，孩子总有坐吃山空的一天；让孩子多学些本事，相当于多给孩子留些谷子，谷子饥了可以碾米充饥，荒年还可以作为种子，种出新的谷子。”母亲的话犹如醍醐灌顶，让我豁然开朗。于是我和妻子克制住对儿子的思念，送唯一的儿子远渡重洋留学。如今，学有所成的韦坚也在医学领域打下了自己的一片天地。

医路漫漫，亲情相伴；授道解惑，桃李天下；正骨祛病，仁心仁术。我一直觉得，正是因为有了这样的亲情，才成就了这样的我，才能让我在自己想走的路上越走越开阔。

长大后我就成了你

（微信扫描二维码，倾听黄珊珊讲述对父亲的崇敬与爱）

黄永腾，60多年里一直献身教育事业。退休之后，他还做了19年的志愿者，先后为38所基层学校做志愿辅导员，为未成年人教育工作倾注了全部的精力。他获得过很多荣誉，受到过党和国家领导人的亲切接见。而黄珊珊，在2008年大学毕业之际，面临去广州发展还是留乡从教的艰难抉择，最终在父亲的劝导和内心召唤下，选择了成为像父亲一样的山区教师。桃李不言，下自成蹊。在平凡的岗位上，在似水的流年里，女儿的人生剧本，成了父亲的续集……

讲述者：黄珊珊　撰稿者：王布衣

爸妈互相称“老伴”

我叫黄珊珊，是防城港市防城区十万山瑶族乡中心小学的教师。在我出生时，爸爸已过不惑之年。

我的爸爸45岁才结婚。我曾经问过爸爸，为什么结婚那么晚呢？

爸爸告诉我，他年轻时主要有三个原因不能结婚：一是长期负担两个弟弟的生活费，没钱结婚；二是怕家庭琐事耽误了时间，影响了教育事业；三是出身富农家庭，担心会影响另一半。

直到1985年，爸爸的两个弟弟都已参加工作，不再需要他负担费用，知识分子政策落实了，工资也涨上来了，他才考虑成家的事情。当时，他已有30多年的教龄，积累了丰富的经验，教学工作已是得心应手，配偶如果选得好，成家不但不会妨碍他的教学事业，还可以让他没有后顾之忧。改革开放之后，爸爸头上那顶“富农”的帽子也扔进北部湾了。

有了结婚的想法后，我爸爸的叔叔、婶婶便开始帮他物色合适的对象。真是无巧不成书，我的妈妈刘福珍的亲戚也在忙着帮她物色对象。

两家亲戚一张罗，两人就约到了一起。

据说，相亲这天，爸爸穿了一件干部装，妈妈也悉心打

在教学楼前，父母抱着刚出生不久的我

扮一番，穿戴得整整齐齐，双方都力求给对方一个好印象。这一相亲，两人就对上了眼。

当时，爸爸比妈妈大23岁，可妈妈并不嫌爸爸年纪大。

爸爸对妈妈说：“我跟你先说清楚几件事情。第一，我没有什么钱，我身上所有的积蓄只有50多元。第二，我没有时间，我手头有很多事情要做。第三……”

妈妈打断了他的话：“莫讲那么多了，我愿意嫁给你。你没有钱不要紧，你每个月有工资，够我们吃够我们用就行了。你没有时间，我来帮你做家务，让你能腾出时间来搞教学。”

就这样，他们结婚了。没有花前月下，没有海誓山盟，只有日常生活的点点滴滴，只有锅碗瓢盆的交响曲。

一年之后，就有了我。

因结婚晚，从新婚开始，爸妈就互称“老伴”，这一习惯一直保持着。

爸妈的私房话

我家就在防城镇第二小学的校园里，是老式的教工宿舍，位于一幢修建于20世纪70年代的老楼房，60多平方米，两室一厅，收拾得干净整洁。虽然房子很小，但爸爸还是坚持腾出一个房间来做家庭阅览室，供学生们课余来看书。

除了床、桌、凳等老得掉漆的家具，家里最显眼的就是柜子里塞得满满当当的奖状、书本和工作手册。爸爸的工作

20 世纪 80 年代，学生在爸爸的家庭阅览室看书

手册写满了活动设计、实践思考和观察建议等。大厅墙上贴着社会主义核心价值观，挂着防城港市的地图。地图上用红笔标记着爸爸走过的乡村学校，已经被标满了。

人们说，我家是综合型多功能的，它是辅导员的接待站，是边境少年的培训基地，是学生心灵的栖息地和精神的乐园，是爱的博物馆，是丈夫的写作室，是妻子的后勤保障部。

在我的记忆中，爸爸从来不打我骂我，即使我做错了事，爸爸也是讲故事给我听，让我从故事里悟出道理，知道自己错在哪里。

爸爸给我印象最深的就是“忙”：爸爸起得比鸡还早，睡得比猫头鹰晚，干的活比马还多。半夜里，常常是妈妈和我睡了一觉醒来，见到爸爸还在灯下写写画画。妈妈告诉我，爸爸不是在改学生的作业，就是在写少先队的活动方案。

爸爸还是个书痴，再忙也是手不释卷，吃饭的时候还拿着报刊边吃边看，把它当作下饭的菜。

买书、读书、赠书、藏书，是爸爸最大的嗜好。爸爸最爱买少儿书报，在并不宽敞的住房里，有关少儿故事、少儿歌曲的书籍和报刊占了三分之二。

我们一家虽然不富裕，却很幸福。妈妈在学校里做校务，她践行了婚前的诺言，承担了几乎所有的家务，支持爸爸从事教育事业。

爸爸赶早搭车下乡，妈妈天不亮就爬起来给他做早餐；爸爸熬夜修改方案，妈妈煮夜宵，给他补充能量；爸爸晚上贴板报，她在一旁帮拿东西，举灯照明；爸爸那些大大小小的客人——少先队辅导员、小学生登门来了，她端茶倒水、热情接待……

1995 年 9 月 10 日，教师节这一天，爸爸光荣地加入了中国共产党。爸爸多年梦寐以求、孜孜追求的愿望，终于在这一天实现了。爸爸说：“我又有了一个家，党组织就是可爱的家、温暖的家。”

他像年轻了几十岁，又回到了加入少先队时的儿童时光。带着节庆的喜悦，爸爸满面春风，一脚踏进家门，就迫不及待对妈妈说：“老伴，告诉你一个好消息，我入党了！”

这一天，妈妈特地做了一顿可口的饭菜，两人以茶代酒，共同庆祝教师节和入党双喜临门。

这天晚上，爸爸兴奋得睡不着，半夜里又把妈妈推醒：“哎，老伴，我入党了，我是党员了。”

妈妈说：“睡觉吧，你已经告诉过我了，明天还要上班呢。”

“我还要告诉你，我现在不仅是教师，还是党员教师了，责任比以前更大了！”爸爸说。

爸爸妈妈的私房话，被我这个小孩子听到了。

爸爸的小家与大家

爸爸有可爱的小家，而他最心心念念的，还是那个叫“学校”的大家。他几乎把全部的心血都投入到教育事业中。他总是这样告诉我：“在师范毕业时，16岁的我便立誓，要忠诚党的教育事业，做一辈子老师，一辈子服务学生。”

爸爸有个笔记本，那是备忘录，也是爸爸的“武林秘籍”，上面记录着学生的家庭住址、家庭电话、生日、特长、优缺点等。这个本子虽小，却有大用途。双休日，爸爸会打电话给“电视迷”提个醒：看电视不要忘记写作业；每到学生的生日，爸爸会送上一两本书，写几句励志的话。

遇到有烦恼的学生，爸爸会和他们打乒乓球，或者下一盘棋，或者猜几个脑筋急转弯，然后开始谈心，用故事开导学生。

寒暑假是爸爸最好的工作日，他不是带学生进军营体验，就是去他的山区教学点组织少先队活动。妈妈告诉我，那里有所老冯坪小学，只有 11 个瑶族学生，学校原来没有少先队组织。进山一趟要 3 个多小时，为了让瑶族村寨的孩子戴上红领巾，爸爸先后 6 次爬上瑶族村寨，为学校定制队旗、红领巾，帮助 30 年没有少先队的老冯坪小学建立了少先队组织。

爸爸没有节假日，只有工作日。我从小就觉得爸爸实在是太辛苦了，认为老师真的不好当。

我上小学的时候，记得有一天，爸爸摸着我的头对我说：“珊珊，长大了当老师好不好呀？”

我说：“不好。”

爸爸听了，温柔地问：“怎么，当老师不好吗？”

我嘟囔着：“好什么呀，没有节假日，没有双休日，没有休息时间。”

爸爸笑笑说：“你还小，你不知道教书育人这种充满爱心的工作有多快乐。这种快乐，等你长大了，才能体会得到……”

我长大以后，看到当老师的爸爸只要接触学生，就整天乐呵呵的。爸爸一见到学生，就像是见到了金娃娃。

爸爸的生活节俭朴素，一件衣服不知穿了多少个春秋，一辆自行车骑十几年。爸爸平时不抽烟，不喝酒，不打麻将，不交际应酬，业余时间和钱都花在学生身上了，不是去给少先队买书、开展活动，就是去给乡村学校的辅导员建少先队队室。

一天放学时，有个同学问我：“你爸爸为公家做事，还要自己掏钱，不合算吧？”

我不知如何回答，只好回家问爸爸。爸爸不假思索地说：“合不合算，看你怎么算。我是一名人民教师，工资也是国家给的，拿点工资用在有用的地方，不应该吗？你说合不合算呢？”

爸爸独特的“算术”，让我这个做女儿的心服口服。

在爸爸身边的时间长了，我终于悟出，爸爸会讲故事、会编歌曲、会设计各种新颖的活动，都源于他对祖国的爱，源于对教育事业的爱，源于对学生的爱。这种热爱和大爱，是爸爸快乐的源泉。难怪，学生那么喜欢他。难怪，爸爸那么喜欢学生！

我接了爸爸的班

渐渐地，我读懂了爸爸，理解了爸爸。

我长大后，听爸爸的话，考上了桂林师范高等专科学校汉语言文学教育专业，后来又从专科升了本科。

我在桂林读书时，爸爸从周一到周五，每天基本都打电话过来。每当我吃罢晚饭，爸爸的电话就来了，父女俩一聊就是半个多小时。

我与爸爸在海边合影

我与父母在家中合影

我的全家福

我心里有些什么苦恼，都向爸爸倾诉。他也不厌其烦地指导我，比如怎么消化师范教材，如何把课本中的知识讲得通俗易懂，如何让学生记得住、记得牢。

爸爸还要求我多参加学校的一些社团活动，多参加社会实践："多出去，多交流，锻炼自己的能力，提高自己的综合素质，以后做教师，应变能力、表达能力、组织能力等都是极为重要的。"在校期间，我参加了学校的话剧团，做了青年志愿者。

我同学在一旁听我们父女煲电话粥，羡慕得不得了。"你们父女像老朋友一样，有说不完的心里话，你有这样的爸爸，真是太幸福了。"一位同学羡慕地说。

2008年，我快毕业了，何去何从让我举棋不定。当时，我有个学姐，原来是学生会主席，毕业之后去了广州，在那干得风生水起，做了总经理。学姐来电说，如果有谁想去那边发展，她乐意为学妹提供机会。

超一线城市"北上广深"（指北京、上海、广州、深圳）对年轻人诱惑力很大；此外，师姐在那里已经打好了前站，有了人脉，有比较过硬的关系；而且，那里机会较多，发展空间大。

我有些心动了，一时半会儿拿不定主意，只好向爸爸请教，想听听他的意见。

电话那头，爸爸一直没有吭声。

我急着追问："我该不该去呀？爸爸你给个话。"

半晌，爸爸才一字一顿地说：“你仔细考虑考虑，你读师范专业这么多年，作为公费生每年都能得到国家补贴。国家培养了你，你却选择从事其他职业，学非所用，是不是浪费了所学的专业？”

爸爸继续说：“当然，你有选择的自由，我也没有强迫你的意思，我的意见供你参考，我觉得还是做老师最好。我希望你毕业回家乡，为家乡的教育事业出一份力。”

我权衡再三，认为于情于理，都应该按照爸爸说的去做，于是放弃了去广州的机会，毅然回到了家乡。

在爸爸的鼓励下，2016 年，我考进了教师队伍，女承父业，成为防城区十万山瑶族乡中心小学的一名教师。

爸爸的传、帮、带

爸爸告诉我，教学是一门科学，也是一门艺术，教学不是挖土方，光卖力是不够的。

学校实行包班教学，我除了不教数学课和体育课，其他课都教。由于学校地处偏远山区，师资力量缺乏，这里的瑶族学生从小没有受过规范的教育，很多学生上课不听讲，课堂秩序一团糟。我困惑了，问爸爸：我该怎么办？如何融入学生之中？如何让他们上课听讲？

爸爸告诉我，他自己教学生涯中的最初阶段也是最难的阶段，他在那垌小学也遇到过类似的烦恼，甚至比我遇到的更糟糕。

爸爸对我说："刚开始做教师都这样。你可以先跟他们交朋友，多参与孩子们的游戏活动，在活动中加深师生感情，在活动中改变现状。"

我听从爸爸的建议，下课后跟学生们踢毽子、打乒乓球……这样一来，学生们乐坏了。一个学生说："黄老师你真好，以前都没有老师在课后跟我们一起玩的。"

爸爸去我的学校调查发现，有个女生因为反应比较迟缓，被同学们常拿来开玩笑。爸爸特地交代我说："珊珊，你在学校，要留意关心这个学生，千万不能训她。"

我观察这个学生，发现她在班上很孤单。同学们嫌弃她，一般不和她说话，常常取笑她。因此，我在一次学生排队时，特意夸这个女生遵守纪律、动作快，让同学们对她刮目相看。

爸爸帮我设计了一个游园活动，主题是争做"有理想，有追求，有担当，有作为，有品质，有修养"的"六有"少年。在游园活动中，这个女生得了奖励的糖果，她自己舍不得吃，说要留给黄爷爷（我爸爸）吃。

鲁迅先生在《风筝》一文中说过，游戏是儿童最正当的行为，玩具是儿童的天使。因此，我给她买了仿真恐龙的机器人玩具。机器人这类玩具，除了可以锻炼记忆力和动手能力，还有一个很重要的功能，就是培养孩子的专注力。

这个女生在我们两个黄老师的关爱中渐渐转变了，笑容变多了，反应迅速了，也能自己动手做玩具了。我们师生的感情日益加深。

有次，爸爸找出 300 多张习近平主席和少先队员在一起的照片，自己掏钱一张张打印出来，让我拿到学校去分发。这些照片，每张都有一个故事。我给孩子们讲习近平主席与少先队员的故事，做完活动就将这些照片送给同学们，同学们都争着要。

爸爸教我用的激励教育法很快就收到了成效——这个班的学习成绩进步很快，上课的纪律也好；师生之间关系融洽，以前那些对老师不理不睬的学生，也开始关心老师了。

有一次，我患了感冒，学生做卡片给我，写上“早日康复”的祝福语。瑶族的瑶王节，学生们煮了美食拿来给我吃，与我分享节日的喜庆和快乐。

我也从和孩子们的互动中，理解了爸爸为何这么热爱教师这一行了。

快乐的孩子王

我爸爸在边疆做了一辈子教师，人们给他取了三个外号：孩子王、活动王、游戏王。他最喜欢人们叫他“孩子王”。

60 多年里，爸爸一直做少先队辅导员和班主任，所以他比很多教师有更多机会接近少年儿童，更深入了解少年儿童的心理，能够更好地去引导少年儿童健康成长，这让他感到其乐无穷。退休之后，他依然余兴未尽，继续做志愿者，先后为 38 所基层学校做志愿辅导员。这一坚持，又是 19 年。

曾经有人问爸爸：“黄老师，您教书 60 多年了，可以说是桃李满天下。那您的学生是做领导、成名家的多呢，还是做普通劳动者的多呢？”

爸爸说：“肯定是普通劳动者的多。为什么呢？因为普通劳动者毕竟是大多数，做领导的、成名家的毕竟是少数。而且，人才的成长，不是某一个小学老师能教育出来的，还要靠中学、大学老师的教育，还有家庭环境的影响，还要靠他们自身的努力。我们在‘老、少、边、山、穷’地区做小学老师，搞德智体美劳的基础教育，是给孩子发放走向生活的‘通行证’。”

爸爸认为，这些山区孩子从小健康、快乐、善良，长大就能走正路，这就够了，至于做领导、做名人，还是做普通劳动者都不重要。三百六十行，行行出状元。

爸爸获得过很多荣誉，如他所设计的活动有86个获全国各种奖励，个人也荣获“全国先进儿童少年工作者”“全国中小学德育先进工作者”等称号，曾三次到北京接受表彰，受到过党和国家领导人的亲切接见。他把奖状锁在柜子里，并说他的成就不能体现在奖状里，而应该体现在孩子们的笑脸里。

爸爸告诉我：“山区的孩子太需要关爱了！当老师，我最大的体会是只有把学生当亲儿女对待，爱才有滋味。边境的孩子很懂事，你爱他们，他们爱你，才会对你哭，对你笑，对你敞开心扉。”

爸爸看见山区的小学生就像看见一丛鲜花，一蓬兰草，

爸爸带领护界碑队员到边境护界碑

一片小树林，一群小蜜蜂，他期望他们长大后能成为对社会有益的人。

跟孩子们在一起很快乐，看到孩子们健康快乐地成长，他更觉得欣慰和踏实。

如果他们是一片云，山区教师就是他们的蓝天；如果他们是即将远航的船，山区教师就是他们的帆；如果他们是一群小鸟，山区教师就是树木。教师的爱，就像榕树浓浓的绿，永不枯萎，绿在孩子们的眼前和心中。

爸爸，长大后我就成了你！女儿的人生剧本，是父亲的续集。

我要像您那样，永远做一个快乐的孩子王。

陶瓷世家商海沉浮

（扫描二维码，聆听陈显彬谈改革开放对他的意义）

陈显彬，出生在北流一个普通家庭。祖父走南闯北经商，父亲做小摊贩营生，以经商为本的家庭，却从未忽略对子女的教育。中学毕业后，他进入陶瓷厂工作，从一线的压坯工人做起，在工作岗位上勤勤恳恳，改进生产线，提高生产效率。在工厂的数次危急关头，他在妻子的支持下挺身而出，力挽狂澜。最终，他成为广西三环企业集团股份有限公司的掌舵人，并把这支队伍打造成全国行业的翘楚。如今，他将接力棒交到儿子手中，希望能打造中国的百年老店，把陶瓷和爱一代一代传下去。

讲述者：陈显彬　撰稿人：吕海锋

父亲教我读书练字

我叫陈显彬，祖籍玉林市陆川县，1947年出生于北流县（今北流市）。据族谱上记载，我的祖父在年轻的时候去江西学艺，然后在广州、梧州等地务工，最后落脚在北流做生意，并在此定居。

祖父走南闯北多年，深知在外不易，懂得读书的重要性，为此特意报捐了一个贡生。我父亲是家里唯一的儿子，祖父对他疼爱有加，家里一切大小事务从不让他操心，只盼他能够专心读书，在学业上有所出息。

在我的记忆中，父亲的学识十分丰富。他会广西官话的拼音。当时桂林作为广西首府，桂林话就成了官话，这个拼音和现在的拼音不同。父亲读了20多年书，学成归来成为一名私塾先生，在玉林市茂林那边给大户人家的小孩教书。后来，祖父老了，父亲便从茂林回到北流，侍奉老人。

新中国成立之初，父亲已年过半百，在街上搭上几块板子，摆卖一些小杂货，勉强维持家里的生计。当时的商贩大多会加入合作社，我们家也不例外，加入了生意总店合作社。我母亲以前是帮人做鞋子的，新中国成立后也就加入了车缝社。

20世纪50年代，国家搞公私合营制，将成分划分为资本家、商人、小商、小贩、地主、富农、中农、贫农等。我们家被划定为小贩。

父亲在1974年离开人世，他后半生一直从事摊贩生意。不过，父亲骨子里是个读书人，他没有因为条件艰苦而放弃读书写字。多年来，他笔耕不辍，去世后留下很多诗词。

在父亲的熏陶下，我8岁开始看小说。记得我看的第一本小说叫《烈火金刚》，讲的是关于抗日的故事。至今我还记得小说里面的主人公肖飞，虽然他只是个20来岁的八路军侦察员，但是他是个智勇双全的革命英雄。他活捉解二虎，救了楞秋；他夜闯桥头镇，搭救被捕的妇女；他独自进城买药，智擒何世昌父子，巧取贵重药物；他在敌人的身边来去自如，使敌人闻风丧胆，神奇无比。看完小说，我也希望能够成为像肖飞那样的大英雄。

那个时候，各家各户都在为生计奔忙，对于孩子的学习，大部分家长不像现在这般重视。不过，父亲深知学习的重要性，时常督促我们兄弟三人读书写字，即使到晚上也不吝惜点煤油灯，让我们来复习当天所学。得益于父亲的教诲，我的学习成绩在班上始终名列前茅，后来顺利考上了当时的重点中学——北流中学。

儿时记得最清楚的场景就是，每天天刚蒙蒙亮，父亲就赶着我们兄弟三人起床，下到一楼练字。父亲会给每人打一碗水，我们就用毛笔沾着水，在一张桌子上练字，直到把碗里的水写干才能离开。有时候，父亲会站在旁边辅导我们，纠正我们的错误。有时候，父亲忙于生计不能陪伴，我们也从未敢懈怠半分。

平常生活里，父亲对我们兄弟三人比较严格，但并不以辈分欺压，而是讲道理，愿意和我们交流，常常以身作则。记得有一次，街坊家里有困难，但当时我们家里经济情况也好不到哪去。即使这样，父亲也慷慨解囊，出手相助。父亲的这种品性也影响着我们，他是我的人生导师，教会我如何运用自己的能力和努力去丰富自己的人生。

母亲总在不停干着活

小的时候，我家住在北流一个叫松须巷的地方。当时我们家 5 口人，住在一个 12 平方米的泥砖屋里，十分狭小。屋子分为上下两层，上面是睡觉的，下面是做饭的。

在我印象中，母亲是一个善良朴实、任劳任怨的传统女性。小的时候，家里很穷，虽说巧妇难为无米之炊，但母亲总是想尽办法不让我们挨饿。其实说到底，是母亲把自己的食物拨到我们的碗里了。

母亲就像个陀螺一样，为了这个家不知疲倦地干着活。她不仅要照顾家里，还得出门找活干，以此贴补家用。母亲手工很巧，懂得绣花。最早，我家旁边有一个鞋店，母亲就去店里帮工做鞋子，后来又去帮人家补衣服。

每到星期天，母亲就会上山打柴，我们三个小的跟在她身后帮忙。我们家住在县城，距离最近的山岭有一段距离，我们只能步行来回。叠得比人还高的木柴干草堆，压在母亲瘦弱的肩膀上，使她整个身子佝偻着，汗流浃背。记忆里的母亲似乎有用不完的力气，从来不曾喊苦、喊累。

1958 年，父亲被合作社安排去挑米，需要从六靖镇挑到北流县城，上百斤的担子，每天需徒步肩挑几十公里。由于父亲身子弱，身体吃不消。母亲见此情况，主动替父亲去干这份重活，然后父亲被安排了相对轻松的工作——炼铁。

那段时间大概持续了一个多月，父母都不在家。我那年 11 岁，负责两个弟弟的生活起居，主要是带着弟弟去饭堂领饭回来吃。当时我最小的弟弟才两岁，我又不懂照顾人，不会给弟弟洗澡，以致母亲回到家的时候，看到弟弟头上长满疥疮，心疼得忍不住落泪，但母亲最后也没有责怪我。看着母亲的背影，我心里特别难受，从那时起我就想，作为家里的长子，一定要学会做事，减轻家里的负担。

我 12 岁时，经过努力，考上了北流中学。读书三年间，我很少回家，就算是寒暑假，也选择留在学校。只在重要的节日，我才回家和家人团聚。

那个时候，同学的家庭条件都不好，因此放假时留校的同学也很多。学校种有几亩菜地，为解决吃饭的问题，我们需要轮流打理菜地。除此之外，我们还要把菜拉到街上卖掉，然后把钱上交班级，相当于现在的勤工俭学。

当时国家实行的是计划经济，每个学生都有粮食定量分配，我们学校给每个学生每个月分 20 斤米。刚入学时，

我年轻时的照片

由于学校的菜地还没种出东西，我们都是一碗米饭再淋上一小勺油就算一餐了。为了给学生补充营养，学校每过一段时间就会杀一头猪给全校师生加餐。

看到家里人艰难地为我凑学费，我也想帮上忙。最早一回，我 9 岁的时候，问家里要 2 角钱，去五金店买了二两铁钉，趁着圩日拿到街上转卖，二两铁钉能卖到 2 元多钱。当时也算是一笔可观的数目了。

除了卖铁钉，我还试过抓蚯蚓。当时的医药公司会收购干蚯蚓，因此很多人都去抓蚯蚓来卖。我先是观察别人的做法，然后依葫芦画瓢。第一次抓的时候没什么经验，抓到蚯蚓就直接放到外面晒，结果第二天蚯蚓全臭了。后来，我注意到别人抓回蚯蚓后都是先立即剖开再晾晒，这才知道怎么操作。暑假期间，我基本都在田里抓蚯蚓，一个暑假能赚到七八元，基本解决了学费。

50 多年只做一件事

很多人问我，在一个没有资源优势的地方，三环为什么能够成为全国日用陶瓷行业的龙头品牌。我的回答是：我已经 71 岁，从 16 岁开始当学徒开始算起，50 多年来只做一件事情——做陶瓷。

我认为事业需要一生去做，无论处在波峰还是浪谷。前些年，受市场环境影响，有的陶瓷老板转行做了房地产，而三环陶瓷主业从来没有改变过，这也是一种坚守。

1964 年 9 月，我 17 岁，在居委会李支书的介绍下，到北流县瓷厂工作。我觉得这是一种缘分，因为这家瓷厂位于蟠龙村，该村的陶瓷生产历史很悠久。我家曾藏有不少线装书，有的就记载了蟠龙众多碗厂的生产规模和历史，可惜在“文化大革命”中，这些线装书被当作“四旧”拿去烧掉了。我觉得做陶瓷有意思，跟这些线装书对我从小的浸润有很大关系。

进厂的第一年，我在流水线上负责压坯，用刀把泥土刮出碗的形状。由于手长期摸泥土，一到冬天就容易开裂。因此，每次上工之前，我们都习惯先把手放在机器上面，蹭点黄油。

最初，整个厂都是以纯手工生产为主，一天一个人生产两三百个成品。当时，一个 8 寸的盘子才卖 6 角多钱，利润低。企业要想赚钱，想提高生产效率，推行机械化生产势在必行。那个时候，全国各地的瓷厂都在摸索当中，大家都在关注新技术和新设备的发展。在这股新潮流下，工厂经常组织工人去国内其他地方参观新设备、学习新技术。

1969 年，我们到湖南省一个瓷厂参观，看见他们对干燥线进行改造，能够更充分地利用干燥房的余热。我们回来以后，借鉴此方法对干燥线进行升级，得以实现边压坯边干燥，生产效率是原来的 3 倍多。而这个技术也获得了当年广西壮族自治区科技成果二等奖，有关部门还专门拨款 16 万元用以支持该项目。1970 年，我被调到了技改小组，负责工厂机器的改造和半自动化工作流程的编排。1975 年，我们在原来的基础上独立发明了链式干燥器，大大压缩了生产时间，节省了人力物力。

1980 年，北流县瓷厂经营出现亏本，县里面连续三年派人过来指导，期望能够扭亏为盈，但情况依然没有好转。当时，国家已经实行改革开放政策，但大家的思想观念还没完全转变，亏本的原因主要是生产结构以及领导班子的思路跟不上市场的变化。

就在这时，时任北流县经济委员会主任的洛书荣找到我，他提出:“你帮我做个市场调查，看看我们的产品还有没有市场。”

后来，我花了 12 天时间，跑了湖南、江西、广东等陶瓷产区，参加了几个采购会，认识了许多业内人士，了解到各地市场的情况。在广州回梧州的船上，我写完了一份十几页的调查报告。在报告中，我总结道：陶瓷产品是有很大市场的。回到厂里后，我把这份报告提交了上去。

过了不久，厂里办了一个采购会，准备低价处理滞销的产品，大概有几百万件。开会时，来自全国各地的采购商合伙压价，决定每件出价 2 角 8 分钱，而当时厂里打算每件 3

角钱卖出去，会议一度陷入僵局。而基于此前的调研经历，我深知采购商的套路，也了解 3 角钱的价格相对于各地市场来说，已经非常便宜。

就在双方互相拉锯的过程中，我从人群中站了起来，大声道："每件 3 角钱，我全包了。"说完这句话，会场一时安静了下来，众人好奇地打量着我。而坐在台上的厂领导脸色则不那么好看，散会后还找我谈话，颇有责怪之意："这么多货卖不出去，你负责？"

后来，事情的发展在我预料之中。会议结束当晚，一个来自廉江的采购商主动找上门，最后我以 3 角 5 分钱的价格把厂里积存的货物全部卖掉了。此事之后，我在县里面"一战成名"。

把陶瓷当成事业去做

1987 年，国家实行封山育林政策，禁止砍伐山林，导致一些土窑无柴可烧。当时，北流市有 3 家作坊式的国有小瓷厂，分布在县城下面的 3 个镇。受到封山育林政策影响，政府决定把它们合并搬到县城，组建了北流第三瓷厂。但因资金短缺、人才不足，第三瓷厂成立不足一年就濒临倒闭，后来向县政府借了 70 万元作为周转资金，仍旧无法开工。

工作无法开展，工人生活无着落，县政府就想动员县城另外两个大瓷厂接收，但没有厂愿意接收。在这种状况下，县委县政府召开相关会议，商讨解决问题的办法。当时我作为北流瓷厂的副厂长参加会议，在会议上，我向政府提出了引进外资救厂的设想，得到了领导的认可。

当时，我也没有具体的想法，但我分管北流陶瓷厂的销售，经常和县外贸局的工作人员打交道，认识一些企业公司的负责人。那段时间，我四处游说香港桂江企业发展有限公司、广西工艺品进出口公司、广西信托国际投资公司、广西工艺品进出口公司梧州分公司、北流县瓷厂共同出资，筹建一家桂港合资的第三瓷厂。1987 年，广西玉林地区第一家桂港合资企业——合资北流县炻瓷厂成立，由我担任厂长。

那个时候，全国改革开放的势头越来越猛，北流县委县政府想趁着这股热潮，把陶瓷产业做大做强，为此还请专家过来论证。论证通过后，北流县委县政府趁热打铁，就在现在的陶瓷贸易场附近建起一个陶瓷城，聚集了 8 家陶瓷厂。就这样，北流的陶瓷产业一下子就上了几个层次，在全国打出了名号。当时，为了做好陶瓷产业，政府还专门出台了配套政策进行扶持，如把北流的瓷厂原本外流的专业干部全部调回来。

20 世纪 90 年代初，市场经济继续向好，合资北流县炻瓷厂有了更大的发展机会。但是，厂里原有股东不愿意增加投资。如果合资期满，炻瓷厂将面临解散，1000 多名员工的就业和生活立刻变成一个棘手的难题。

就在这时，邓小平的南方谈话为企业带来了一次大发展的机遇。“胆子再大一点！步伐再快一点！”成为企业深化

因对陶瓷产业有贡献，我于2007年被评为“全国道德模范”

改革的号角。

我和厂里面一些领头人商议后，提出由全厂职工自愿出资，组建一个股份合作制企业，让职工有个“家”，自己当家做主。这个提议很快获得通过。1992年，广西北流三环实业公司正式成立；1995年6月，更名为“广西北流三环实业总公司”。1998年1月，又成立广西三环企业集团股份有限公司。

三环的产品以出口为主，从1995年起，在历届欧洲陶瓷展销会上，都能看到我们厂产品的影子。2001年至2010年，我们连续10年获中国日用陶瓷产量、出口额全国第一，产品畅销80多个国家和地区。

从1990年“航空瓷”进入美国三大航空公司商务舱开始，三环陶瓷先后被选定为香港特首用瓷、英国威廉王子婚礼用瓷、国宴用瓷等。

50年的相濡以沫

回顾我这一生，最要感谢的是我的妻子梁萍。数十年来，她在背后默默地支持和付出，让我在事业上有了今天的成绩。

1964 年，我的妻子梁萍和我一同进入北流县瓷厂。她是大家公认的厂花，不仅长得漂亮，而且性格乐观开朗。当时，她还是我们厂里文艺队的队员，能歌善舞，特别招人喜欢。

老天爷眷顾，厂里当时安排我们在同一条生产线上工作，我负责压坯，她负责修坯。我的坯压得好不好，她一眼就能看出来，然后细心地指给我看。随着业务上的不断交流，我们互生好感，最终确定恋爱关系。

不过，她家里有些亲戚并不同意我们继续发展下去：一是觉得我的家庭条件不够优越，二是我当时身材比较瘦小，样貌上不占优势。妻子没有在意他人的态度，坚持和我谈了 8 年恋爱。1972 年，我们俩结婚，亲戚、朋友、同事纷纷贺喜，就连厂长都来参加我们的婚礼。

结婚后，由于我需要经常出差，家里的一切大小事务都是妻子操持着。1975 年，我得到一个去广西大学进修的名额，若能顺利毕业，我就是一名大学生了，这个机会非常难得。不过，进修需要两年时间，这让我犹豫不决，因为当时家里有两个小孩，小的只有 1 岁。如果我去进修，家里怎么办？就在这个时候，妻子看出了我的心思，主动提出让我去进修：“全力支持你，放心吧，家里有我。”

之后，我来到广西大学学习。那时，通信不似现在这般方便，没有电话，和家里写信也少。大概过了几个月，厂里有同事来南宁开会，找我一起吃饭。同事见到我就说，妻子在家带两个孩子，还得上班，忙得不可开交。有一次，妻子在工作岗位上突发急症，倒在地上痛得直打滚。可是，妻子为了让我安心学习，对于她病倒一事只字不提。

于是，我赶紧收拾东西回到北流，放弃了进修。我带着妻子到北流、玉林的多家医院检查，但都没查出具体病因。直到两年后，我们去到南宁的医院检查，才确诊妻子患的是肾结石。其间，我考虑到妻子的身体情况，主动向厂领导申请，调妻子去厂里的试制组，负责研发新产品。

1980 年，妻子连续做了两次手术，把结石从肾里取出来。那个结石足足有 6 厘米长，可想妻子平时是多么难受。但是，妻子的病并未根治，时不时还会发作，药物从未中断。

2007 年，孙子出生，家里也起了一栋新房，全家上下都特别高兴。可就在这时，妻子却病倒了。11 月的一天，妻子带着孙子在花园里玩耍，我刚下班回到家，就看到妻子突然晕倒，我赶紧抱着她送去了医院。等到妻子醒过来的时候，只认识我一人，其他家人都不认识了。医生说，妻子当时已患肾衰竭，并出现贫血症状。

自从这次病倒之后，妻子长期住在南宁的医院。那几年，我心里特别难受，企业的事情交给其他领导去打理，除了处理必要的工作或参加重要的会议外，我都在医院陪着妻子。我整整守在她身边 7 年，照顾她。2014 年，她离开了人世。至今我有时候晚上做梦还会梦到她，回想起以前生活的画面，就再也难以入睡。这几年，周围的朋友都说很少看见我笑。

我与妻子合影

我与儿子陈诚合影

我的全家福

从1964年两人相遇，到2014年妻子逝世，我和妻子携手走过整整50个春秋，一路走来相濡以沫。在她人生的最后阶段，我尽我所能去陪着她，但我还是觉得对她有所亏欠。

薪火相传打造百年老店

我膝下有3个儿女——两个女儿，一个儿子，目前他们三人都在陶瓷行业工作。子女们在大学选专业的时候，我并未加以干涉，让他们自己决定。最后，只有二女儿学习了与陶瓷相关的专业。

儿子陈诚读大学的专业是建筑学。他常常与外人打趣道，如果不加入陶瓷行业，我可能现在是个包工头。他大学本科毕业后，回到公司。我让他先到车间锻炼，从淘泥、拉坯、印坯、上釉等工序学起。当时，师傅和工友们并不知道他是董事长的儿子，因为最脏、最重的活没少让他干，干得不好也时常挨批评，而这些，陈诚都愉快地接受了。

在最基层生产线轮过一遍岗后，陈诚又来到更考验人的销售部门，从普通的销售员做起，学习如何布展、如何与外国客户交流。当时，我在深圳注册了一间公司，想让陈诚自己在市场上“真刀真枪”地实战，磨砺他的胆识与智慧，开拓他的眼界。

出乎我意料的是，他用一沓沓的订单证明了自己的实力，并逐步做到营销主管岗位。陈诚领导的销售团队创造了一个个奇迹，最高纪录是创造了一年接到13亿元订单的好成绩。

2017年1月7日，在北流国际陶瓷贸易城，我在1000多名员工的见证下，把三环的“大旗”交给了儿子陈诚。1987年，创立合资北流县炻瓷厂时，我40岁。30年后，儿子从我手上接过担子，正好也是40岁。

现在陈诚已经接班两年，他干得比我预想的要出色。2003年，我提出过一个“高、新、特、异、齐”的战略，但是经过10多年的发展，经营环境已发生变化，须重新定位企业发展战略。陈诚接手后，提出“高、精、专”的发展战略。

据陈诚的思路，计划投资30亿元建设三环陶瓷小镇，争取实现年销售收入80亿元以上，通过推动产业转型升级，加大研发投入，按“中国制造2025”要求实现智能制造；继续引领日用陶瓷行业走技术创新道路，优化产品设计，赶超世界一流，把三环陶瓷小镇建设成为世界日用陶瓷之窗、世界高档日用陶瓷研发和生产出口基地。

我一生爱陶瓷，也用一生做陶瓷。如今，陈诚已经接班，我也是要求他把这种爱传承下去，把陶瓷做下去。这不仅仅是做好家族的生意，更重要的是打造民族的品牌。我知道，世上有不少百年老店，甚至有500年、1000年老店，他们用一代又一代人的坚持，把产品做到极致。我想，只要不忘初心、代代坚持，三环也可以成为百年老店，打造千年品牌。

家由『一带一路』牵

（微信扫描二维码，倾听朱江述说跨国创业的青春激昂）

朱江，一名柳工普通员工，身材健硕，仿佛可以撑起一片天；眼睛炯炯有神，仿佛有永不磨灭的热情；脸上总挂着温和的笑容，仿佛任何事情都能迎刃而解；年纪轻轻，做事却稳重踏实。在妻子、女儿、岳父、岳母的大力支持下，他连续在海外奋斗十年，带领团队在异国他乡打造柳工品牌，经过千锤百炼，成为公司海外业务中的“老国际”。他的家庭，成为一个不折不扣的“一带一路”家庭。朱江在“一带一路”的舞台上尽情施展他的才华，而家人成为他坚实的后盾，替他守护着家。

讲述者：朱　江　撰稿者：邱　玲

父母的敬业和担当遗传给了我

1975 年，我国首座百万千瓦级水电工程刘家峡水电站建成的那一年，我出生了。我的父亲是一名复员转业军人，他和母亲在柳州市开关厂工作。父亲是厂里的电工，天天早出晚归，为保证生产设备设施的正常运行，经常倒班加班，对待工作尽职尽责。母亲是厂里的销售人员，每天都想着如何把公司的产品卖出去，无论是在家里还是在外面，都三句不离老本行。母亲很少有时间照顾家里，家里大小事情都是由父亲一个人扛着。也许，正是这样的成长环境，让我继承了父母的敬业和担当，也养成了勤奋、不怕吃苦的精神。

在中国加入世界贸易组织 3 年后，我迎来了人生第一个“转型”的机会。2004 年 10 月，我到广西柳工机械股份有限公司（以下简称“柳工”）应聘，当时的人力资源经理一眼便相中了我。我还记得人力资源经理对我的评价：他虽一脸书生气，但说话干脆利落，浑身充满活力，拥有着他那个年纪难得一见的沉稳。

于是，公司很快便与我签订了聘用合同。

柳工的母公司——广西柳工集团有限公司是国有资产授权经营方式组建的国有独资企业，创建于 1958 年，核心企业柳工于 1993 年改制上市，是国内工程机械行业和广西的第一家上市公司。

我入职的第二年，集团公司就以销售收入463623万元的成绩，入围“2005中国企业500强”“2005中国制造业企业500强”。同年8月，柳工入选“中国500最具价值品牌”。

虽然刚入职，但部门领导都十分看好踏实肯干的我，并对我寄予厚望。在接下来的几年中，我也确实没有辜负大家的期望，凭借着自己的那股子韧劲和努力，一步一个脚印，从助理工程师到工程师再到主任工程师，工作不算风生水起，却也细水长流，个人取得稳健的进步和成长。

后来，我从一个负责技术的土建工程师跨界到负责生产经营管理的高层管理人员。这里面的故事，还得从柳工在印度建立第一个海外生产型子公司——柳工印度有限公司（以下简称“柳工印度”）开始讲起。

前往印度建厂的那一年，女儿仅6个月大

2001年，在经济全球化和中国加入世界贸易组织的形势下，国外大企业纷纷将投资目光转向中国，中国企业面临巨大挑战。中国企业要想生存发展，缩小与世界先进水平的差距，发展多元化的经营战略是一条可行的道路。2002年，中国共产党第十六次全国代表大会吹响了全面建设小康社会的号角。中国企业在海外的发展步伐明显加快。这一年，柳工抓住随广西政府代表团出访印度的机会，与当地企业签订了50台装载机的销售合同。也是从这个订单开始，柳工开始了

对印度市场的探索。

2003年，柳工第一批产品漂洋过海到印度，迈出了柳工走向全球的脚步。印度作为公司全球发展战略中的一个关键市场，将在未来成为一个重要的生产中心。

印度拥有庞大的人口数量和强烈的基础设施建设需求，具有极大的市场吸引力和长远发展潜力，但另一方面，恶劣的自然环境、复杂的经营环境和多元的文化环境，令众多外国投资者望而生畏，无数全球知名企业曾在印度铩羽而归。众所周知，中国和印度都有辉煌的古代文明，但在通往现代化的进程中都命途多舛，可以说是难兄难弟。新中国成立初期，中印两国国力相仿，因此常被互相比较，两国成为彼此发展的参照。可是，从改革开放发展到现在，中国的经济总量已超越日本，居世界第二位，远远超越印度。

2008年，是一个值得我们纪念的年份。在这一年：承载着海内外中华儿女百年梦想的第29届奥运会在北京国家体育场"鸟巢"揭开了她那神秘的面纱；"神舟七号"使中国航天员首次实现太空行走，在太空中留下中华民族的脚印……一件又一件彰显我国综合国力、经济实力、科技实力、文化魅力的事件，无不让中华儿女感到骄傲与自豪。也就是这一年，柳工做出在印度投资建厂，致力于印度本地化制造的战略决策。工厂建成后，将是柳工第一个海外生产型子公司，这一投资表现出公司对于印度市场的信心。

要建厂，就需要土建工程人员当先头部队做基础性工作。我负责公司土建工作，自然而然地进入了第一批前往印度的工作人员名单。在得知这个消息之后，我没有任何犹豫，欣然同意前往。而那时，我的女儿刚出生不久，只有6个月大。

记得当时，我正在菜场中买菜，接到上级给我的电话，让我去支持印度工厂的工程基建一年。我直接回复“没问题”。

公司让我去，这是对我的信任，我真没考虑其他的不利因素，也没有多么伟大的理由。真就这么简单。我不会说华丽的辞藻，尊重公司的决定，服从公司的安排，是我最纯粹的想法，最直接的表达。有句话说得好：社会主义一块砖，哪里需要哪里搬。我，就是这样的一块砖，只要公司有需要，绝对不推辞，到哪儿都要发挥自己的作用。

2008年4月，我和4个同伴怀揣着“建设开放的、国际化的柳工”的梦想，义无反顾地踏上了一条开拓印度市场的道路。

当其他人酣睡时，我还得面对电脑苦练英语

在进入印度工作之前，我主动给自己打了预防针，不断暗示自己“你的生活节奏、生活规律，甚至周围环境都会发生很大的改变”。然而到达当地之后，我才意识到情况比想象的要糟得多。当地复杂的方言语系，较高的文盲率，并不太稳定的社会治安，较突出的民族矛盾……一切的一切，都

我（右二）和同事在柳工印度的选址地合影

阻碍着柳工建厂本地化的进程。要在异国他乡建成一个“梦想的花园”，可想而知工作强度有多大。面对困难，我们没有任何退缩，并且做好了战胜一切困难的准备。

由于印度当地规定工业区必须要距离市区 50 公里以上，我从项目组驻地到施工场地单程就需要两个小时。为监督施工进度，我每天早上 7 点出发，晚上 9 点多回到驻地，待准备好第二天所需的资料和物品，已经是凌晨 1 点了。作为一名基建技术人员，我白天顶着 40 摄氏度的高温在现场奋战，监督项目施工进度，协调设备安装，还负责项目的价格谈判、商务谈判，工作量比在国内超出许多；晚上回到营地，穿上长衫长裤防蚊虫叮咬，便翻看对照英文字典拟订招投标条款和合同签订条款。

就这样日复一日，每天累得只想倒头就睡。但入睡前，我还是习惯把手机录音打开，听一听女儿欢快的笑声，不自觉地自己跟着乐呵呵地笑一会儿，以解思念之苦。

要开展工作，必须先强迫自己攻克语言关。在首批开拓印度市场的五人小组中，只有组长梁伟森会说英语。不过，梁伟森虽有一定英语基础，但也只是掌握5000个左右的词汇而已，是“半个会讲英语的人”。而我们其他4人只是在专业领域有专长，英语基础较弱，有的几乎是零基础。即便如此，梁伟森还是强制要求项目组成员在内部交流、汇报工作和开会时，都必须用英语。于是，每天一份当地报纸外加一本英语词典，成了项目组成员恶补英语的法宝。在工作之余，我们手里总抱着的，除了词典还是词典。我知道自己的英语基础薄弱，当其他人都进入梦乡的时候，我仍打起精神一个劲儿地对着电脑苦练英语。

可是工厂临近开工建设，无法等到项目组成员的英语水平达到熟练程度，我们就得与当地政府机构、设计单位、施工单位等沟通建设问题。在这样的情况下，作为基建组的负责人，我面临巨大的挑战。

我们小团队有5个人，每个人都各司其职，都需要自己去调节适应这样的工作环境。适应期十分煎熬，大家一路摸着石头过河，跌跌撞撞、懵懵懂懂地走过来，到真正适应已是一个月之后了。任何难事就怕“认真”二字，任何人只要认定自己的目标，并坚持下去，总能找到解决问题的方法并得到想要的结果。

记得在谈判中，我英语说得不连贯，只好一个单词一个单词地往外蹦，遇上不懂的单词就请对方写下来，立即用电子词典查清楚；而与当地工人沟通，则是靠比画，用肢体语言配合交流，比如需要一个扳手，就画出一个长形物体，需要锤子，就抡起一个拳头敲两下。俗话说，万事开头难。难就难在人皆有畏难情绪，因为怕麻烦、怕承担责任，而不去开这个头。而我相信，处理许多事，只要勤动脑、肯动手，其实并不难。后来，我在较短的时间内实现了与外方无翻译、高效率的交流，在异国土地上展现了中国工程师的风采。

长期异国分居，妻子是我坚实的后盾

驻外人员的爱情总是与离别相伴。“该死，又给忙忘了！”工作结束时已是深夜，突然想起已经两天没给妻子打电话了，我满心懊悔地拿起电话，却意外看到了妻子发来的一条微信。

“亲爱的……”刚看到开头，我不禁就被逗乐了。妻子和我一样，也在柳工工作，自从我去印度工作后，她在生活中就变成了女汉子，我从没见过她如此这般温柔。

“前段时间带爸妈去体检，一切指标正常；上周托人给你爸带了些治疗糖尿病的进口药；囡囡下半年上幼儿园的事我也联系好了……”看着手机上的信息，我心中不禁五味杂陈：

妻子不仅要工作，还要照顾 1 个小孩和 4 个老人，家庭琐事全部落在了她肩上。她一天到晚忙个不停，几乎没有休息时间。每次回家，都能听到父母和亲朋好友夸我娶到一位贤内助。这些年真是难为她了。

在土建施工这个特殊的行业里，工人和管理者之间的界限并没有那么分明，因为每一个管理者都和水泥、砂石、钢筋打过交道，虽然他不是传统意义上的工人，却每天和工人在一起生活、工作。当时柳工印度的厂区工地一片荒芜，没有条件做饭。我们就带饭菜来上班，却因为天气过于炎热，还没到中午，我们所带的饭就馊了，所以平时基本上就靠一包饼干和两根香蕉来充饥。一日三餐都在现场解决，我总是简单地扒拉两口又继续工作，几个月下来，身高 1.8 米的我体重从 90 公斤下降至 70 公斤。我每天在烈日下忙碌，皮肤被晒得黝黑，经常被误认为是印度本地民工。通宵达旦地工作也是常有的事儿，实在累了就抽空找个角落眯上一会儿或在卸完设备的空箱子上躺一会儿，醒来又跟打了鸡血似的继续工作。

而这个时候，传来了我母亲出车祸的消息，这对于我无疑是雪上加霜。当时，我心里特别难过，精神状态一度变得很差。我不停地抽烟以平复不安的心情，也曾想即刻归国回到母亲的身边，但是基础建设是衔接施工与投产的桥梁，与生产项目投产直接相关的水、电、气、通信、运输等协作配合条件必须要尽早安排落实，进度不容许有任何的拖延。

说实话，我也有些不甘心，不想就这么空手而归。在这时，妻子在电话里宽慰我:“家中一切有我！你就安心工作吧！”在家人、同事和朋友的鼓励与帮助下，我不断调整自己的状态，终于走出了阴霾，逐渐恢复了以前的活力和斗志。

“家中一切有我！”这是妻子跟我最常说的话，也是让我最安心的话。“军功章有我的一半，更有你的一半。”这也是我想对妻子说的话。因为有这么一位美丽贤惠的妻子，我对家庭没有太多担忧和操心，才可以将所有激情都投入到工作中，也才能获得如此多的成绩和荣誉。不论是同事还是国外同行，都不止一次地评价我:“哥们儿，我真的很佩服你！”他们看到了在外拼命三郎一样的我，看到了我的荣誉和成就，却不知道我的家人为我所做的牺牲和我对家人的亏欠。

在印度300亩荒地上建起一座现代化新工厂

将自己的青春力量最大限度地发挥，用坚守的奋斗向青春致敬。我和工人们一起在工地上摸爬滚打，从施工流程到施工工艺，从图纸深化到技术交底，从定位放线到质量验收，我将自身所学与现场实际相结合，交出了一张令人满意的成绩单。我敢想、敢干，也能干，这是我能迅速成长、独当一面的原因。

“那一年的基建工作，工期紧，任务重，协调难，质量还不能落下！累是累，不过累只是身体上的，我从事自己喜爱的工作，当全身心投入的时候，心里反而会有种充实感和

女儿一岁时，我们一家三口合影

成就感。有问题就处理，有困难就克服，这么想的话，压力也没有多大了。”这是我写在总结里的一段话。

经过努力，仅用一年的时间，我们在印度300亩的荒地上建起了一座现代化新工厂。柳工印度成了柳工第一家海外制造基地，不仅创造了印度工厂建设的奇迹，也开了中国制造基地落地印度的先河，更标志着柳工从海外营销向海外制造的转变。现在柳工印度工厂再无半点荒芜痕迹，走进生产车间，现场整洁、干净，物料管理井然有序，原材料、拼装部件等物品的堆放都有固定的“编制”，每个车间均配有监控器来实现对各个生产环节的监控管理。另外，柳工制造流程均有简单易用的标准化模板，保证制造精度在生产的任何阶段都可追溯，全程质量管控的数据都会归档保存。

广西的“一带一路”家庭会越来越多

十年过去了，柳工印度目前有近300名员工，其中印度当地员工达270余人，柳工派驻员工仅为15人。柳工印度公司共有19家经销商，产品已经出口到阿曼、尼泊尔、孟加拉国、斯里兰卡以及多哥等国家。柳工印度这些年的运行管理中，成功地将柳工总部的企业文化与当地的员工管理经验相融合。柳工印度，这个中国人在南亚大陆建设的第一个工厂，奠定了柳工印度制造的产品在南亚市场的领先地位，同时也收获了印度市场的认可，柳工相继获得了第四届中印论坛“中印十大知名品牌”“中印榜样”等荣誉。

由于我在工作中的突出表现，公司任命我担任柳工印度的副总经理，继续坚守在海外生产基地生产的第一线。这一守，就是十年！

十年间，柳工海外销售收入从基本可以忽略不计，到2018年海外销售收入占比超过了30%；十年间，尤其是十八大以来，柳工以“一带一路”倡议引领国际化拓展，打造了中国工程机械行业在海外规模最大、效率最高、覆盖面最广

2018年，一家三口在柳州环江大道上

的海外业务网络。目前，柳工在130多个国家和地区拥有380家经销商、2650多个服务网点，分布在全球五大洲各市场重点要塞；十年间，2008年在印度开始建设柳工第一个海外制造工厂，2011年收购波兰工程机械企业Huta Stalowa Wola，建立欧洲制造基地，目前柳工分别设有4家海外制造基地和9家营销子公司；十年间，柳工斩获了中国企业经营领域最高奖——全国质量奖，获评为中国装备工业十大国际化品牌、中国装备工业品牌价值50强。

十年守一志，守的是对公司未来的美好期盼，对自己业务能力的不懈追求。十年里，我赢得了无数掌声和赞美；十年里，我也经历了许多挫折，有过许多感伤。十年时间，我和我的妻子都将青春奉献给了柳工印度工厂的项目。对在柳工印度坚持十年的不易，我未曾抱怨过一句，唯一觉得对不住的，是自己的家人。

对家庭来说，我不是一个好丈夫，不是一个好父亲，更

LIUGONG
LIUGONG
LIUGONG
LIUGONG
LIUGONG
LIUGONG
LIUGONG
LIUGONG

在柳工进入印度市场15周年庆上，我兴奋地跃起

不是一个好儿子。眼见父母年迈，孩子一天天长大，对妻子独自一人在国内照顾这个家，我确实有着莫大的歉意。每逢春节，我的岳父岳母就和我开玩笑，说："当初你说去印度一年，把我们骗过来照顾孩子，我们照顾了一年又一年，你看看，又一年了！"我摸了摸后脑勺，只好尴尬地、憨厚地笑着感谢两位老人家。我很感谢家人的付出，正是有了家人的守候，我才有了一份幸福、踏实的牵挂和源源不断的动力。

"大家早！今天的工作任务是……"在一处厂区空地，我用流利的英文给工人布置当天的工作。十年后，我的一天仍然是这样开始的——这就是我和我家的故事，一名普通中国员工、一个普通广西家庭十年跨国生活的故事。我深信，这样的家庭，随着国家"一带一路"倡议的不断践行和落地，会越来越多。而这些与"一带一路"牵连的家庭的故事，定会更加缤纷多彩。

编织出来的幸福生活

（微信扫描二维码，倾听莫承振诉说编织出来的幸福生活）

1972年，莫承振家族祖传制作的竹编提箱在广交会上展出，成为博白县外贸公司第一件出口的编织工艺品。1976年，打小跟着父辈学习编织技艺的莫承振，成为博白镇城东村莫屋东队编织工艺厂厂长。此后，作为广西编织工艺美术大师的莫承振，带领一家奋力开创芒编事业。借着改革开放的春风，莫承振将家族的生意不断扩大，并将博白的芒编销往全世界。"宁卖祖宗田，不卖祖宗言。"这是客家人的家训，也是莫家的警世恒言。凭着这个家训，莫家在金融危机中一直坚守祖业，用勤劳的双手化解风险，编织幸福。

讲述者：莫承振　撰稿者：吕海锋

编织养活了整个村子

玉林市博白县博白镇城东村，地处博白县郊。在1993年，城东村的工农业总产值就达到14676万元，其中企业总产值10474万元，因此被大家称为“亿元村”，同时被广西壮族自治区人民政府授予“广西十强村”称号。我就是在这个“亿元村”里出生、长大的。

我叫莫承振，是客家人，1958年出生于城东村莫屋东队。在这里，编织几乎是人人都掌握的一门手艺。在村子里行走，随处可见村民在自家门前屋后，低着头，弯着腰，干着编织活。

我的家族也算是一个芒竹编织世家。听家里老一辈人说，我祖父莫异超是一位竹编高手，他编织出来的物品不仅结实耐用，而且美观大方。不过，那个时候的编织，纯粹是为了满足日常生活需要，编织的器物都是供自家用的。

把编织当成生意去做，是从我父亲莫桂才这辈开始的。我父亲出生于民国时期，那时候世道艰难，家里生活不易，于是他很早就出来谋生，而编织成了他养家糊口的手艺。父亲说，他年轻的时候常和村里其他年轻人，一块去北流、陆川等周边地方赶圩，带着编织的日用品到圩上售卖。当时交通不发达，去外地赶圩的时候，很多地方没有通车，父亲只能走着去。

记忆中，在我年纪尚小的时候，父母总在不停地干活，白天要参加生产队的劳动，到了晚上还得挣工分。每当夜幕降临时，大人们就一起聚集在地坪上，在昏黄的煤油灯下，编织竹笼、竹箱等，小孩子就在旁边嬉戏。在这种环境下，村里的孩童每天跟在父母身边，耳濡目染，慢慢自己就能掌握竹编技巧。

由于村里有这门手艺，在 20 世纪 60 年代末，我们村生产队成立了一个编织工艺厂，可以让村民利用闲暇时间赚点钱。这个工艺厂就设在村子里一间 200 多平方米的破烂瓦房里。

当时的编织工艺厂，基础薄弱，技术设备简陋，业务分散在各家各户，以手工编织的竹书箱、竹篮为主要产品。这些产品除了满足本地需求，主要销往陆川县及北海市、南宁市等地。我父亲是生产队副队长，带着村民一块干。村民每个人每天靠竹编就可收入 8 角钱到 1 元钱，月工资超过一些政府部门的工作人员。据说，当时博白县政府一个公务员的工资是每个月 18 元。

这样对比下来，当时我们莫屋村的村民收入远远高于公务员的收入。因此，大家的积极性都很高。为增加产量，村里甚至还发动小孩一起编织。1968 年，我正好 10 岁，从简单的编竹笪开始，跟着大人一起编织，编织一块竹笪就能得 3 到 5 分钱。

每天，我把做好的竹篮上交，父母都会赏给我一些零花钱。至于怎么花，父母不会多加干涉。一般我拿到钱之后，就和小伙伴一起跑去买糖果。2 分钱可以买 3 颗糖，在那个物资匮乏的年代，糖果已是奢侈之物。也正是早年的这段经历，让我体会到劳动的乐趣。

父亲让我放手大胆干

1972 年，对于博白县编织产业来说，是一个关键的转折点。那年秋天，博白县外贸局负责出口工作的工作人员，拿了几只竹手笼作为样品到在广州举办的中国进出口商品交易会（以下简称“广交会”）上进行展销。精美的竹手笼一亮相，立刻受到了客商的青睐，其中有一个香港客户试订了 200 多只。

一只竹手笼，开启了整个博白县编织产业迅猛发展的大门。在 20 世纪 70 年代，博白县以村公所为单位，掀起了一股编织的浪潮。到 1979 年，博白县 13 个乡镇办起了编织工艺厂 90 个，从业人员 5000 多人。至此，博白县“编织工艺之乡”的雏形初现。

1974 年，我高中毕业后，被村公所推荐到县里面的副业队，从事一些与水电站相关的工作。在外面工作了大概一年多，我回到城东村村公所手笼编织厂，从事竹编制作工艺技术开发。父亲在得知我回来工作的消息后，亲自给我传授一些独特的编织技艺，以及选用原材料的诀窍。在父亲的亲身

我的生活照

教导下，我迅速成为莫屋村芒竹编织的高手，能够把一片竹片削成 15 层篾片，并保证每层篾片厚度在 0.1 毫米左右。

1976 年年底，我刚满 18 岁，在村民的推选下当上了莫屋东队编织工艺厂厂长。我刚上任时，厂里面的情况并不好，账面上只有 100 元的生产资金。看着破破烂烂的厂房、千篇一律的编织产品和整天唉声叹气的工人，我心里也在打退堂鼓，不知道能否担起这份重任。在我犹豫不决的时刻，我的父亲看出了我的心思，有一天他特意找我聊天。平时特别严肃的父亲，那天跟我说了很多话。他让我放手大胆去干，这使我重新拾起了对编织产业的信心。

上任之初，我致力于技术开发，在继续生产传统竹编工艺品的基础上，研究开发了芒、藤、木等编织工艺品。同时，我在家家户户分散编织的基础上，招聘30多个技术熟练的工艺编织人员，进行工厂化生产。由于质量可靠、效率高，我们工厂编织的工艺品一时供不应求，这个濒临绝境的小厂焕发出蓬勃的生命力。

值得一提的是，博白生产的编织品长期以来以竹片为原材料，从1976年以后，才开始大量采用芒心草。芒心草比较柔软、坚韧，编织起来比较容易，而且价格相对竹编来说也较便宜，因此芒编的物品一经面世，就深受市场欢迎。

1977年，我成为博白县外贸样品开发制作小组10位成员中的一员，主要研制开发动物造型竹制品、芒制品。1979年，我得以参加广交会，第一次拿着代表博白编织水平的样品到那里展示。

初次来到广交会，我被会场热闹的景象惊呆了。特别是看到一个竹编的手提箱可以卖八九元钱，而一根竹子就能做几个手提箱，我被深深地震撼了。从广交会回来之后，我意识到，随着中国逐步对外开放，国家对外贸易迅猛发展，外商对编织工艺品的需求也会不断增加。何不抓住机遇大力发展出口编织工艺品？或许这才是企业的真正出路。

夫妻同心做大企业

1980年，农村实行家庭联产承包责任制后，我拿出积攒的300元，独立承包了城东村莫屋东队编织工艺厂。随后，我就带上自己厂编织的工艺样品在全国各地到处跑：区内跑到南宁、玉林等地，区外到肇庆、广州、深圳等地。每到一地，我都积极地与当地外贸部门联系，同他们建立起密切的产销关系，签订了一批芒、竹、藤、木等编织工艺品供货合同。

合同是签下来了，但工厂连生产需要的启动资金都没有。一开始，我跑去银行贷款，人家用怀疑的眼光看我。从银行贷不到款，我只好向亲戚朋友借。功夫不负有心人，亲戚朋友们共筹借了20万元给我，解决了生产所急需的流动资金，从而确保了工厂能够按时交货。

当时，为了让农民提高编织效率，我晚上在厂里自制模具，白天就把模具、原材料、配件发到各家各户编织、组装。当时我的交通工具是自行车，我每天踩着自行车跑数十公里，不管是刮风下雨还是酷热暴晒，数年如一日。直到1985年，我才买了一辆嘉陵牌摩托车。

创业的过程不可谓不艰辛。我每天累得筋疲力尽，回到家倒头便睡，根本没时间照顾家里。订单多的时候，还经常要赶通宵。由于精力有限，家里的大小事务都是由妻子操持。

1986年，我跑到广州、深圳设立工厂的办事处，直接与外商洽谈业务，从此订单量开始大幅增加。当时，家里老人已经迈入垂暮之年，孩子又还小。妻子既要照顾家里老小，还得负责组织厂里的生产，并把产品打包装车，非常操劳。妻子是我身后那个伟大的女人，如果没有妻子的付出，想必

全家人一起在广西博白民族编织工艺厂前合影

编织厂也没有今天的规模。

1992年年初，邓小平发表南方谈话，改革开放的步伐加快了。这时，我把城东村莫屋东队编织厂更名为广西博白民族编织工艺厂，并投资40多万元，兴建了一幢2800平方米的三层厂房。

1997年，我们厂成为拥有自主出口权的企业。此外，我们还参加了德国、美国、加拿大、英国、意大利等国家的展会，争取到大量订单。当时，我根据国际市场的需要和外商心理，集中技术人员对以芒、竹、藤、木等为原料的编织工艺品进行精、深加工，开发出160种新工艺品。其中，中国仿古套篮系列、动物篮系列和307大芒箱系列产品颇受外商的青睐。那年，虽然出现了金融危机，但得益于新产品的开发和市场的开拓，我们企业仍陆陆续续接到不少订单，顺利渡过了难关。

当时，许多韩国客户以及我国香港、台湾地区的客户纷纷到民族编织工艺厂考察生产，并签订了购销合同。一时间，博白的编织工艺品扬名海内外，远销欧美、东亚、东南亚的38个国家和地区。

要一代一代传承下去

2008年，全球性的金融危机爆发。随着国外客商订单量大幅减少，博白县的编织企业出现前所未有的困难，一些编织企业停产，甚至倒闭。如今，和我同时代的那些做编织的

我与大儿子莫志军共同展示广西第一件出口的编织产品的样品

手笼

手提箱

猪腰笼

人，基本上都转行做其他生意了。

“宁卖祖宗田，不卖祖宗言。”这是客家人世代相传的祖训。和物质上的富足相比，客家人更看重血脉深处流淌的文化遗产。虽然编织产业目前很难做，但这个手工技艺不能丢掉。我有 3 个子女，目前是大儿子莫志军具体负责编织厂的事情。出生于1985年的他在广东读的大学，专业是商务英语。每次广交会，他都会到现场与各国客商交流产品事宜。

博白其实有很多芒编世家，但是大多数都没找到接班人，所以传承就断了。我没有太过刻意培养大儿子传承家族芒编生意，都是让他潜移默化去接受的。他自小就满工厂转悠，亲眼看到我从小作坊做到大企业的历程。他在高中的时候就立志要继承编织厂。于是，在高考结束选学校和专业的时候，他为了以后能帮助家里做生意，毫不犹豫地选择了去广东读商务英语。

目前，大儿子负责编织厂的设计、生产等具体业务。作为一个 80 后，他的思想比我更开放、更新潮。他认为，受 2008 年金融危机的影响，我们厂的销量直线下降，应该着重考虑开发国内市场。因此，我们在 2009 年入驻了阿里巴巴，对接国内客商。

我们这几年一直在思考，芒编作为一项非物质文化遗产，该如何提升其自身的艺术价值，把专业的技术展现出来，往制作工艺品和艺术品的方向发展。因为不论是国内其他地区的民间小作坊，还是东南亚周边国家，人们都会做一些简单常见的产品，如果要在市场上占优势，我们还需要从产品的价值和种类上找到突破口。

如今，在广西博白民族编织工艺厂的芒编产品展示厅里，陈列着3万多件编织工艺品。这里是博白芒编技艺对外展示的窗口，它记录着我们家族四代传人不断传承发展先辈编织工艺的过程。

博白编织，是博白人在独特的生产和生活环境中创造的民间工艺，既是地域文化长期积淀的产物，也是博白人适应环境并逐步个性化的结果。从最早的家庭小作坊生产方式，发展成为今天年产值十几亿元的大产业，这样的成就在广西的非遗项目中实为少见。

工艺精湛、质地自然、手感清爽、器型美观、轻巧结实的博白编织工艺品，凝结着博白人的智慧，从一个方面体现了这里的地域文化。很庆幸，我们一家能将编织技艺传承下来。现在，我们一家人的希望是，博白编织能够在商业大潮里顺利实现转型，被越来越多的国人青睐，走进更多老百姓家，成为越来越多人使用的日常用品。为了这个目标，我们一家人会继续努力。

家兴席草茂盛时

（微信扫描二维码，听吕敏谈新时代创业的感悟）

吕敏出生于贵港市一个客家家族。聪明、果敢的父亲教会他敢想敢干、敢拼敢闯；善良、坚韧的母亲教会他要乐于助人、礼貌待人；温和、通透的奶奶教会他沉着冷静、平心静气……他的家，凭着母亲嫁过来时带来的席草苗，凭着父母勤劳的双手，凭着他的与时俱进，一步步走向兴旺。他是新时代的创业大学生，也是一个传统的客家人，恪守着客家的传承与孝道，与家人共同守护着血脉亲情，守护着良好家风。世界飞速变化，唯有家，唯有家风，是这个世界最牢固的存在。

讲述者：吕　敏　撰稿者：李乐和

母亲的陪嫁是席草

我叫吕敏，是客家人。我的家族于清代末年从玉林市陆川县搬到贵港市港南区东津镇荷池村造塘屯，此后便在此地扎根，生息繁衍。

我爷爷曾是生产队的支书，有点文化，我从小学三年级开始跟随爷爷练习书法，从小学五年级开始，我每年义务帮全村写春联。我的奶奶不识字。他们生育了 6 个子女，可惜其中一个女儿在 3 个月大时，就因饥寒而夭折了。

我父亲叫吕运福，1964 年出生，在家族同辈中排行第二。听他说，他小时候家中的劳动力短缺，所以家境十分贫寒，但爷爷还是很重视他的教育，一直支持他读完高中。他高考考了两次都没有考上大学，便去了南宁吴圩明阳农场工作，在那里认识了母亲叶绍英。在日常的工作接触中，两颗年轻的心在这个并不浪漫的地方碰撞出了火花，享受起自由恋爱的快乐。待时机成熟，父母便开始谈婚论嫁了。

最初外婆是反对我父母成婚的，母亲的娘家在木格镇，家境比较好，而我父亲家里很穷。但两个年轻人坚定不移，我父亲也以自己果敢、勤劳、聪明的本质打动外公外婆，母亲的娘家最终同意了这门婚事。相比优越的生活条件，他们更希望女儿能过得幸福美满。

1983年，父母结了婚，一年后就有了我。

自打我记事起，老家田间那繁密旺盛的席草（学名蔺草），就一直在我的眼前飘摇。这些席草是母亲出嫁时带来的草苗长成的。当时，母亲还带了老式的编织席草的工具——席床架。外婆家所在的木格镇，几乎家家户户种席草、编织草席。母亲如历史上的文成公主入藏一般，带着她认为最珍贵的东西嫁给了父亲。

母亲嫁过来后，便把席草苗种在我家的田地里。这些不起眼的植物以惊人的繁殖力和生命力，很快将这片田地占满，又向另一块田蔓延。后来，我们家只留下了足够保证家人口粮和交公粮的田来种粮食，其余田地都被种上了席草。

每当我放学回家时，就能看到父母在席草田里劳作的身影。他们听见我的呼唤声，便放下手中的农具站起身来，看见我远远地从路的那一边蹦跶着跑过来，便对我露出温暖的笑容。

“哎哟，我们家的农业厅厅长回来了。”父亲骄傲地说。

小时候，很多人的梦想是成为宇航员、科学家，而我的梦想是成为农业厅厅长，可能是因为父母经常这样开玩笑吧，让我觉得成为农业厅厅长是最大的骄傲。

早春三四月份的时候，席草开始生长；农历七月十四左右就可以开始收割席草了；农历八月十五左右，是席草长得最高、纤维最韧的时候，最适合收割。待席草收割完毕，还要经过对开、晾晒、去皮等过程，之后就放在家中阴凉的地

家的故事从一床草席开始

方存放起来。

每天忙完农活之后，父母亲就开始编织草席。在村里吕氏家族祠堂的厅堂里，父母摆上席床架，分坐在两边。父亲拿着两米左右的席桴控制节奏，母亲则双手翻飞，将席草以经纬方式绕织穿草。这门手艺，看似简单，其实也很复杂，特别考验编织双方的默契。

一床草席，他们大约需要编织 15 个小时，以每天编织两到三个小时来算，要断断续续织一个星期。父母多年一起编织席草，已经非常默契了。他们一边编织一边聊天：今天席草卖什么价钱，明天家里要吃什么，田里的收成如何，过年给家里添置些什么，长辈的身体好不好……两人你一言我一语，许多事情就在编织中商量清楚了。齐心做一件事情的他们，把日子过得细水长流，平淡又温情。

我很小的时候就跟在父母身边学习编织席草，刚开始打打下手，到小学二三年级时，我已经会熟练地晒草、打草、穿草了。父母很少管我的学习，放学后我可以与小伙伴们到处玩耍。但若是到了晚上我不帮他们编织草席，他们一定会说我“偷懒”。

母亲和奶奶对我的影响

从小到大，母亲和奶奶对我的影响最深。

在我小学四年级时，父亲因做生意欠了钱，有人跑到家里来追债。那是一段很艰难的日子，但母亲没有半句怨言。

她为了早日还上钱，除了编织草席，还经常给人帮工，做些缝纫类的活计，补贴家里。

母亲很坚韧，也很善良，全村人都很认可她。她会在别人需要时帮助他人干农活，自己有什么好东西也会和人一起分享。我还记得，我小时候她每次回娘家都会带一大包荔枝回来。除了给家里的孩子、老人留一点，其余的荔枝她全分给了左邻右舍。有一次，我怪母亲不应该给其他人分那么多，母亲的回答，我现在都还记得。她说："自己有，就分一点给别人。别人有，也会分一点给我们。"这句话对我影响很大，我乐于与人分享的性格就源于此。

我难以忘记有一次母亲带我去赶圩的场景。那一年我才上学前班，快过年了，母亲骑着"二八杠"自行车，驮着我和草席到镇上赶圩。因为刚下过雨，路面都是坑坑洼洼的，母亲一路骑得很艰难。经过一段上坡路时，坡上有一个大坑。母亲把握不好车头，整个车就翻了，母亲和我都摔倒在泥地里，我的脚塞到车轮里面被卡住了，钻心刺骨的疼痛让我撕心裂肺地哭了起来。

听到我的哭声，母亲马上爬起来，帮我把脚从车轮里拉出来，急切地查看我的伤口，看见伤口肿得厉害，也心疼得哭了起来。

"不哭，不哭！"母亲边安慰我，边用路边的雨水将我的伤口洗净。

因为母亲原以为卖了草席就有钱了，所以身上一分钱没带。到了镇上，母亲低价贱卖了带来的草席，就带我去医院治疗，并用剩下的钱买了些橘子给我，便驮我回家了。

虽然我的脚肿得老高，但那橘子真的很甜。现在，每当我开着自己的越野车轻松越过家乡路上的坑洼时，我就想起那天的经历，想起那对又冷又湿又狼狈的母子俩。

母亲对子女在礼数方面要求很严格。她教育我们见人要主动问候，并且声音要洪亮，特别是对长辈要有礼貌。村里的老人评价我们兄妹说:“你们这辈不少孩子不懂礼貌，但你们几个看到长辈很热情、很主动地打招呼，很懂礼貌。”这都是母亲的功劳。

父母工作很忙，作为长孙我从小跟奶奶吴玉珍相处的时间最多。奶奶是很传统的农家妇女，勤劳朴实、性格温和。奶奶很疼爱我，常常给我讲些民间故事。

印象最深的是山熊婆的故事：从前，山上有个山熊婆，专门吃小孩。山下住着几户人家。一天，一户人家中的父母要出远门，留下一对姐妹在家，嘱咐她们，如果害怕就喊邻居的婆婆过来陪她们一起睡觉。这段对话被不怀好意的山熊婆听到了。到了晚上，小姐妹很害怕，就在门口喊邻居婆婆过来陪睡。山熊婆吃了邻居婆婆后，假扮邻居婆婆去了小姐妹的家中，与姐妹俩一起睡觉。半夜，山熊婆把妹妹给吃掉了，咬得嘎嘣响。姐姐问山熊婆在吃什么，山熊婆说自己在吃豌豆。姐姐发现不对劲，说吃豌豆会口渴，便谎称起来给山熊婆烧水喝。待水烧好后，她把开水装进水壶，并拎着水

我与妻子一起陪伴奶奶过生日

壶爬上阁楼，爬到阁楼后就抽掉梯子，放下一根麻绳，然后喊山熊婆过来喝水。山熊婆过来后见没有梯子，只好顺着绳子往上爬。姐姐拿起水壶，将开水从上往下浇在了山熊婆身上，山熊婆痛得松开绳子跌落在地，满地打滚。后来，小姐妹的父母回来了，制服了山熊婆。

这些民间故事往往蕴藏着无穷的智慧。听了山熊婆的故事后，我明白了一个道理：凡事都要用脑子，遇事要冷静，才能思考出解决问题的方法。

我和奶奶很亲，几乎无话不谈。我初中到贵港市去读书，每个星期都会和奶奶通电话。后来，我上了大学，离家更远了，每逢我假期回家，奶奶都会发“牢骚”：“怎么你考上大学了也不长肉，还是那么瘦。”我明白，奶奶是关心我的身体，她不期望我有多大成就，只想我身体健康、生活幸福。

奶奶豁达，把事情看得通透。直到现在，我在创业过程中遇到困难，也时常和她倾诉，而她总会告诉我：“都会过去的。”每当奶奶这么说，我的心就平静了。

敢闯敢拼的父亲

因为编织、贩卖草席，我家的日子在那个年代过得还不错，也带动了同村不少户人家种植席草、编织草席。父亲想法多，思路活，性格又果断，在其他同乡还在售卖自己编织的草席时，他已经想到去十里八乡收草席，做起了草席批发生意。此外，他还经营过泥头车、短途客车，也曾经去做过煤炭生意，但时间都不长。

20 世纪 90 年代是做生意的好时期，许多人只要敢想敢拼，都干出了一些成绩。父亲的草席批发生意也做得不错，后来在镇上租了一个铺面，专门批发草席。父亲做生意比很多同行都做得好。因为父亲每次下乡收草席都会严格地把控质量，只收质量较好的草席，劣质草席价格再低也不收，所以他的草席尽管价格稍高，客商也十分买账。1992 年，我们家获得了“广西壮族自治区先进个体户”的荣誉，还登上了报纸。

1992 年，我家买了电视机，成了十里八乡为数不多有电视的人家。平时只要是不下雨的时候，天一黑，村里的小孩还没来得及吃饭，就带着凳子到我家门口的空地上占位子。吃完晚饭后，家人把电视机从屋里搬出来。与此同时，同村的老老少少都溜达过来了，将空地密密麻麻占满，守着晚上要开播的节目。

星空无垠，虫鸣不绝。乡亲们边看电视边聊天，时不时因为电视情节的发展或欢呼，或叹息，或大笑；孩子看到无聊时就在一旁玩耍，跑来跑去，有时还将看电视的大人们撞得东倒西歪，真是一幅别致而生动的画面！小时候看过许多经典电视剧，如《霍元甲》《陈真》《上海滩》《白眉大侠》《梅花三弄》等，这些都成为那个年代的美好回忆。

20世纪的最后几年，我们镇的草席批发生意越来越难做了。湖南、广东、四川等地的外省人在我们镇定居，加入了批发、售卖草席的行列，带来更多廉价的席类产品，抢占了不少市场。

父亲希望能够做出改变，便于2000年在南宁市火车站后面的小巷子那里租了一个十几平方米的仓库，在首府南宁批发草席。父亲在仓库上面搭了一个木架，木架下面摆放草席，上面就铺上铺盖供日常休息。后来，父亲在南宁市北大客运站附近租了个36平方米的仓库，生意规模做得比之前大了些。

辞去教职去创业

2010年，我从广西师范大学历史系毕业后，在贺州市第二高级中学做教师。两年半后，我辞去了教师工作，准备去创业。

我并非不喜欢教师这个职业。做教师期间，我很努力，全身心投入到教育事业中，也取得了不错的成绩。每个学期，我都是学校的优秀班主任、优秀老师。之所以选择辞职，主要是因为我从小受到父母的影响，希望能够多在社会上历练、打拼，用我所有的精力和热情，创造一份属于自己的事业。那时，母亲已患糖尿病一年多了，每天都要打针、吃药，需要人照顾。而我的两个妹妹一个嫁了人，一个还在读大学，我工作单位又离家很远，有些力不从心，所以我想就近照顾母亲。此外，我从小在席草里摸爬滚打，跟着父母编草席、卖草席，对这个行业有很深的感情，自然而然的，我就以草席这个行业作为创业的切入点。

意料之中，我的决定遭到了家人一致反对。“你要考虑清楚，你读书读了这么多年了，是我们村第一个大学生，现在出来又找到了一个‘铁饭碗’。怎能说不干就不干了！”家人不断劝说我。还好有妻子张雪娇（当时还是女朋友）和我的大学老师张坚教授支持我。正是有了他们的鼓励与支持，我坚强地挺过了创业之初的重重难关。2015 年元旦我和雪娇在贵港市举行婚礼时，张教授专程从桂林赶来参加我们的婚礼，还主动提出要担任我们的主婚人。他在婚礼上说：“吕敏是我很欣赏，甚至敬佩的学生，我敬佩他身上那股客家农村孩子勇于挑战命运、有担当的精神。他用自己勤劳的双手，让自己的亲人过上了好生活。”

下定决心辞职后，我用了一个暑假的时间，去浙江、湖南、江西等省的席产地调研，希望了解目前最新的市场行情。也许是初生牛犊不怕虎，到了浙江，一脸学生气的我，背着一个简单的双肩包，就找到当地最大的席类产品生产商去谈合作。到了工厂，见到了老板，我开门见山地表示希望能在南宁代理他们的产品，帮他们打开广西市场，恰好他们也在寻求广西市场的突破口。也许是被我的真诚和无畏打动了，我们的合作最终谈成，开了个好头。事实证明，我做到了。我用了三年时间，让这个凉席品牌成为广西市场占有率第一。

我发现，父母这一代人做生意的思想很保守，特别是在凉席这个行业。比如，在南宁市北大客运中心商圈，经营席类产品的批发商往往“往里缩”——他们做批发就图租金便宜，铺面越靠里他们觉得越省钱。而我认为我们行业应该学习其他行业，将店铺搬到显眼的位置，做好铺面装修、广告宣传，让大家都能看到。这样不仅可以批发，还可以零售。虽然位置好的铺面租金高，但我相信这种打破传统的方式，一定能起到更好的经营效果。

我当即租下北大客运中心一个位置绝佳的铺面。那个铺面面对城市主干道，空间宽敞，门口可以停车。我将铺子修葺一新，做了个很大很显眼的招牌。与此同时，我也扩大店铺批发的席子种类，从草席扩大到竹席、麻将席、枕头等产品，借鉴了沃尔玛的超市销售模式。事实证明，我的“批发+零售”的策略是成功的，我不仅可以凭借零售赚回租金，而且还让我第一年就多赚了20多万元。凉席这个古老而传统的行业，只要愿意去思考、去尝试，借鉴其他先进领域的经验，就可以达到较理想的效果。做品牌、搞宣传，提高服务，转变市场角色与功能，加上位置的优势，在市场中占得先机。这些都给同行们带来了启发。

两个月之后，渐渐地，其他同行也陆续搬了出来，并参照我的模式经营。

是新时代大学生，也是传统客家人

2015 年，我开始进行贴牌生产，以数量和质量来把控我的产品。在我结婚前一个月我完成了公司和多罗商标的注册，以此作为我和妻子的新婚礼物。

随着公司进一步规范化及产品的不断丰富和完善，竞争力也在不断增强。目前，木格草席编织工艺已成为市级非物质文化遗产，我希望自己能将这份家族事业和非遗文化传承下去。

未来，我计划进入到智能家居领域，家居智能化是大势所趋。我为此查阅了解了很多关于智能家居的报道、书籍，也去了目前国内智能家居的主要产地深圳、广州、杭州等地考察，希望能为未来积蓄能量，在传统行业中寻求新突破，努力追赶未来的步伐。

创业的日子十分忙碌，偶尔空闲下来，我也会用兴趣爱好将自己填满，我的爱好很多：越野、登山、书法、历史……我曾登上西藏一座海拔 5600 米的雪山，并在雪山上挥毫泼墨，不失为一件疯狂又刺激的事。平日里，我还跟着在大学教书的妻子做课题，作为妻子课题组的成员，协助她研究中小企业对东南亚的贸易以及新桂商的研究。在这过程中增强商业理论知识，提高创业创新以及办企业的能力。

2017 年的全家福

当然，我是新时代的大学生，也是一个传统的客家人。

敬宗祭祖是客家人极其重要的民俗活动。我们家最重要的祭祖活动在清明节、中秋节举行。每逢这些节日，大家无论离家乡多远，都会回到老家。焚香点蜡，叩头敬献，每一项仪式，都在提醒家族的子孙后代不要忘记先祖的恩情。

正是因为恪守祭祖的习俗，吕氏家族的子孙都十分孝顺。我们家族有一个约定俗成的习惯：因为奶奶喜欢吃蛋糕，每年过年返家时，我们小辈都会不约而同地每人买一个小蛋糕送给奶奶，讨奶奶欢心。奶奶接过蛋糕，也很高兴地给我们发红包。

“该结婚结婚，该工作工作，该生孩子生孩子。”这是奶奶最质朴的祝福。

新年守岁的时候，家人们在火塘边围坐一圈，一边烤火取暖，一边聊天，总结一下今年的事情，谈一下明年的设想，就如同年终总结一般，为一年画上一个圆满的句号。

客家人重亲情，宗族血缘观念特别强烈，觉得大家族比小家庭的利益更为重要，所以在遇到困难时，大家都会相互扶持。

世界飞速发展，时代不断前进，商业模式也时刻发生着变化，我想，有些东西可以与时俱进，有些事物却要始终坚守。家风，就是这个世界最牢固的存在。

家的记忆只有爱与幸福

（微信扫描二维码，倾听小丹露朗诵《游子吟》）

这是一个特殊的家庭：一对农民夫妇，本来已经有了3个孩子，但命运又安排了一个弃婴加入。弃婴是从山上抱回来的，身患重病，一度生命垂危，但养父母没有因为生活困顿而放弃她，社会上善良的人们也没有因为非亲非故而放弃她。在一家媒体的呼吁下，20多万元的捐款短时间内汇集到医院，拯救了她的生命。如今，她是一名小学二年级学生，生活在养父母的宠爱和哥哥姐姐的呵护中。而这个特殊的家庭，以及这段特殊的际遇，让我们感受到，家原来可以如此温暖，如此包容，如此和谐幸福。

讲述者：韦柳娜　撰稿者：黄乒宾

爸爸从山上抱回一个妹妹

我叫韦柳娜，河池市都安瑶族自治县地苏乡百益村人。2000 年，爸爸妈妈离开老家，到南丹县城打零工。因为文化程度低又缺乏技术，爸爸只能揽到诸如装卸等苦力活，妈妈则在建筑工地做泥瓦工。

2010 年，我 15 岁，在老家都安读初三。弟弟 10 岁，妹妹 8 岁，他们跟着爸爸妈妈在南丹读小学，租住在郊区的低矮平房里。

那年 4 月的一天，爸爸打来电话，说我多了一个妹妹，是他从山上抱回家的。

爸爸说，他在南丹县城等活干时，一名老年妇女托他和一个同行埋个死婴，结果到了山上却发现这个女婴还活着，只是脖子上有一个鸡蛋大的肿块。于是，爸爸就把这个差点走进坟墓的女婴带回了家。到家后，妈妈在装女婴的蛇皮袋里发现了一个奶瓶，便用奶瓶给女婴喂水，女婴努力吸吮着……看着这可怜的女婴，爸爸妈妈决定先把她救活，至于将来怎么办，只能走一步看一步了。

就这样，我们的家庭多了一个成员。爸爸妈妈给女婴取名“丹露”，“丹”即南丹，“露”是“路”的谐音，意为“南丹路边拾来的”。

2010年6月，中考一结束，我马上赶到南丹，急切地想看看新来的妹妹。第一次见到她的时候，我又高兴又心疼，忍不住哭了。她好瘦好小，像一只营养不良的小猫蜷缩在妈妈怀里，而且她的脖颈上有一个拳头大的肿瘤。爸爸妈妈说，她一出生就有这个肿瘤了，而且还一天比一天大。整个暑假，我都抱着丹露不舍得撒手。

丹露3个月大时，爸爸妈妈曾想把她交给当地民政部门，但对方的答复是“要证据”，爸爸所能提供的证据无法达到要求。从此，爸爸妈妈就再也没有想过送走丹露。

丹露5个多月就会坐了，不哭不闹，一逗就咯咯笑。然而，她脖子上的肿块都快有她头部大了。

对于收养丹露这件事，一些邻居流露出不解，他们说，我们家已经有三个孩子了，为何还要捡一个回来养。我们一家都不在意别人怎么说，我们觉得，这是丹露和这个家的缘分。

自从丹露来到这个家，妈妈只能停工在家照顾她，养活全家6口人的重担就全压在爸爸的肩上。

我曾想辍学打工救妹妹

2010年12月某天凌晨，丹露忽然喘不过气来，小脸都憋紫了，爸爸妈妈把她送到南丹县中医院。尽管他们只有200元钱，医院还是全力抢救丹露。医生说，丹露脖颈上的先天性肿瘤压迫气管，造成重型肺炎和肺炎性心衰。

肿瘤必须尽快切除，但当地不具备手术条件，必须转送上级医院。

爸爸来到南丹县民政局求助，但丹露属于“黑户”，不符合申报条件。经人指点，一筹莫展的爸爸来到南丹县公安局城关派出所报案。尽管距离案发时间已有 8 个月，但民警经过大量的走访、调查，终于核实了丹露的身世，确认她的亲生父亲是南丹县罗富乡的莫某。

后来，一名衣着朴素的中年男子出现在丹露的病房里。他说，他就是丹露的生父莫某，当初，他们都以为丹露咽了气，才雇人埋葬的。

莫某站在丹露的病床边，看着她脖子上硕大的肿块，说他现在经济很困难，没有能力送丹露到大医院做手术，只能把她带回乡下，找些草药来敷。

爸爸妈妈明白，丹露的呼吸一天比一天困难，把她带回乡下，等待她的只有死亡。于是，他们没有同意莫某的要求。

莫某说，自己没有可供联系的电话号码。他留下 200 元钱后离开了。

爸爸后来跟我们说，当丹露的生父莫某决绝而去后，他和妈妈也萌生过想要放弃的念头。但是，一看到生命垂危的丹露还那么听话，那么坚强，他就心如刀割，狠不下心来。

12 月 12 日，救护车把丹露送往南宁的路上，途经都安。当时我在都安二高读高一，那一天，我早早地在路边等着，就想让救护车停一下，让我抱一抱丹露。我哭着对妈妈说：“妈妈，我不想读书了，我要去打工，挣钱救妹妹。”

爱心人士捐了20多万元救命钱

因脖子上的肿瘤压迫气管，丹露生命垂危，被从南丹县中医院送到河池市人民医院，最后转到广西医科大学第一附属医院。到南宁后，因无钱交住院押金，丹露滞留在急诊科抢救室，靠吸氧输液保守治疗。

当晚，医生已经告知爸爸妈妈，让他们有心理准备，丹露可能挨不过去了。爸爸和妈妈心痛如绞，爸爸甚至买了一个编织袋，想着万一丹露没了，就用编织袋装着带回老家埋葬。

谁也没想到，丹露的生命力如此顽强。奄奄一息的丹露长时间都在昏睡，但只要盛着白粥的小勺子碰到嘴唇，她就会张开嘴，大口地吞咽。

2010年12月15日，《南国早报》等媒体对丹露的遭遇进行了报道，从当天早上开始，爱心人士纷纷涌到医院急诊科捐款。听记者说，医院方面不得不致电媒体，要求记者立即前往现场进行“疏导”。短短数天，爱心人士为丹露累计捐款20多万元。

丹露患的是先天性神经母细胞瘤，是一种恶性肿瘤，而且还是从颈椎往外长的，长在颈动脉、神经下面，肿瘤旁边还有气管、食道等重要器官。在肿瘤的长期折磨下，8个月大的丹露体重只有6.5公斤，瘦得皮包骨头，还有营养不良、贫血等症状，手术的难度可想而知。

主刀的是时任小儿外科主任的杨体泉教授，他和同事们奋战3个小时，才完成肿瘤的剥离并完整切除。护士用托盘把剥下来的肿瘤端出来时，《南国早报》记者亲眼看见，这是个实质性肿瘤，比成年男人的拳头还大，据测量，大小为 8cm × 9cm × 9cm。丹露术前体重 6.5 公斤，摘除肿瘤后体重 5.1 公斤。考虑到术中失血因素，被摘除的肿瘤重约 1 公斤。

12 月 20 日晚 6 时 30 分，术后的丹露甜甜地睡着了，嘴角微微翘着，笑意盈盈。她梦见了什么？是爸爸亲密的胡茬子，还是妈妈温暖的怀抱？

医生说了，伤愈后，她的颈部只会留下一道颈纹似的细线。就让我们守住这个秘密吧，但愿丹露的记忆里，没有险被活埋的惊恐、养父挥泪买尸袋的辛酸和遭受疾病折磨的生不如死，而只有爱，还有幸福。

最困难的时期已经过去

从 2010 年 12 月 20 日做肿瘤剥离手术，到 2011 年 2 月脱离生命危险，丹露的医疗费已花去近 20 万元。当时丹露还没有上户口，没有参加新农合。她术后身体非常孱弱，曾 8 次因肺炎住院，耗去医疗费 4 万多元，哮喘还经常发作，三天两头要去门诊输液。20 多万元的善款用完后，爸爸妈妈要经常借钱给她治病。

那些年，在都安老家的爷爷和奶奶年迈多病，医疗费需要爸爸和叔叔分担。那些年，因为爸爸妈妈整天带着丹露求医住院，我平时住校，爸爸妈妈无暇照管弟弟妹妹，经常把他们托给邻居照看。春节时，弟弟妹妹提出每人想买一双新鞋，爸爸妈妈都舍不得买。

丹露3岁以前，就像只生病的小猫，整天蜷缩在妈妈的怀里，让妈妈无法工作，所有的家庭经济来源只能靠爸爸。

爸爸经常在山上帮人建坟，清明节前山上的活计比较多，有时候凌晨3点半他就上山了。山上没有活计时，他就去当装卸工扛包，一般每天都有活干，收入时多时少。

2015年3月31日，爸爸跟工友一起抬墓碑，工友滑了一跤，墓碑砸下来，把爸爸的脚后跟砸骨折了。雇主不肯支付医疗费，爸爸只好在家里用草药敷，几个月不能出门干活。那段时间，我们家过得异常清苦。

丹露3岁多时，爸爸咬咬牙，凑够一学期2200元的费用，把丹露送到一家民营幼儿园，一直读到大班。

如今，我们这个家庭最困难的时期已经过去。爷爷奶奶先后病故。丹露的体质逐渐好起来，住院和门诊治疗没有以前那么频繁了。妈妈之前是在街头摆摊给人擦皮鞋，如今在南丹县城卖凉粉。

弟弟和妹妹在南丹高中读高三。我2017年从柳州一家职业学院毕业，现在在都安的一家淀粉厂工作，负责文案和开票工作。我打算自己还助学贷款，然后攒钱，将来把老家的房子拆了重建，圆爸爸的梦。

我们一家租住在南丹县城城关镇的民治街，房租每月310元。家里买了冰箱和摩托车，日子正在一天天好起来。

家是穷了点，但有大家帮

2012 年下半年，南丹县民政局为丹露上了集体户口，每月给丹露发放孤儿生活保障金 1000 元。由于南丹县没有福利院，县民政局所供养的孤儿均分散寄养到民间家庭，于是，丹露就被寄养在我们家。县民政局还给丹露报销了两次因肺炎住院的新农合自付部分。每年春节前夕，民政局工作人员都会来家里慰问。如今，丹露在南丹县城的山口小学读二年级。每天早晚，爸爸妈妈接送她上学和放学。

听说丹露刚入学时，不怎么跟同学玩，后来跟同学们慢慢熟了，也愿意跟大家一起玩了，课间时间与同学们有说有笑的。丹露学习挺认真的，成绩在班上属于中上水平，有一次数学还考了 100 分。

我们三姐弟都很宠丹露，因为她真的太让人心疼了。

在学校里，只有校长和班主任知道丹露的身世。但在家时，一些邻居总是有意无意地在丹露面前提起她的身世，丹露很小的时候就知道自己是从山上抱回来的。幸好丹露并没有往心上去，她依然是一个很阳光的小女孩。夏天，妈妈在街上卖凉粉，她一放学就去给妈妈帮忙。丹露知道爸妈挣钱不容易，偶尔给她一两元钱她也舍不得花，留着哥哥姐姐周末回来才花。有时，丹露会跟着妈妈到街上捡瓶子或纸箱。

想到这些，我心里总是特别难受，她承受了她这个年龄不应该承受的东西，我也很自责，怨自己没有能力让家人过上更好的生活。

丹露特别懂事。记得有一次我回家看她，她开心得不得了。那天家里杀了鸡，她还特地打包了两个鸡腿，叫我陪她送去学校给哥哥。我能感受到丹露的爱，她很爱我们，很爱这个家。

我们这个家，穷是穷了点，却充满了爱，也是幸福快乐的。

记忆里只有爱和幸福

由于经济原因，术后7年多，丹露从未接受过化疗、放疗。她身高正常，体重有点偏低，比较瘦弱，但没有肿瘤复发的迹象。这可以说是一个奇迹了。

当年，无数的好心人一呼百应，都来帮助丹露。当热点消散，喧嚣归于平静，但仍有人在坚持，比如在南宁一家银行工作的黄阿姨，2010年时就多次去医院看望丹露，每次都会送来几千元慰问金。从那时候起，她在自己的网上银行设置了自动转账，每个月发工资后的第二天，都给丹露转500元生活费，一直坚持至今，已经7年多了。她说要资助到丹露年满18岁。

2018年3月29日，在丹露生日前夕，黄阿姨买了书包、衣服、图书，并带着1000元作为生日贺礼前往南丹为丹露庆生。黄阿姨的好友韦阿姨也托她带来500作为的生日贺礼。《南国早报》副总编辑赵永胜带来自己女儿的一大袋衣服，还给了丹露500元作为生日礼物。

2018年3月29日，在大家的簇拥中，丹露闭着眼睛默

小丹露（居中）在家人的陪伴下吹灭蜡烛

默地对着蜡烛许愿，然后一口气吹灭蛋糕上的 8 根蜡烛，甜甜一笑，灿烂无比。

如今，丹露颈部的伤痕早已消失得无影无踪，她每天背着书包，在爸爸或妈妈的护送下来到学校，课间跟同学们快乐玩耍。

其实，我想谢谢丹露，谢谢她来到这个家，谢谢她带给我们的幸福和快乐；谢谢好心的人们对丹露的帮助，对我们这个家的帮助。愿所有善良都不被辜负，所有付出都有所回报。

百年接力传承壮族『好声音』

“壮族三声部民歌”国家级代表性传承人温桂元家已有五代人百年接力，传承着千年壮族三声部“好声音”。100多年来，在他们家，唱歌是融在血脉里的传统，日子一直被甜美的歌声滋润着。在歌的浸润下，他家飘逸出的是暖人心的“孝养父母、友爱兄弟、和睦乡邻”的家风，广西“千村万户文艺惠民工程”文艺户、广西“最美家庭”实至名归。最让人称道的是，一家五代人接力，把作为国家级非物质文化遗产的壮族三声部民歌唱出马山、唱到全国、唱响世界，唱出了在世界音乐史上独特的意义。

（微信扫描二维码，倾听温桂元家庭的壮族“好声音”）

讲述者：温桂元　撰稿者：黄丽君　蓝运群

会说话就会唱歌

我的家乡是以壮族民歌为特色的广西特色文艺之乡——南宁市马山县，我出生在该县古零镇安善村下安屯。我们这个小村寨远离县城，被山峦环抱。

我叫温桂元，是一个地地道道的农民，2018 年 86 岁了。我小的时候，村寨里只有泥路，从村里到县城，通常只能靠“11 路车”——两条腿走路，差不多要走上一天才能到达县城白山镇。记忆中，由于交通不便，我们村里的大多数人很少出远门。

我们村虽然交通不便，但风景优美。我上学时读到的诗句“绿竹入幽径，青萝拂行衣”，描绘的简直就是我们村的美景。走在村里的田间小路上，仿佛掉进了绿海里，不禁心旷神怡，不由得放声歌唱。所以，只要进入我们村，时常会听到悦耳动听的民歌。

我们村的村民素有“会说话就会唱歌”的美誉，事实也是如此，每逢喜事、盛事，壮乡儿女总喜欢自编自唱民歌来抒怀。凡看到的、听到的、想到的，都能唱出来。壮家人的歌声，就像壮乡的流云、溪水、雀鸟，无拘无束、清新自然，唱的是和谐、团结、爱情、草木、鸟兽……表达的是壮族人民热爱生活、感谢政府、憧憬未来的美好情感。

我的父亲温文德，是名副其实的“歌痴”。客人来了，父亲唱歌；喝酒高兴了，父亲也唱歌；送别客人的时候，父亲更是唱得依依不舍。每天放学回家，我发现家中总是站满了来找父亲对歌的人。他们一落脚，就能在家里唱上几天几夜。父亲的兴头也很足，总是不眠不休地和大家对歌。

俗话说:“不是一家人，不进一家门。”我母亲也喜欢唱歌。非但如此，父母还喜欢夫妻对唱。在我们家简陋的小屋里，时常飘荡甜蜜的男女声二重唱。直到现在，我还记得父母对唱的一些歌：

父：唱支山歌给妹听，山歌好比春江水。
　　只要老妹有心意，这山唱来那山回。
母：唱支山歌给哥听，歌声赛过百灵音。
　　只要哥哥有本事，那山唱来这山听。
……

唱着唱着，父亲练就了“绝活”——出口成章，开口成歌。无论你出什么难题给他，不出两分钟，他绝对唱出让你满意的歌词来。我们这地方的人，无论哪家有喜事，都要请他去唱歌，唱个几天几夜是常事。

就这样，父亲成了远近闻名的壮族民间歌手。

唱歌是融在家族血脉里的传统

有一次，年幼的我天真地问父亲为什么这么喜欢唱歌。父亲慈爱地拉过我，让我坐在他的膝盖上，语重心长地说："因为我的父亲喜欢唱歌啊！我自然也喜欢唱歌啦！"父亲告诉我，他的父亲、我的爷爷温克清也是本地歌王。咱家传承当地民歌的历史甚至可以追溯到1885年，如今算来，温家传承壮族民歌已百年。当时我懵懵懂懂地点头，又摇摇头。父亲用手轻轻刮着我的鼻子，笑着说："以后你也会喜欢唱歌的。"

果然，在长期的耳濡目染中，我很喜欢唱壮族民歌。我们家很快由男女声二重唱变成三重唱。通常是我父亲唱高亢的高音部，母亲和我分别唱中音部和低音部。有时，我们也会轮换着唱，这次你唱高音部，下次到我挑战高音部……

对我们家来说，唱歌是融在血脉里的传统。

我以为这样的传统会一直延续下去。却不料，到了我儿子温建业这一代，出了一段小插曲——这小子竟然抵制唱壮族民歌！

原因是儿子7岁就离开我们独自前往县城上学，和我接触得少，所以他对壮族三声部民歌一无所知。每年放假回来，他发现家中总是站满了前来找我对歌的人，觉得影响了生活和学习，导致他对三声部民歌很反感。而且，儿子有了自己的孩子后，也不让孩子学唱壮族民歌！

对此，我感到焦灼不安。

1989年，儿子回到古零镇工作，在当地的一所小学担任数学老师，我们父子俩终于可以天天在一起了。然而，这个时候，随着年岁的增长，我的身体越来越虚弱。为了不让满腹的山歌在我之后失传，我决定让儿子慢慢接受壮族三声部民歌，了解我对山歌的热爱之情。和我父亲一样，客人来了，我唱歌；喝酒高兴了，我也唱歌……

渐渐地，儿子在我的歌声里，听出了我们平凡人的喜怒哀乐。他自己对村里的乡亲们说：“似乎我父亲的一切都是用山歌来表达的，听起来特别情真意切。”不久，他终于放下自己心中的偏执，开始主动要求跟着我学唱山歌了，并且捎带上了自己的爱人、孩子一起学。

儿子、儿媳及孙女虚心学习，我认真传授。让我备感欣慰的是，孙女温百灵学习刻苦、钻研认真，所以，她的成绩比她爸爸还要出色，我比较满意。虽然她现在已经离开安善村去南宁市工作了，但她对三声部民歌的那份热爱并没有因为距离的拉远而减弱。每年春节回来，我们三代人一起唱三声部民歌，倒也其乐融融。她现在是单位里的文艺骨干，每次单位举行演出活动，她都必唱三声部民歌。

幸福就是把日子唱进歌里

世间有两种时刻是最能触动人的心灵的，那就是鲜花盛开的瞬间和音乐响起的时候。确实，“饭养身，歌养心”，我们家的祖辈、父辈把唱壮族民歌看作灵魂的归宿，像信仰一样传承。我觉得最幸福的事，就是歌像水一样在我们家的生活里流淌。因为一家人都喜欢唱歌，日子放在歌里过，在音乐的滋养下，心往一处想，劲往一处使，日子越过越好。从前家里穷得叮当响，改革开放后，在政府的帮扶下，我家推倒土坯房，建起砖混楼，现在住的更是美轮美奂的小洋楼，小日子过得甜如蜜。特别是亲人之间互相传递的爱和温暖，像蜡烛的火光照亮家里的每个角落，使得一家人相亲相爱。因为家人和睦共处、尊老爱幼，我们家还获得了广西“最美家庭”的称号。

我平时主要的时间和精力都放在民歌传道授业上。爱人覃美利悉心付出、任劳任怨，独自扛起家庭的重担，积极支持我的传承事业，还主动加入到传承队伍中，成为我最得力的支持者。

因为年岁越来越大，我和爱人常常感到体力不支。儿子承担起照顾我们的责任。在儿子照料我们日常起居的间隙，我见缝插针教儿子唱歌。壮族三声部民歌，让我们父子俩的关系变得更加亲密了。

都说“久病床前无孝子”，但儿媳妇莫花美用自己的行动打破了这一世俗偏见。进入21世纪后，我的爱人年迈多病，腿脚不能行走，生活没法自理，儿媳妇每天帮我爱人洗澡、更衣、喂饭、换尿不湿及带我爱人出去晒太阳。有一次，我爱人病情加重了，疼痛使她的身体拧成了一团，苍白的面庞因痛苦而扭曲，细细的汗珠从她的额头渗出。她低低呻吟着，声音压抑，紧紧咬着的嘴唇渗出一缕缕血痕。儿媳妇用纸巾轻轻地擦拭我爱人的嘴。突然，儿媳妇像发现新大陆似的对我爱人说：“妈，我唱歌给你听吧，听了歌就不疼了。”说完张口就唱了起来。说真的，儿媳妇的歌声可比我儿子的歌声动听多了。一天，一个摄制组来我们家录制山歌，我请来的人唱得不合儿媳妇的意，于是儿媳妇毛遂自荐唱给专家听。一曲唱罢，专家们纷纷竖起大拇指。那次儿媳妇唱歌，我爱人静静地听着，不久，我爱人脸上露出了久违的笑容。就这样，虽然每天都是忙里忙外，儿媳妇却用她的孝顺、贤惠和

我（右二）与家人一起合影

包容，以及歌声，让整个家庭洋溢着温暖和祥和。

我的孙女温百灵生于 1981 年，是个不折不扣的 80 后。受家庭影响，她也是个孝敬长辈的好孩子。她小时候经常给我端茶倒水，给她奶奶捶腿梳头；每当夏天炎热时，她就把她爸爸睡的枕席扇凉，赶走蚊子，放好帐子，让爸爸能睡得舒服；赚到钱后，她经常陪她妈妈逛街，给她妈妈买漂亮的衣服；后来，百灵远离家乡到南宁市工作，几乎每天都会给我和她奶奶打电话，还教会我们视频聊天；每逢节假日，百灵就大包小包地往家里扛，给家里的每一位长辈带回她精心挑选的礼物。有一次，她爸爸生病了，偏偏马山没有对症的那种药卖，百灵连夜开车从南宁回马山，为的是给她爸爸送药……

我觉得我家的和睦和兴旺都是唱歌带来的，所以越唱越有兴趣，越唱越有感情。政府多次让我代表镇、县参加区内外各类文艺会演。有一年，在广西、贵州、云南、福建、广东五省区共同参与的，在南宁召开的全国部分省、自治区少数民族多声部民歌座谈会上，我荣获“广西歌王”称号。后来，我代表广西到北京参加全国“天籁之声”原生态民歌大赛，被列为非物质文化遗产“壮族三声部民歌”国家级代表性传承人。

在歌唱中感受有国才有家

看着生活条件越来越好，家庭崇尚文明，家人相亲相爱、和谐融洽，我从心底感谢壮族三声部民歌，感谢我的家乡马山县，感谢政府。如果没有这一切，我怎么能有和美的家？怎么能去到北京，登上国家的大舞台？！

因为心存感激之情，我总是把最好的歌声呈现出来，想为壮族三声部民歌的发掘、传承和发展尽绵薄之力。机会还真的来了。

说起壮族三声部民歌的发掘、传承和发展，我永远不会忘记一个人，他就是广西著名的民歌专家范西姆先生，是他让壮族三声部民歌真正地走出广西、走向世界。

1980 年 10 月的一天，一位上海电影制片厂从事舞蹈音乐创作的编辑为了给一部新电影配乐，来到广西寻找音乐素材。范西姆老师陪同这位编辑来到当时的古零公社采风，县文化馆和古零公社有关部门的工作人员便把他俩带到我家。我第一次遇见音乐家，心情很紧张，不免有些手足无措。他们说明来意，要我唱一下本地的山歌给他们听。他们的平易近人让我消除了紧张的情绪，随即叫来同村的两位搭档，唱起《鹧鸪岭上叫》：

鹧鸪岭上叫，叫得尖，山脚听得见；
阳春山花艳，朵朵鲜，一山又一山。

我唱高亢的第一声部，他俩分别唱第二声部和第三声部。一曲唱罢，范老师惊喜地竖起大拇指。他说，在安善村遇到的被称作“三顿欢”的壮族民歌，其实就是壮族三声部民歌。

后来，我才知道，我们家世代传唱的民歌，叫壮族三声部民歌。它历史悠久，传唱于马山县古零镇、加方乡、古寨乡和里当乡一带。自古以来，广大群众把马山壮族三声部民歌称为“欢哈”。“欢”是壮语，是山歌的意思；“哈”也是壮语，是附和的意思；欢哈在汉语中译为“合声”山歌。“合声”山歌最早出现于唐代，盛行于明清时期。这类民歌由3个人分唱3种声调，甚至是轮流担任高、中、低音部，歌声和谐，乐律淳朴自然。南宋周去非《岭外代答》记载，壮人“迭相歌和，含情凄婉，皆临机自撰，不肯蹈袭，其间乃有绝佳者”。

范西姆说，在此之前，世界音乐史上就有“中国没有多声部民歌”的说法。20世纪50年代，贵州发现了侗族二声部民歌后，修正了世界音乐史的这种说法，随即广西也发现了二声部民歌。但是，三声部民歌却从未被人发现过。范西姆回到南宁后，发表了一篇关于壮族三声部民歌的调查报告，经美国的《华侨周报》转载后，在国内外引起了强烈反响。这一发现，彻底否定了国外音乐界权威人士关于“中国没有多声部民歌”的说法。当时，中新社还曾因此向全球发了电讯，报道了这一在世界音乐史上具有划时代意义的发现。后来，范西姆成了我们的好朋友，常来我家做客。他告诉我，他读书时看到教科书上写着“东方中国没有多声部民歌”时，心里很不服气。马山壮族三声部民歌填补了这一空白，也了却了他的一桩心事。在范西姆的帮助下，我们带着马山壮族三声部民歌唱到了南宁，唱到了北京，让更多的人见识到了我们壮族民族音乐的美妙与奇特。直到现在，虽然范西姆身体不太好，但逢年过节，我们都会电话联系，相互问候。

唱歌唱出一定知名度后，我更想为壮族三声部民歌做些实实在在的事。

长年唱壮族三声部民歌，我觉得光唱先人写的歌跟不上时代的步伐，想尝试写一些反映当代生活的歌词。我开始钻研歌词的结构，并向当教师的儿子请教。从 1975 年起，只有小学文化、唱了一辈子山歌的我开始自己写歌，如今已经整理和创作了几千首壮族三声部民歌，这些手稿堆积起来也有一米多高。以前，老人们唱的三声部民歌无非是一些红白喜事的礼俗歌。现在，我把这些民歌加入一些现代元素并划分了种类，包括婚宴歌、爱情歌、公益歌等。

2008 年，壮族三声部民歌入选国家第二批非物质文化遗产保护名录后，政府和文化部门决定把壮族三声部民歌展示中心和培训基地设在我的家中。几张简单的木凳，一块长方形黑板，一个壮族三声部民歌培训班就在我家后院的歌台上开课了。从 2008 年至今，培训班每年都举办一期培训，每期时间为 6 个月，免费招收各地热爱壮族三声部民歌的学员。每年开班能招到三四十名学员。我还特意为培训班编写教材，命名为《勉妮学山歌》。在壮语里“勉”是男孩的意思，“妮”是女孩的意思。我编写这本教材，是希望每一个孩子都会唱山歌，将壮族三声部民歌更好地传承下去。这几年，县文化馆每年举办两到三期“马山文化三宝”进校园活动的师资培训班，每年他们都来邀请我去给学员们上课。每当看到越来越多的年轻人对壮族三声部民歌感兴趣时，我心里都是美滋滋的。在我们村，会唱三声部民歌的人年龄最小的才 6 岁，最大的超过了 80 岁。其中有我的 40 个弟子，他们每人都已掌握三声部民歌的技艺。县文化馆非物质文化展演队时常到区内外演出壮族三声部民歌，让更多的人认识壮族三声部民歌。

2016 年 9 月 20 日，我教小朋友学唱壮族三声部民歌

2011 年 9 月，我应邀到北京领取由中国非物质文化遗产保护中心颁发的传承人“薪传奖”。由于我身体不好，为了把我照顾好，政府让我大儿子温建业也一同前往，并为他报销了相关费用，足见政府对我们传承人的关怀。

现在，我家的壮族三声部民歌的第五代传人，以我的孙女温百灵为代表。但因为百灵在南宁工作，所以设在我们家中的传承基地主要由我的大儿子，也就是壮族三声部民歌的第四代传人温建业打理。在我的影响下，儿子现在也如当年的我一样，喜欢在家里和大伙对歌。只要有空，大家就集聚

2011 年 9 月 19 日，我到北京参加文化部举行的颁奖活动

2009 年 6 月 10 日，我在壮族三声部民歌传承基地辅导村民们学习壮族三声部民歌

在我家，不分男女老幼，不分宾主亲朋，不分贫富贵贱，张口便唱起壮族三声部民歌。清新空灵的歌声久久回荡在山间，也久久回荡在人们心间：

山歌都是心中出，
你来唱啊我来和。
善良的人唱出最真最美的歌，
最真最美的歌唱给党来听。

家有『田螺姑娘』

（微信扫描二维码，倾听韦再造讲述对家人的感恩）

故事的男主人公叫韦再造，原先是广西合山煤矿的一名工人，一度人生失意，20多岁时连个正经工作都没有，活得狼狈而慌乱。故事的女主人公是一所小学的语文老师，美丽而受人尊敬，被父母视为掌上明珠。两人的恋爱一度不被众人看好，但语文老师看上了韦再造的勤快苦干，义无反顾地爱他，支持他，不离不弃。如今，韦再造在广西合山，打造出名声响亮的合山螺蛳名店——阿韦美螺坊。事业成功之际，也是两人拜堂之时。两夫妇生下一双儿女，又将父母接到身边，把日子过得如炒田螺一样美味。

讲述者：韦再造　撰稿者：巴　方

爷爷教我做人的道理

“肚子大，脖子粗，不是领导就是伙夫。”这不仅是小品里面的经典台词，也是人们对餐饮行业老板的刻板印象。可是见到我，这一认知估计会被颠覆。肚子不大，脖子不粗，清清爽爽，衣着整洁，身材匀称，若不是鬓边开始有一点点泛白，你完全难以相信，这是一个“奔五”的饭馆老板。

其实，更早的时候我是个农家娃，出生在广西来宾市合山市北泗镇的一个小村庄。

我爷爷曾经当过国民党的侦察兵，在“文化大革命”时，我们家成了“黑五类”，日子过得非常艰难。

为了一家人的生存，年轻的父母没日没夜做工挣钱，所以我基本上是由爷爷一手带大的。爷爷教育孩子的方式和理念非常“超前”，令同村的许多父母都无法理解。

在我 10 岁的时候，有一天，爷爷给我一些钱，还给我一张纸，纸上写着一个南宁的地址，说那是我太爷爷家的地址。爷爷让我替他去太爷爷家一趟，还教我怎么坐车怎么走路，路上要注意哪些问题。

小小的我简直不敢相信爷爷会给我一个这么艰巨的任务！我正在不知所措，爷爷紧接着又问：“要是你去了没找到人，钱又用完了，你怎么做？”

“我不知道。”我胆怯地说。

“小子，你给我记住，没钱、肚子又饿的时候，要想办法，活下来比什么都重要！”

南宁之行后来因故没有成行，但这件事深深地刻在了我的脑海里。

在爷爷的这种教育方式下，我形成了胆大心细、沉着冷静的性格。在为人处事上，我受爷爷影响更多。

有一次，爷爷不知为何事与人发生纠葛，结果后来发现是自己错了。爷爷就带着我专程登门去那人家里诚恳道歉，使那人非常意外。大部分人遇到相同情况时，要么躲避，要么嘴硬。爷爷的坦荡与直爽赢得了那人的尊敬。在20世纪60年代初，家家户户的粮食都不够吃。与爷爷争执过的那家人，送了不少东西救济我家。

爷爷还教我“滴水之恩，当涌泉相报”。爷爷临终前，专门交代，要我们永远不要忘记帮助过我们的人，要回报人家。因此，现在我每次回村里，都会专程带礼物去看望一些人，在他们需要的时候给他们帮帮忙。有些亲戚纳闷，为什么我会这么重视那些外姓人。其实他们不知道，我只是在延续爷爷的报恩。

在我成长和创业的过程中，所有帮助过我的人和事，点点滴滴我都铭记在心中。正因如此，我总能遇到愿意帮助我的人。

从小就与锅铲为伍

在我的记忆中，为了生计，父母总是整天在地里忙个不停，白天很少能看到他们。家里添了弟弟以后，更是如此。

改革开放初期，家乡的采矿事业蓬勃发展。我的爸爸也加入了小煤窑开采的大军，妈妈则和村里的女人一起做装卸工，天天装煤车。

每天天刚亮，就有工头用一辆大车把他们拉走，他们收工回来的时候，我和弟弟根本认不出自己爸妈是谁——所有人的爸爸妈妈一模一样，从头到脚都是黑的。

早上爸妈出门时，我们还在睡梦中，爸妈晚上回来时，我们往往又睡着了。一家人虽住在一起，却经常打不到照面。

爷爷岁数大了，父母又经常不在家，逼得我不得不迅速成长。比如说做饭，我 8 岁的时候，总是带着弟弟自己做饭吃，刚开始不会炒菜，只能放点酱油拌饭吃。

也许是锅铲摸得早，我早早摸出些做菜的门道来。那时候村里人吃饭时，大家喜欢端着饭碗，边吃边串门。很多人串到我家的时候，发现我烧的青菜特别清脆可口，颜色还鲜嫩，不像自己家煮的那样发黄、口感差。于是大家都喜欢跑到我家，从碟子里夹两筷青菜吃。

每个村里的红白喜事，都会有几个乡村大厨张罗饭食。我们村的一位厨师看我合意，便传了我几手。十几岁的时候，我就作为助手，跟着这位厨师做了几次三四十桌的全套酒席。

村里另一位做过私塾老师的老先生，则经常把我喊到家里，教我写毛笔字，还特别用心地教我写对联。写对联在村里是个重要的差事，逢年过节，村民们结婚、生子、乔迁或办丧事，都要用到。老先生见我有悟性，希望我接他的班。学过后我发现，对联里面藏着很深的学问，不同的情形、不同的场合要写不同的内容。哪怕是一个丧事的对联，针对不同年纪的逝者就有不同的写法，写错了就会闹笑话。

在爷爷教导下的我，懂事、明理、开朗、有礼貌，村里有点本事的人，都愿意教我这个少年郎学点什么。

我的青春在北泗原野上

我的青春，在北泗的原野上，野蛮生长。

中学毕业后，我和附近的很多村民一样，进了合山的矿井下工作。因为有一定的文化基础，加上脑子灵活，我很快由普通矿工当上了调度员，在井下担任总指挥，管理民工，并分配井下人员每天的具体工作。

合山市曾经是广西的煤都，从 1905 年挖出煤炭开始，100 多年来，合山累计产煤 1 亿吨，为国家和广西的经济社会发展做出过巨大贡献。但我下矿井的时候，合山的煤炭产业已日薄西山。随着浅表煤层被挖掘殆尽，原本热闹繁华的“煤都”已现颓势。尽管合山地下还有煤层，但开采难度大、成本高，而且当地煤品质有限，加上早先的开采造成了极大的污染和地质隐患，煤炭开采这个支撑了合山多年的产业，轰然倒下。2009 年，合山被列入国家第二批资源枯竭型城市，城市经济急需转型升级。

进入合山煤炭行业仅仅一年，我便脱下那身工作服，摘下了头上的矿灯，黯然离开。

离开煤矿后，我做过很多事。一件偶然的事触发了我的文艺梦。大约在 2000 年，一个朋友拉我去参加合山当地的青年歌唱比赛。结果，朋友得了一等奖，我得了三等奖。这意外的惊喜让我的心一下子变得火热起来。要是多花点时间，拜个老师，是不是也可以上舞台表演，吃上文艺饭呢？

我的心热热的，四处找人学吉他，找歌谱练唱歌。正想去哪里正规学习的时候，父亲发话了："我们家只是普通农民，能吃饱饭就不错了，哪里还有钱给你去学唱歌！你是家里的长子，还是实际一点，赶紧找个事做，帮家里分担一点吧。"

我的文艺梦想，尚未来得及发芽，就破灭了。

年轻时候的我（左）有一个文艺梦想

当时，20多岁的我为了挣钱，当过营业员，兼职做过厨师，帮人家打过杂、跑过腿。狼狈而慌乱，原本就是青春的一部分。

我遇到了“田螺姑娘”

就在那时，爱情悄然来临。

在一次朋友聚会上，我认识了一位美丽的姑娘。姑娘叫凌莉华，是隔壁镇上的，在一所小学当语文老师，还是个班主任。年轻的语文老师，被我的幽默和多才多艺吸引，走到了我的身边。

可语文老师的妈妈坚决不同意。她认为，我连个正经工作都没有，女儿嫁给这种人岂不是摆明要受苦？

尽管我靠自己的能干和勤快，赢得了语文老师的舅舅、哥哥等人的喜欢，但因为没有固定工作，她的父母始终不接受我。

“你不是会做菜吗？开个餐馆吧！”语文老师建议。正好她的一个堂兄在广西柳州畜牧兽医学校旁开的快餐店正在转让。我和朋友过去盘下门面，开始创业。

囊中羞涩，起步艰难。请不起工人，所有的事情都要亲力亲为，大工、小工加老板都是自己。每个周末，语文老师都会坐班车来柳州，来到我的那个小店，帮我端盘子、擦桌子、洗碗、洗菜、点菜，扎扎实实地干上两天活儿，和我一起吃两顿饭，周日晚上再搭班车回合山。

一路走来，多亏妻子相伴

尽管这个小店没有撑得多久，但是我从此学会了经营。而女朋友的深情，也深深让我感动。后面的创业路上，无论多么艰难，痴情的语文老师始终不离不弃，陪着我一起打拼。她就像神话里的“田螺姑娘”，来到我的身边，带给我希望，改变了我的生活。

回到合山炒螺

我一直觉得，如果不是因为合山煤业的衰落，我可能到现在还一直窝在矿井里，根本没有机会体会外面世界的精彩。

柳州的快餐店关门后，我又回到合山，琢磨了一阵子，觉得可以试试做螺蛳生意。这东西柳州人超级爱吃，我自己吃了也觉得上瘾，何不试试在合山卖炒螺蛳？

说干就干。为了做成这件事，我先是吃遍外面螺蛳摊的炒螺蛳，感受别家风味，回来自己买螺蛳又炒又煮，不断试验，不停改良。

那时我做了件很让人不可思议的事情。我每天采购一大堆新鲜螺蛳，换着花样做。每到夜晚，骑着摩托车，给所有卡拉 OK 厅老板送一份过去，让他们免费品尝，天天问人家：“阿哥，你觉得今天味道咋样？”有舍就有得。这些老板们不仅认真地反馈，还提出不少改进意见。两年下来，我的炒螺蛳越做越好，形成了自己独有的风味，而这些老板也都和我成了朋友。

我的生意越来越好，从路边的夜市排档，搬进了正规的店面，再到后来，自己还盖起了 4 层的楼房，打造出名声响亮的合山螺蛳名店——阿韦美螺坊。

如今合山所有夜场的外卖炒螺蛳，基本都被阿韦美螺坊包了。来到店里的客人，则必点一锅沸腾的螺蛳煲，细细地品尝金黄的鸭脚、粉粉的芋头、咬一口会爆汁的豆腐泡、保持脆甜鲜嫩口感的螺蛳，欢喜又满足。

合山很多人也和我一样，在无奈接受了煤炭资源枯竭的现实之后，转身成就了另外的精彩。事业成功之际，也是我与语文老师拜堂之时。此后，我们生下一双儿女，又将父母接到身边，就像童话里说的那样，从此过上了幸福生活。

除了日常生活，还有诗和远方

阿韦美螺坊不是什么大饭店，但合山人几乎没有不知道的。后来，我的弟弟也过来帮我张罗生意。我们兄弟俩齐心协力，把自家的美螺坊做得有声有色。

也许是因为少年时的经历，有爷爷和私塾老先生的熏陶，我在成为一个成功的餐馆老板后，一直保持另类。我的饭馆楼上有间小小的“家庭影院”，里面藏着数千张原声大碟，全是正版，配上我精心改良搭配的音响，音效一流。

当初破灭的文艺梦在几十年后，以享受顶级音质音乐的方式，补偿了我。同时，各种不同曲风和种类的音乐，在无数个夜晚，抚慰了我的寂寞，也让我的内心变得更加丰盈，对美好事物的感知更加敏锐。

如今父母和爱人都是饭店的坚强后盾，儿女们回家时也会帮忙端菜、洗碗。

有家人支持，大后方坚强稳定。我便有不少时间做一点和餐饮无关的事情，比如和朋友一起骑行单车，参加各地音响发烧友的聚会，或是去广州、上海听国内外大腕们的音乐会。

毕竟，生活不止眼前的苟且。

大家的日子越过越好

回过头看看，我出生在合山的偏远农村，我的成长过程正好见证了我国改革开放的发展历程。我从家乡父老的生活变化里，感受到巨大的社会变革。

1978 年，中国开始实行改革开放政策。1982 年，合山建市。城市和乡村开始出现了一些新事物。此时，生我养我的北泗村发生了一件大事。

1984 年，我们村评上先进，市里奖励了一台电视机。我记得这台电视机是日立牌的，整个乡才有两三台。我们村庄为这台黑白电视机设了间电视房，还派专人管理。每天晚饭后，村民都会排队来看电视。村民们特别爱看武侠片，记得放《武松》那会儿，有六七十人挤在屋里。当时是夏天，屋子里连一台电风扇都没有，可因为有电视看，大家连热都忘了。这台全村唯一的电视机，让村民了解到外面的世界，成了全村的骄傲。别的村、别的单位，对这台小电视简直垂涎三尺。

那时从我们村到主干道还有两公里泥路没铺柏油，记得道班（指养路工人组织）当时提出以铺柏油来换那台电视，我们村都不干。由此可见那时电视机有多珍贵。

这份骄傲维持了好几年。后来，周边农户家里也渐渐出现了电视机。到2000年左右，彩色电视机开始在农村普及了。那个时候，我晚上做螺蛳，白天在家电门市打工。很多北泗的老乡都来找我买电视机，所以我的销售业绩很好，老板还因此给我加了奖金。

政策越来越开放，老百姓的日子也越来越好过。如今，村里人谁家都有彩电，有的一家还有两三台。比这更牛的是，大家都盖起了新房，不是两层就是三层，四层的也有。村里也建起篮球场、阅览室、健身场地等公共设施，大家挤在一起看电视的日子一去不复返了。

深刻的变化也发生在我自己身上。如今，我的产业不仅仅是那个螺蛳饭馆，在柳州还有公司，专做隔音设备，收入也很可观。

感念父母的辛劳，我事业有成后，为家里盖起五层小楼，为他们提供力所能及的好生活。随着他们年迈，身体变差，我收缩了自己的事业，如今能陪伴在父母身边，以便照料。

身边的一双儿女，我也需要操心。他们从小没有吃过苦，我担心他们将来到社会上不适应。为了锻炼蜜罐里长大的娃娃们，我要求他们放假时在饭馆端端盘子，帮村里亲戚干些农活，好增强他们的能力。我也经常给他们讲我的爷爷、父母以及我自己曾经那段艰苦的岁月，希望他们能从中感悟到自己今天的幸福生活是多么来之不易。

『月亮』之家祝福多

（微信扫描二维码，倾听黄廉伟讲述家族事业的传承）

在黄廉伟的记忆里，家里的大小事情都和夜明珠般的月亮有关，确切地说，是和月饼这个行业息息相关。1930年，黄廉伟父亲的爷爷黄桂国以做月饼营生，在合浦公馆镇创立“华南兴”月饼。每逢中秋佳节，“华南兴”月饼的香味就会四处飘散，成为许多当地人心中温暖的记忆。80多个中秋节过去后，在家族的传承创新中，“华南兴”变成了如今的“黄记玥亮”，当年10多平方米的小作坊，也发展成占地9800平方米的广西首家观光型月饼工厂，跻身全国先进大月饼生产基地之列。这个月亮之家，变得更加幸福美满。

讲述者：黄廉伟　撰稿者：唐贵余

从祖辈传下来的月饼事业

在我的记忆里，家里的大小事情都和月饼这个行业息息相关。

听上一代人说，清末，我们家族从福建迁徙到广西后，客居合浦，是大家口中的“客家人”。1930 年，父亲的爷爷，也就是我的曾祖父黄桂国以做月饼营生，在合浦公馆镇的一间小作坊内烤出了第一锅“华南兴”月饼。每逢中秋佳节，“华南兴”月饼的香味就会四处飘散，成为当地许多人心中温暖的记忆。

据三伯公回忆，“华南兴饼屋”是一座两层的小洋楼，当时在老街上很是显眼，生意很好，一到圩日更是座无虚席，整个环境、氛围就跟老电影中民国时期的茶馆差不多。

由于战乱，也由于在很长一段时间内政府不鼓励私人经商，所以从 20 世纪中叶到 20 世纪 80 年代初，“华南兴饼屋”几经沉浮。到了三伯公他们这一代人时，族人大都不做月饼了，曾祖父的手艺没有继续传承。

那个年代，家里穷得常常揭不开锅。全家除了靠爷爷的抚恤金过活，偶尔还做些鞭炮维持生计。

改革开放给了我的父亲黄庆辉一个机会。他通过刻苦学习，参加了高考，考上了合浦卫生学校，后来又到广西医科大学进修。1982 年，父亲毕业，回到老家参加工作。

也是这一年，家人苦苦思索未来的出路。父亲经过思索，认为应该走家族的老路子——经商。被称为“东方犹太人”的客家人，从历代迁徙中积累下经商经验，造就的商业翘楚不胜枚举。虽然我家算不上商业翘楚，但也有客家经商习俗相传。因此，在那个保守的年代，父亲的这个想法也得到了家里人的支持。

做好决定后，父亲把叔叔送到广东广州粤新大酒店学习糕点制作技术，算是间接地接了曾祖父的班。同年，叔叔从广东学艺归来后，父亲、姑姑等亲人便拿出资金，在公馆中学处租了一个铺面，开了间茶馆，叔叔负责做糕点。大家还给茶馆取名为“乐乐茶馆”，寓意“你乐我乐大家同乐”。

20 世纪 80 年代，公馆镇上没有什么烘焙行业。茶馆除了卖茶，主要还是卖包子、馒头等中式点心，西式糕点很少。因为大家的胃口早已习惯了传统面点的味道，西式糕点对于大家来说还是太新鲜。茶馆的生意很好，特别是每个月农历三、六、九赶圩的日子，茶馆里总是挤满了人。

公馆镇是合浦县的一个大镇，人口繁密。圩日里，镇子上特别热闹，从十里八乡来赶圩的乡亲们，有的带着新鲜的果蔬，有的带着自己扎的扫帚，有的带着自己砍的木柴，还有一些专门赶圩的商人带着许多稀奇古怪平时难以见到的小玩意……

做完生意后，乡亲们总是三五成群，来到乐乐茶馆歇脚，喝点茶水，吃个面点，谈天说地，以抚慰自己一天的辛劳。

茶馆开业那年的中秋节前夕，父亲和叔叔觉得应该做些月饼售卖，但又不会做月饼，于是请来承袭了曾祖父手艺的三伯父来传授技艺。两兄弟各有分工，父亲主攻大月饼的“核心”学做馅料，叔叔则学做饼皮。后来还请来了当时广州粤新大酒店的糕点大师甘师父（现任国家级烹饪系列高级职称评委、广东省烹饪学校副校长、广西合浦黄记玥亮饼业有限公司独立董事兼技术总监）来指导。

当时，甘师父带过来的月饼配方是广州的配方，原材料价格比较贵，不太适合公馆镇的消费情况；三伯公的月饼配方是土配方，在口感上不及广州的配方。父亲经过不断地实践和改良，最终在老街的祖屋里，将两种配方进行了结合，研制出口感独特的黄记广式五仁叉烧大月饼。

我对茶馆的印象很模糊了，只记得有一张我站在奶奶停在茶馆门口的三轮车里的照片，可惜这张照片也丢失了。现在我们月饼工厂里还挂着一幅以前挂在乐乐茶馆里的风景画。那张发黄的挂画，一直提醒着我们不要忘记家族的过去。

茶馆开了几年就难以为继了。虽然茶馆生意火爆，但由于镇上都是熟人，赊账较多，导致茶馆资金周转困难，所以不得不关停了。

家人一起做月饼

为了跟上时代潮流，家人改换思路，在 1990 年开了间

从乐乐茶馆到黄记饼屋的记忆

饼屋，命名为“黄记饼屋”。

20 世纪 90 年代，市场经济更加活跃，琳琅满目的商品进入市场。黄记饼屋除了卖一些点心外，还卖烟、酒、咖啡等，类似于小卖部。

有一次，黄记饼屋要搬到公馆电影院附近，就把很多货物临时堆在家中。在那些货物中，我对咖啡最好奇。那时，咖啡是个新潮的东西，刚刚开始流行起来。我偷偷拿了玻璃瓶装的咖啡和咖啡伴侣，学着大人的样子想给自己泡一杯。我以为泡咖啡和冲奶粉差不多，所以贪心地舀了几大勺咖啡用水冲，结果太苦了，实在受不了只好倒掉。后来，我又尝试了好几种泡咖啡的方法，但无论我加多少咖啡伴侣，还是特别苦……最后，满满一罐咖啡和咖啡伴侣都被我倒光了。为了这事，一向对我采取“放养”政策的父亲打了我一顿。因为当时的咖啡很贵，算是奢侈品了。

小时候，每年临近中秋节，都是家里最热闹的时候。

月饼的销售时间一般在 15 天左右。中秋节前 15 天，家族里的伯叔姑姨们就放下手中一切的活计，上班的请假，外地的回到家，聚集到一起，忙活起做月饼。那时，我们家族大概 20 多人都会聚集到黄记饼屋的制作间里，一起赶制月饼，一直忙到中秋节前一天。

每当家里做月饼的时候，还没走到家门口，我就可以闻到从家里散发出的浓郁的肉香味。一进门，就看见走廊里挂满刚刚炸好的叉烧，油亮亮的、红彤彤的，肚子里的馋虫也被勾了出来。想伸手去抓一点吃，可总是会被父母制止，我只好吞上一口口水，快速地从走廊穿过。

当时，做月饼还没有工业化，所有的工序都是在一张大饼台上完成的。在制作间里，全家老少以大饼台为中心，全部围在一起，热闹非凡。健壮的男人和面、炒馅，女人就负责包馅、压模等。家人们一边做月饼，一边拉家常，时不时爆发一阵笑声。这个场景，在年少的我心中留下了深刻的印象。

我放学回家后也会去帮忙，做一些简单的活。比如，我会称重，就是将家人拌好的馅料分成小份，抓起来称重，保证每一份馅料适量、均匀。我也会打饼，在家人包好的面坯上扑上面粉，然后放入同样扑上面粉的饼模当中，倒在烤盘上压出形状。我打饼的诀窍是，在压模的时候左右敲一下，这样面坯会压得更加圆润、均匀，倒出来的饼会更加完整。有时候我也会帮忙包馅，不知道是因为当时没掌握诀窍还是因为我粗心，我包的馅容易漏出来，所以大人们就很少再让我包馅了。

做好的月饼放到大烤炉里去烤，香味很快就从炉子里溢了出来。

小时候月饼的滋味，现在很难再找回了。以前的大月饼，馅里的叉烧是使用纯猪肉炸好的新鲜叉烧，冬瓜条也是提前手工制作好的，还有腌好的肥猪肉条，一点都不腻，入口即化，满嘴生香。因为所有原材料都不耐储存，所以基本要在一两天内将月饼吃完。现在为了月饼更好地保存，叉烧一般用肉松代替了，而且人们更加注重养生，喜欢低糖低油的食物，所以我们每年都进行配方上的改良。虽然现在的月饼更加精致、健康，但少了童年那一份浓浓的滋味。

当时由于只有一个烤炉，一天也就只能做几千个月饼，现做现卖，产销一条龙。那时乡亲们的消费能力有限，所以我们大月饼做得不多，一般只做小月饼。

做好的月饼就摆在饼屋前的一个简易的板子上，供人们挑选、购买。当天做的月饼很快就销售一空了。大人们在卖，小孩子们就铺上席子在板子下面睡觉、打闹。

充满期待的脚步一次次在我眼前停住，又带着喜悦离开。家人和乡亲们简单地交流后，收了钱，便将月饼用纸包好装入简易的塑料袋中给他们拎走了。

价格实惠、真材实料、足斤足秤、积累口碑，这是家人在我心里种下的生意经。

“中秋节快乐！”“中秋节好！”大家在购买月饼时，总会互相问候。也许，我们家是整个公馆镇收到中秋祝福最多的家庭。

每一块月饼都承载着一份祝福，承载着一个家庭团圆的喜悦。因此，我一直觉得做月饼是温暖而幸福的事业。

到了中秋节前一天，这一年的中秋节月饼制作就告一段落了，家人们也开始准备自己的中秋节了。吃完中秋团圆饭，一家人就会搬出一张桌子，在桌上摆上大月饼，然后摆上柚子，插上蜡烛和香，面朝月亮祈福，这项活动在客家话里叫“拜月光”。拜完月光，大家就可以吃月饼了，说是吃了拜过月光的月饼可以带来好运。

后来，我去了合浦县城读初中，我们一家也搬到了县城。每年中秋时节收到家人拿过来的月饼时，我们就会十分想念家人一起做月饼的场景。

我和家族事业的缘分

虽然月饼的芳香充盈着我整个童年的记忆，但我慢慢长大后，喜欢上了互联网，有自己想要成就的事业，所以从未想过要从事家族一直传承的月饼事业。

2002 年，我考上武汉一所名牌大学，就读于公共事业管理专业。在大学期间，我就显现出一定的商业才能。记得有次帮助校外的培训机构招生，我招到的人数是最多的，比培训机构其他所有人招到的人加起来都多。

大学毕业后，我一心想着要在外闯荡，先是北上济南就职于一家信息技术公司；后又南下广州，效力于一家全球领先的人力资源服务公司，短短两个月就做到了该公司华南区的顶级销售，成为公司的骨干和重点培养对象。

然而，正当事业发展得顺风顺水之时，我却选择了从公司辞职。也许是因为我继承了家族的"叛逆"基因，不太喜欢按部就班的人生。

其实当时我也没想好下一步要做什么，只是觉得趁着年轻，想要做更多的尝试与改变。

2010 年 7 月，我回到合浦老家小歇，看望父母。此时，家族一年一度的月饼生意渐渐忙碌起来，在家休息的我决定给家里人帮忙。

那时，家族的"黄记"大月饼在合浦当地已是声名鹊起，已远销至首府南宁；但我却发现，近在咫尺的北海却鲜有人知道"黄记"。于是，我主动肩负起开发北海市场的重担。

我曾经在北海念过书，对北海比较熟悉。定了目标后，我开始一家一家地拜访、洽谈。经过不懈地努力，当年中秋节，"黄记"大月饼成功进驻北海市场，并一炮而红，甚至火爆到断货的程度。

经此一役，我发现自己喜欢上了我们家族传承的产业。深入了解后，我发现这个平台还有很大的开发空间，并且能与我这些年所学的营销、互联网等知识结合起来，可以充分发挥自己各方面的才能。

一退一进，看似偶然，冥冥之中却也暗合了某种命运的安排。几乎所有的选择，都是在听从内心的召唤，都是在跟着自己的心走。此前毕业后三年在外打拼的经历，就算是在积蓄能量吧！

2011年，我成为“黄记”的新当家，被当时的同行称为“学历最高的月饼老总”。这个称呼的背后，有恭维，也隐藏着各种复杂和难以言表的内容，其中不乏揶揄和戏谑，甚至还有一种不怀好意的看笑话心态。在当地许多月饼行业的老板看来，这是个凭着经验也能做得还不错的行当，读个大学出来又能有多大用处呢？

让幸福感从小家传遍大家

用处大着呢！

在重点大学的求学经历以及在一线大城市的工作经历，让我拥有比业内同行更宽广的视野和更敏锐的市场触角，促使我结合时代的发展做出不少惊人之举。

2011年，为了做大做强“黄记”月饼，我带领黄家对“黄记饼屋”进行了升级——成立广西合浦黄记玥亮饼业有限公司，并为“黄记”月饼正式注册了“黄记玥亮”的商标。这在商标意识和品牌意识淡薄的合浦月饼界，算是领先之举，而这种商标保护意识也成功地为“黄记玥亮”日后的发展起到了保驾护航的作用。

在捕捉到月饼这个行业的发展前景后，我未雨绸缪，提前布局生产工厂。2014 年 7 月，投资 6000 万元兴建的新工厂在合浦星岛湖落成投产，占地 9800 平方米。这是全国先进的大月饼生产基地，更是广西首家观光型月饼工厂。

2012 年，我抓住了网店这一热潮，使“黄记玥亮”成为第一家在天猫开设旗舰店的大月饼品牌，开启了行业内“线上 + 线下”销售的新模式。

2016 年，因为“五仁月饼”在网络上被调侃，我和策划团队突发奇想，为“黄记玥亮”定制了首部以月饼为主角的动画短片《月饼世界》，为正宗五仁月饼正名。该短片在网络上引起热议。

2018 年，我又进行了跨界尝试，与壮志公益携手，共同发起“海上丝绸之路”艺术长卷北京、南宁双城双展。这次活动，邀请了中外 5 位艺术家，他们分别来自中国、泰国、以色列、意大利、俄罗斯。五人联手绘制的巨型艺术长卷，融合了先进的 AR 技术（Augmented Reality，增强现实技术），利用社交软件中的“扫一扫”功能扫描画卷，可寻找出藏在长卷中的 6 处“彩蛋”，增强交互体验。

成功的产品营销和形象推广，使得“黄记玥亮”树立起

我和父亲合影

我将跨界营销理念带入
传统的月饼行业

个性鲜明的品牌形象，更是在某种程度上改变了人们对于合浦大月饼“草根”“廉价”的刻板印象。

近几年，合浦月饼行业的大力发展，也离不开国家政策的支持。2012 年，受“八项规定”影响，不少习惯了做“公家生意”的月饼商心灰意冷，南宁一些星级酒店索性取消了传统的月饼品鉴会。但这对于月饼行业来讲，却是一件好事。

因为价格高，星级酒店月饼的主要客户大都是企事业单位，个人购买则以送礼为主。“八项规定”颁布后，这一大块市场遭遇“寒冬”自是情理之中。合浦的月饼企业则大不相同，因为这些企业的主要市场一直以来都是面向普通消费者的零售市场，主要客户是中小型私人企业和家庭，百姓自购是主导，而这部分市场是稳定增长的。

从某种意义上来说，这样的市场环境，对于“黄记玥亮”这样的老字号来说，反而是新的市场机会。以前单位的职工吃月饼靠单位发，现在就要自己上街购买了，这是一个新的市场机会，我们正好可以趁机抢占这一块市场。

如今“黄记玥亮”已成为“广西老字号”，年销售额过亿。

这些年，合浦县也开始大力发展月饼产业，并于 2018 年通过“中国大月饼美食之乡”的评审。目前，全县有月饼企业 100 多家，2017 年月饼产销量达 2 万吨，产值约 20 亿元。其中，大月饼产销量居全国第一，占广西大月饼市场 80% 以上，占全国大月饼市场 60% 以上。2018 年，合浦大月饼正式成为受国家保护的地理标志产品，合浦月饼小镇被列入第一批广西特色小镇培育名单。

能够从事月饼行业，能够让家族的月饼品牌成为合浦大月饼的代表品牌，这与我们家几代人的努力是分不开的。我还年轻，这只是开始。未来，我们将深耕广西，辐射全国，把做月饼事业的幸福感和精神传递给千家万户。

从 1930 年到 2018 年，整整 88 年，合家团圆的爱和家族的月饼事业一起，代代相传，丝毫未变。这味道不变，家人们的爱就不会改变，这是黄家每一个人的坚守。

茶香飘处是吾家

（微信扫描二维码，倾听彭庆中谈他与六堡茶的情缘）

六堡茶是产于广西梧州的历史名茶，明清两代畅销岭南，并随着广府民众“下南洋”而销往海外。梧州市有位茶人彭庆中，受父亲影响，少而好茶，游名山而问佳茗，以茶事为乐。数十载遍访茶区，会友论道，深得六堡茶品鉴之妙。著有《中国六堡茶》《六堡茶大事典》等多部六堡茶专著，现为梧州学院中国六堡茶研究院副院长，六堡茶国际交流促进会副会长。而他的女儿，也在耳濡目染中，自然而然地追随着父亲的足迹，乐于茶事，精于茶道。一家人在茶香缥缈中，自得其乐。

撰稿者：彭庆中

勾起乡愁的六堡茶

2015 年 8 月中旬，我应邀赴马来西亚访茶，并在吉隆坡办六堡茶文化讲座。当时在怡保“闲真别墅”得以观览当年华人在马来西亚采锡矿、谋生活的一段辛酸的血泪奋斗史，一件件当年所用的器具及旧照片，一段段感人肺腑的创业历程，陪同者用历经几代已经渐渐在海外变异的“广府话”给我解说，听来倍感唏嘘，遂作七律一首：

一盏乡愁万里家，百年风雨洗浮华。
三江夜寂辞无岁，六堡茶香寄有涯。
老味尤嗟忧彼国，乡音渐改客谁家？
沁凉茶水浓如昔，月落窗前惊树鸦。

六堡茶是广西的历史名茶，明清两代畅销岭南，并随着广府民众“下南洋”而销往海外。当年从广东、广西、海南、福建去到南洋谋生的华人带来了中国的传统民俗，带去了家乡的茶叶，也带去了中国人饮茶的传统。来自广府文化圈的民众，大多习惯喝六堡茶。他们喝茶，既为了解渴除瘴、消暑解热，也为了缓解在异乡的不适感。饮六堡茶成为一种消费方式，成为一种生活态度，更成为一种对故土思念的载体。

小小一杯茶是家的滋味

很小的时候，我就接触六堡茶了，那是一个很奇妙的机缘。

童年时我居住在桂北路，位于梧州的老城区。邻居家有一个从六堡嫁到城里的妇女阿香。回娘家探亲后的阿香，往往会捎来家乡的特产，最令人难忘的便是她带回的六堡茶了。

六堡山区以竹木柴炭闻名，但最负盛名的却是六堡茶。小时候，家里虽然有一个红泥茶壶，但平日大多是用暖水瓶直接闷泡六堡茶，那一份甘甜，那一缕茶香，伴随着我的童年。

从前条件有限，生活在西江流域的民众，日常的饮用水是从江中挑回来的，倒在缸里沉淀后使用，有的甚至直接饮用江水。直接饮用江水毕竟寡淡，加上岭南暑热，很多两广人都喜欢喝茶。父亲从事的是航运业，是轮船的驾驶员，他就很喜欢喝茶。

受父亲的影响，我很小的时候就喜欢喝茶了。当年茂兰茶庄的规模不小，位于梧州市大中路拐角处，我每每经过总不走外面的路，而是喜欢从茶庄一侧的门走进去，再从另一侧门走出，这样可以闻闻茶庄内的茶香，看看买点什么茶。

从小对茶的喜爱，让我以后的生活离不开心爱的六堡茶，以至于工作后第一次出差，我便兴冲冲地买回了一套紫砂的茶壶茶杯。

30 年老茶里品出期许和责任

六堡茶行业内有“墙内开花墙外香”之说，说的正是当年六堡茶一直以侨销为主，内销甚少。后来通过各种渠道我找到了一些六堡茶品尝，瞬间找回了儿时暖水瓶中六堡茶那份甘甜的记忆，但又发现自己对六堡茶知之甚少，便想找资料了解一下。然而，我遍寻各大图书馆，却发现六堡茶的资料奇缺。

也是与六堡有缘，我做记者时到六堡采访，经一位六堡的诗友介绍，认识了当年 93 岁的老茶人李旭秋。

六堡茶的销量在 20 世纪 40 年代达到了鼎盛，而且广东茶商逆水而上在六堡开设茶庄收茶最盛之时也在 20 世纪二三十年代，所以，李旭秋他们这一辈的老茶人对这段历史有着深入的了解。

李旭秋 6 岁就开始到合口街上的茶庄帮工，成年后也一直在茶庄干活。对于当时茶庄的数量及分布、茶叶的加工流程、茶人茶事、茶叶的水路运输路径“茶船古道”等，李旭秋老人都记忆犹新，他甚至还说，他曾经跟着运茶的船沿着茶船古道到广州再到香港，他还去了香港那家名为“天顺祥”茶庄的收货商号，他记得茶庄骑楼外面的砖柱上写着大大的“地道六堡茶”字样。

老人说起这些往事，眼中闪着光芒，说到从前的种植规模，老人还把我拉出门外，指着远山说：那些地方，原来都是茶园，漫山遍野的茶，现在还可以在山上挖到一些老茶树的根。

老人家制了一辈子六堡茶，一直在改进制茶工艺，以减少新茶的苦涩。老人也有特别的制茶窍门，并毫无保留地把整个操作方法详细地告诉了我，还强调哪里是要点，工序必须如何如何，并看着我一一详细记录了，才放心。

在采访了李旭秋老人一整天后，我准备告辞了。老人家让我等等，几分钟后，他从后院拿出一包茶叶，说是他 30 年前所做的茶，没剩多少了，送一点给我。老人的馈赠，我婉拒了多次。但老人家很坚持，也很动情，说今天把自己的制茶技术传了下来，他很高兴，他毕生最值得骄傲的制茶技法终于不会失传了。我不好推辞，在回去的路上，仿佛一下子感觉到了肩上那一份沉甸甸的责任。

回去后，我一边整理笔记，一边细细品尝了老人家所赠的那包老茶，这个茶，色红如酒、味厚回甜、气足神备、余韵悠长，堪称六堡茶传世经典之作，能够充分体现六堡老茶之神韵。从每一盏茶中，都能感受到老人家对工艺的精研与匠心，也能够感受到老人家对六堡茶文化发扬光大的殷切期盼。我还为此赋诗一首：

曾许山河云是家，笑谈秋月与春花。
半生客泪风尤冷，两鬓青霜水自华。
黑石老枞斯乐土，归帆古道此生涯。
我书无字杯中意，一盏寻常六堡茶。

这一份传承、这一份责任在肩，使我更坚定了走弘扬六堡茶文化之路。

接下来的十几年，我跑遍了整个六堡茶乡的产茶区，走访各个村、组，常常在深山中“停夜”（当地方言，指留宿），访老茶人、找老茶树、寻老茶山，并在报社副刊开辟一个星期出一版的“品茶论道”版块，后增加到一星期两版，一直出了 200 多期。个中甘苦，难以尽说，但也得益于日报出版的“紧迫感”，让我完成了大量的资料整理、文字撰写工作，最终成就了我的第一部六堡茶专著《中国六堡茶》。

海外华人的家少不了茶

2016年8月，我从当年茶船出发地合口码头出发，沿着“茶船古道”从六堡到梨埠、木双，再经封开、德庆、南江口、肇庆、三水，再进入广州，去到香港，之后到达马来西亚吉隆坡、马六甲、怡保、太平、槟城，并在马来西亚当年的古老码头及锡矿产区金宝、怡保等地进行了深入调研，完成了全球首次重走“茶船古道”的文化考察活动，获得了大量的第一手材料。

在马来西亚，最让我感动的有三件事。

一是在马来西亚槟城北海的六堡茶文化讲座上，来了很多白发苍苍的老人。一位老人特意让他儿子开车近一个小时，载他过来听这个六堡茶的讲座。老人说，他很小的时候，跟着爷爷上茶楼喝茶，当时喝的就是六堡茶；后来在家中，日常都喝六堡茶；现在，他在家里也喝六堡茶；有时候，带上他的小孙子，去一些旧的茶室，仍然可以找到六堡茶喝。虽然喝了那么久，但他对于六堡茶的很多情况都不了解，所以专门过来听讲座。

二是在关丹林明锡矿区，说起六堡茶，一位姓曾的老矿工说，他们矿工当年甚至把六堡茶称作“救命茶”。因为马来西亚高温潮湿，且工作环境非常恶劣，很多华工一开始很不适应，常发热中暑、腰酸背痛、易发瘴气等，更有一些人得了怪病，甚至在病倒不久后就死去了，一度引发恐慌。一直以来，两广民间都有六堡茶“祛暑祛湿、清热、调理肠胃、治病驱痢”的说法。华工们也慢慢地发现，一些经常喝六堡茶的人很少得病，特别是刚来不久的华工，水土不服、泻吐不停，往往泡饮一壶浓浓的六堡茶后，病症很快会得到缓解。一时间，六堡茶的神奇作用被华人们广为传播，甚至被神化为“灵丹妙药”，手头稍微宽裕的华工会多买些“睇门口”（当地方言，指以备不时之需）。

三是有一次跟有“大马茶后”之称的张秀珍喝茶，问及六堡茶在马来西亚华人心目中的地位时，珍姐说，她记得，小时候，父亲下班回来，她听到开门的声音时，第一反应便是去拿一双拖鞋过来给父亲换上，再拿杯子从壶里倒一杯六堡茶，双手递给父亲喝。这些童年的美好回忆，珍姐说得很自然、很平缓。但我听后很感动，那是一种我们中华文化所推崇的孝道，在远隔千里的南洋华人家庭以这么自然的一杯茶的形式，传承下来，传递下去。

六堡茶，作为一种健康饮品，也作为一种寄托，更作为一个载体，在海外华人的日常生活中传承着深厚的中华文化。

家风如茶，自有传人

我痴迷于六堡茶，不单研究其历史文化及茶事掌故，更是搜罗了不少好茶。渐渐地，家中都是装着六堡茶的坛坛罐罐，有竹筒、葫芦、篾篓等容器，大大小小，形形色色，占满了家中的空间，家中俨然成了一个六堡茶小型博物馆。

女儿彭涞自 2002 年出生开始，便与六堡茶为伍了。

很多人说不能让小孩子喝茶，但我有不少潮汕和福建的朋友，他们的孩子一出生，甚至未出生都开始“喝”茶了，还戏称茶龄比年龄大一岁。因此，我就不拦阻女儿从小喝茶，只要是不喝太浓的茶即可。

大约是 2009 年，女儿 7 岁。有一天，我边品茶，边拍照，边写品茶心得，因为要赶写稿件，便自顾自忙我的稿子，随她自己倒茶来喝。

这次写的是两款古法六堡茶的品感对比，女儿端起面前这两款茶，喝了后对我说，虽然那个茶老些，但还是这个茶好。我一下子被惊到了，这结论很准确，就是我写的这篇文章的结论啊。我平时从来没有教过孩子怎么品茶，她不过是平日茶友聚会时的“旁听生”罢了。

我很好奇地问女儿，为什么这个茶更好呢。女儿模仿着我平日的语气说，虽然那个茶汤色比这个红，年份比这个多几年，但这个茶的苦涩味在嘴里很快就回甘回甜，嘴巴不感觉苦。而那个茶，虽然红些，但喝过后，嘴巴有点苦。

听完女儿的这番话，我高兴得一把抱起她。没想到，自小没刻意地培养，女儿却自己模仿着品茶。这茶是如此的魅力无穷，让传承就这样自然而然地开始了。

每每想起这件事，我都不由感慨，我发掘、整理、研究着六堡茶的历史文化，并以此作为一项责任，为之努力，而在我的熏陶和影响下，我的下一代，我的女儿，她自觉地接触、了解并爱上了六堡茶。那次之后，我有意无意地鼓励她

我的全家福（当时女儿 4 岁）

女儿对茶道很有兴趣

学习品鉴、茶艺，也时常给她说说六堡茶不同的工艺。几年过去了，女儿也掌握了更多茶叶知识，以及品鉴、冲泡技巧。有时候，我写茶评文章，她负责冲泡或给我当助手，帮我整理茶样，或给茶样写上标签。

妻子是柳州人，以前不太喝茶，但帮我收拾茶具茶器久了，也慢慢地陪着喝一点，特别是女儿喜欢喝茶论茶后，她喝得更多了。

记得有一次，有位茶友送茶样过来，我不在家，妻便帮收了。等我回来，便一起试茶。一喝感觉不对，明明是六堡梧垌村茶友拿出来的茶，怎么喝着像六堡不倚村（恭州）那边的茶味，我便问妻是否拿错了（因为家里茶样很多，常常是这一小包那一小罐的，拿错了也很正常）。

妻受冤枉，当然不干，说没拿错，要错也不是她错，还打赌说“输了洗碗”，女儿在一旁起哄。毕竟，我还是坚信自己的辨茶鉴别水平的，明明是不倚村的茶，怎么说是梧垌村的茶呢。于是，我便答应打赌。但翻来翻去，还真没找到别的梧垌茶了。于是，致电那位梧垌茶友，对方才告知我，他那天出来匆忙，拿错了他在六堡不倚村的妹夫的茶。真相大白，虽然我品鉴没错，但却输了，之后乖乖地在女儿的起哄声中去洗碗了。

在我和女儿的影响下，妻也慢慢地开始喝茶，喝的是比较淡的。因为新茶略寒凉而且味涩，妻很快就提出她“不喝新茶、只喝陈茶”的规矩了。常常有茶友来品茶交流，有时候妻也在旁喝一点，慢慢地，熟悉的茶友也发现这个规律了，看看妻喝哪些茶，不喝哪些茶，就知是新茶还是陈茶。有一次，有一位很熟的茶友喝到一个茶，年份不太好判断，不知该不该入手，带过来让我试。冲泡开来，我还没试，妻试了一口，便停下了。朋友哈哈一笑，说彭老师您也不用试了，我已经知道答案了，大家便都笑了起来，一时传为美谈。

茶文化的熏陶，在潜移默化中，是一种默默的传承。

说到这，忽然记起 2016 年赴马来西亚途经香港时，我接受香港电台栏目邀请，做了一期六堡茶文化的节目。在节目中，我说道：一种茶，能够在名茶众多的中国，历经千百年而流传至今，没有湮灭，没有消失在历史长河里，那这个茶必定有其过人之处，必定有其独特的魅力。

一个良好的家风，一个民族的生生不息，不也像茶的传承一样吗？

传承弘扬六堡茶文化之路，我和我的家人辛苦并快乐着。人生如茶，甘苦自知：

晓寒乍暖绿尖芽，快意微风飞雨花。
朝采晴岚成气韵，暮揉山色见丰华。
白云深处田家客，腊酒酣时新社茶。
七碗自知甘与苦，槟榔香里话桑麻。

农民家庭的『夜郎梦』

（微信扫描二维码，倾听杨会光谈和里村的未来发展之路）

杨会光家庭，在当地是一个传奇：1985 年，一穷二白的他靠着贷款在村里开设商店，成为村里第一个敢吃螃蟹的个体户。凭借着党的政策和全家的努力，他家成为村里的第一个万元户。1994 年，他家带领当地群众四处筹资，对代表夜郎文化的三王宫进行全面维修。在他和家人的努力下，在村民和政府的支持下，三王宫于 2013 年被列为全国重点文物保护单位。从 2015 年开始，为记录和里村悠久的历史文化，他家出资 20 万元撰写了 40 多万字的村志。杨会光家的夜郎梦终于圆满。而广西北部的这个小山村，也因传承夜郎文化而声名远播。

讲述者：杨会光　撰稿者：黄远来

从穷光蛋到万元户

1965年，我出生于柳州市三江侗族自治县良口乡和里村的一个贫穷家庭。我家九口人，除父母外，家中还有七兄妹，我排行老三，上有两个姐姐，下有一个弟弟和三个妹妹。

在贫困家庭的成长经历，让年少的我养成了勤快、懂事、能吃苦的品性。1984年，我参加中考，以几分之差落榜。为了生存，我曾与朋友到融水、融安等地贩卖猪肉，也办过砖厂，但所获的利润不多，仍摆脱不了贫困。

年轻时的我（右）

为了改善家境，我也想过做点大生意，但是苦于没有本钱。就在我不知所措的时候，看到了报刊上一篇题为《一位个体户的苦与乐》的文章。这篇文章主要介绍了一位青年勇敢面对现实，不被困难压倒，战胜自卑，奋发图强，依靠党的富民政策经商致富的坎坷人生历程。

看了文章后，我想到这么大一个和里村，方圆数公里内十几个村屯目前尚无一家商店。我为何不开一家经销店，走出一条致富之路呢？我提出这个想法后，家人也很支持。

不过开商店最起码要几千元做本钱，这对于我的家庭来说，简直是一个天文数字。如果真的开商店，到哪里去筹措这么大的一笔资金呢？

对于开店经商之事，我虽然心中没有底，但并不甘心放弃这个机会，只好抱着试一试的心态找村民们借款。尽管我四处借钱，但没有人肯借，大家都怕我这个穷光蛋还不起。

此路不通，我便想依靠当地农村信用合作社（以下简称“农信社”）贷款开店。然而，因为家里贫穷，没有什么可抵押，贷款并不顺利。为了说服信贷员，我每天早上从家里步行来到农信社，等到天黑了才回家。就这样一直坚持，在农信社足足等候了 53 天。我的执着终于打动了信贷员的心，我获得了 2000 元贷款。

得到贷款后，我和家人一起在公路旁搭建了一个简易木棚，余下的资金都用于购货。1985 年年初，我们家的商店正式开张了，从此我加入了个体工商户的行列。

开店之初，心地善良的母亲曾提醒我要堂堂正正做人，不要做出损害国家和乡亲利益的事。我牢记母亲的教诲，始终把“依法经营、以诚相待、文明经商”作为经营的原则，

小小的商店让我家成为村里第一个万元户

从开商店那天起就立下这样的规定：凡在本店购买的任何商品，有质量问题的，本店承担一切责任，包退、包换、包赔。

同时，如果村民有需要，我不怕费时费力，主动送货上门。有些村民一时无钱支付货钱，我便允许他们赊账，尽量让他们买到心仪的货品。正因为我始终坚持这些做法，我渐渐得到了村民的认可，小店的生意也一天天红火起来，营业额一年比一年高。

经商几年后，我们家不仅按期还清了贷款，还有了十几万元的盈利。

1991 年，在家人的支持下，我大胆承包了和里村供销社。这时我们家的经营门面从原来的 100 平方米扩大到近 1000

平方米，由原来的1个门面扩大到3个门面，经营的范围不断扩大，经营的商品也呈多样化，从一般的日用品零售发展到食品、烟酒、五金、家电、布匹、成衣、农药、化肥等产品的批发和零售。

辛勤的汗水最终获得了回报。仅承包供销社一年，我们家商店的营业额就达32万元，盈利5万多元，这在当时三江县都是破天荒的。我成了一个传奇式人物，不仅供销社系统的领导对我十分赏识，夸我是一个名副其实的个体工商户；村民们也纷纷向我投来羡慕、敬佩的目光，称赞我是一个紧跟时代浪潮的经营者。

成功离不开贤内助

1997年年初，我获知良口乡林场因管理不善而效益不佳，政府意欲向社会公开招标承包的讯息，心里又萌发了承包林场这个念头。当我把这个想法告诉妻子时，得到了妻子的全力支持。

1997年10月，我与良口乡政府签订了为期10年的林场承包合同。为了更好地综合开发利用林场，我用了整整一个月时间，驻扎在山上进行踩点、规划，研究出了“以土地为基础，综合开发，大力发展种植业和养殖业”的经营路子。最后还把“家”搬进了深山里。

当年，我还投入数十万元资金注册成立“三江侗族自治县金岗山综合开发林场”，成为三江建县以来第一家具有一定规模、集商贸和农林种养为一体的私营企业。

家人保证商店的正常运转，我集中精力进行林区综合开发，大力调整林种结构，高薪雇佣 15 名贫困村民进场就业，种树种竹，养羊养牛。在我和工人们的努力下，林场取得了良好的经营效益，有成林杉木 10 万株，并兼种有大片竹林、果树林，饲养了一批批牛、羊、鸡等，财产总值折合人民币超百万元。

我家走上致富道路后，名声越来越大，越传越广。1996 年 5 月，我被广西壮族自治区授予“百强个体工商户”荣誉称号。2000 年 1 月，我又被评为“1999 年度自治区先进种养个人”。

短短十几年，我从一个穷光蛋蜕变成一名百万富翁，我的事迹引起了社会各界的关注。但我觉得取得这份成就，除了我个人不断地拼搏奋斗、敢于成为第一个吃螃蟹的人外，还有党的富民政策，以及家人的理解和支持！

在我的身后，有一位默默支持我的女性，那就是我的贤内助吴迎春。

1996 年，大洪灾袭击和里村。村里一所学校损失惨重，急需增置 35 套课桌、课椅才能恢复正常教学。为此，村民们主动捐了许多木料，但还缺少加工经费，学校感到束手无策。时任和里村团总支副书记的我，家里也受灾严重，只能量力捐助 200 元。了解我为人的妻子认为，不能让学生站着上课。她当即把自己平时积攒下来的 800 元现金交给我，凑

我（居中）因经商获得荣誉

我在承包的林场喂羊

足1000元捐助学校支付木工钱。

和里村受灾后的那几年，村民生活艰苦，百废待兴。后来当选为村党支部书记的我日夜谋划全村发展大计，但为民办事样样要钱。到哪去找资金呢？见我为难，妻子总是在身后默默支持我，想方设法为我分忧。有3名村民想发展养殖没有启动资金，找我帮助解决问题，妻子毫不含糊地从经商收入中拿出1200元扶持他们买猪崽和鸡鸭苗。村里要建人畜饮水工程，群众一时筹不上资金，妻子又从门市部的收入中挤出7000元钱来垫支，使和里村1800多口人喝上了清洁水。可以说，在我担任村党支部书记期间，为群众办了一件又一件实事、好事，但件件都离不开这位聪明贤惠妻子的支持。

数十年守护“国宝”

我们和里村历史悠久、文化丰富，著名的夜郎文化遗址三王宫就坐落在这里。

推开三王宫的大门，这座古迹仿若沉睡千年，迎面扑来一股古朴的味道。整座王宫均为歇山式砖木结构建筑，屋檐雕龙画凤，宫门、神宫和回廊体现了古代汉族宫廷庭院式建筑风格，而木楼戏台和偏舍，又采用了侗族传统的穿斗构造干栏式结构技艺，汉、侗建筑艺术在此相互融合。

说起历史上的夜郎文化，很多人对它的了解只停留在“夜郎自大”这个成语上，而且这是一种带着贬义色彩的印象。其实不然，夜郎文化中流传着很多美丽的传说，关于三王宫来历的故事就是其中之一。相传，夜郎国王竹多同生有三子，个个才智过人。西汉元鼎六年（公元前 111 年），汉武帝怀疑竹多同有谋逆之举而诛之，后发觉误杀，遂对其子厚遇有加。竹多同的三个儿子不计前嫌，竭忠尽智，在所辖区域力倡革新，广施仁政，深得民众拥戴。三王离世后，各地相继立祠纪念。

民国初期，三王宫所在地曾是溶江总局的办公地，后来陆续作为小学校舍、农信社、供销社门市部的所在地。我从小就懂得三王宫在侗乡人民心中是神圣的，这也是我们和里村文化的根。1991 年，我和家人就开始盘算把供销社搬迁出来，恢复三王宫的庙宇功能。

然而，万事开头难，很多村民无力去管这个已经废弃多年的庙宇，而且如何将供销社搬离也是个大问题。我没被困难压倒，为了解决这个难题，我四处奔走。几经周折，我家终于得到了供销社的承包权。

供销社算是搬迁出来了，可是由于历史原因，庙里不少浮雕被摧毁，又面临筹钱修缮的问题。我自知个人的力量是有限的，于是发动 6 个村寨组成筹委会，带领家人和群众四处筹资，还得到了政府支持的 15 万元修缮资金。

在大家的努力下，三王宫最终得以进行全面维修，并具备了申报县级文物保护单位的条件。2001 年，三王宫被列为县级文物保护单位。2009 年，三王宫被列为自治区级文物保护单位，并得到广西壮族自治区文物部门下拨的57万元修缮资金。2013年，三王宫晋级为全国重点文物保护单位。

这几年，我们通过田野调查的方式走遍了贵州、湖南、云南等遗存夜郎文化的地方，与当地的史志和夜郎文化研究专家交流，获得不少宝贵材料。根据这些材料，我撰写了《夜郎三江》和《永远的夜郎》这两部反映三江夜郎文化的专著。

我和家人现在已收集了几十万字的文字材料和几百幅珍贵的历史图片，这为将夜郎文化申报为国家级非物质文化遗产打下了基础。

和里村除了有夜郎文化，其数百年的村史也内容丰富。为了让和里村的文化代代相传，2015年开始，我下定决心

我和家人带村民修缮三王宫

编撰《和里村志》。我觉得，一个村的村志记录着一村的发展变化之历程，作为存史、资政、教化的文献保留下来，是社会主义精神文明建设的重要成果，也是一件利村、利民的实事。

村志所记的村民村事，是村民看得见、摸得着的日常生活事例，体现了浓厚的乡土味，散发着淳朴的农民味。田园景色、村庄面貌、公共设施、风俗习惯、村人村事，从头至尾充溢着浓郁的乡土气息。

编撰《和里村志》可不是一件容易的事。光是前期工作，我就不得不克服重重困难和阻力，去拜访区县乡各级单位，以及本地在外工作的干部和知名专家学者等有关人士，查阅档案上千册，翻阅大量书籍，为后续的编撰工作打下扎实的基础。

编撰村志，不仅耗时耗力更耗钱。由于村里的资金有限，为了做好这部村志，我们家投入了20多万元，充实编撰资金。

村志的编撰工作得到了各级政府的高度重视，得到县党史县志办工作人员的高度评价。这让我们一家觉得付出的努力都非常值得。

从和谐之家到“中国美丽乡村百佳范例”

虽然通过做生意、开林场赚了不少钱，但我和爱人不满足于物质生活富裕，更追求精神上的富裕。我们一直希望把自己的事业融于社会中，尽力为国家、集体和人民群众多做

三江和里村风光

一些有益的事情。

1997年，和里村干部老龄化问题突出，亟须发展一批青年党员。党组织根据我各方面的表现，认为我已经具备了成为一名党员的基本条件，故批准我加入了中国共产党。当年，我就被群众推选为村干部，任和里村团支部书记。1999年起，我开始担任和里村党支部书记。

当上了村支书后，由于村里积贫积弱，各项基础设施非常落后。我在家人和村民的支持下，主持新建村小学教学楼、村委办公楼、人畜饮水工程、鼓楼和风雨桥，又进行土地整治和村寨防火改造，使村里的基础设施发生了天翻地覆的

我的全家福

变化。

在发展特色产业方面，我结合和里村的实际情况，围绕旅游产业的开发，探索出一条经济效益与生态效益显著的发展之路——做大做强青钱柳产业。青钱柳原来只是一种生长在高山潮湿处的野生植物，要实现大规模种植还需经过培育。从 2011 年开始，我们家每年投入 20 多万元培育青钱柳。然而，前四年的培育都失败了。2015 年，家里投入的大笔资金终于收到成效，5 亩青钱柳培育成功。三江青钱柳的培育成功引起了国家有关部门的极大重视。

如今，和里村青钱柳种植面积达到 150 多亩，亩产茶青

500多公斤，以市场价每公斤30元来算，亩产值达15000多元，还建设有青钱柳育苗基地10多亩，实现了“培育—种植—加工—销售”一条龙。

和里村不仅夜郎文化内涵丰富，民族原生态文化的传承也有数百年历史。将夜郎文化和少数民族原生态文化相结合，把和里村打造成美丽乡村，成为我当上村支书后心里最大的愿望。

在特色产业得到发展的同时，我也下大力气推进和里村旅游的发展。为了将三王宫打造成国家AAAA级景区，我带领村民对三王宫的周边环境进行了优化。除了保护好当地特有的侗族建筑，还在三王宫周围的土地上种植了百亩荷花，修建了民族文化长廊。此外，我们村还致力于传承和推介夜郎文化，并结合侗族民俗文化、民间节庆的优势资源，努力打造出生态、文化相结合的特色旅游模式。

2017年4月9日，和里村入选“2016中国美丽乡村百佳范例”，成为当年广西两个上榜的村落之一。

从个人致富到家庭兴旺，再到带领全村过上好日子，我家的故事，正是新中国成立以后，一个农民家庭紧跟改革开放的时代大潮，改变自己以及全村人命运的缩影。我希望，和里村能够越来越好，也希望我的子孙后代能将和里村的文化一代一代地守护下去。

侗族『鲁班』世家传

（微信扫描二维码，倾听杨似玉谈技艺的传承）

1924年，他爷爷带头捐资修建了三江程阳风雨桥，从此他们一家与风雨桥结下不解之缘；1997年，他制作的同心桥模型被作为广西壮族自治区人民政府的贺礼送给香港特别行政区政府；2010年，他率150名工匠承建了堪称世界第一风雨桥的三江风雨桥木结构工程……他就是被外界誉为“侗族鲁班”、侗乡“活国宝”的中国工艺美术大师、非物质文化遗产“侗族木构建筑营造技艺”国家级传承人杨似玉。从爷爷带头建造程阳风雨桥，到父亲传承爷爷的衣钵，再到父亲把技艺传给杨似玉，他再把木匠工艺传给儿子及徒弟……家族传下的侗族木构建筑营造技艺已经在这个家族传承了四代。

讲述者：杨似玉　撰稿者：黄远来

出生在木匠之家

1955 年，我出生在三江侗族自治县林溪镇平岩村的一个木匠家庭。从爷爷那一辈开始，家里的木匠手艺就小有名气。爷爷把木匠手艺传给了父亲，父亲又把手艺传给了我。

我只读到小学一年级，认字不多，算术不精，不会画设计图，也看不懂图纸，但是我对风雨桥和鼓楼却格外热爱。

我爷爷、父亲都是木匠，是当地建造风雨桥和鼓楼的“老把式”。我从小就对木工特别感兴趣，十二三岁开始跟父亲学习木工手艺，从劈木、取方等粗活做起，在父亲的严格调教下，逐渐由浅入深，慢慢地掌握了风雨桥的建造技巧。

我的木工基本功就是从做木桶开始的。我们侗族嫁女有一个习俗，女方家要备 3 个木桶做嫁妆，碰上女孩多的家庭，就需要准备很多木桶。当时，当地做木桶的活大多被贵州籍木工承揽了，我心里很不是滋味，憋着劲要跟他们比一比。因此，年轻时我多数时间都在制作木桶，我的木桶也越做越好。如今，家里仍在使用的一个木桶就是我当年当学徒时做的，用了 40 多年，依然耐用美观，堪称家里的一件“老古董”。我的基本功都是在制作木桶的过程中练就的。

我此后也制作包括织布机、纺纱机等在内的器物，由简入繁。由于有祖传技艺，加之勤奋有悟性，我的技术日益精湛。

基本功打得牢靠，为我后来建造风雨桥、鼓楼等做了扎实的准备。

我能用一根根木头拼接、建起一座座风雨桥和鼓楼，在一件件建筑杰作上留下我的思想与印迹，这样的手艺，是几十年不间断地练习，日积月累，一天天打磨出来的。

鼓楼、花桥、寨门楼、侗戏台、水车、杆栏式木结构民居建筑，均系挑梁穿榫，不用一钉一铆建造而成，其间没有任何图纸，我完全靠脑子记。一旦做起工来就能依地形、山势，迅速在心中构出“图纸”。

粗略算来，我从艺近 50 多年，先后设计制作吊脚楼 100 多座、风雨桥 12 座、鼓楼 8 座、大小凉亭 30 多座、风雨桥和鼓楼模型 3000 余座。

在侗族木构建筑中，我认为只有融入自己的心血与智慧，才能在平凡又精密的一榫一卯之间，传承侗族木匠千百年的技艺和工匠精神。

家族与风雨桥的不解之缘

在我们百里侗乡，“有寨必有鼓楼，逢水必建风雨桥”。侗族木构建筑营造技艺是当地优秀的民族民间传统文化的表现形式之一，整座建筑不用一颗铁钉，全以榫卯连接，结构牢固，有极高的工艺和艺术价值。

三江侗族自治县以风雨桥和鼓楼闻名。1924 年建成的程阳风雨桥是全国重点文物保护单位，整座桥穿梁接拱、立柱

我展示风雨桥的木结构　莫仁力 / 摄

本书主编莫仁力（右）与我的父亲杨善仁（左）在程阳风雨桥前合影

连枋，不用一颗铁钉，大小条木斜穿直套，皆以榫衔接，上千梁柱被安置得丝毫不差。这座桥凝结了侗族人民的勤劳智慧，被列为世界四大历史名桥之一。

说到程阳风雨桥，这可是由我爷爷杨唐富发起捐资修建的，是祖辈们手艺和精神的传承，与我有割舍不了的缘分。

1912 年的一天，因暴雨致河水暴涨，我的爷爷杨唐富无法过河回家。为造福村民，爷爷带头捐资 500 块大洋以及一些木材用以建桥，几乎用尽家财，还到贵州等地募集建桥资金。为尽快完工，建桥十几年间，爷爷基本吃住在工地，每天起早摸黑地忙。

“建桥是利在千秋的事。”爷爷这句话深深地影响着父亲和我。

据我的父亲杨善仁说，1912 年修桥时，我的爷爷是五十首士（发起人）之一，捐钱数排在第二位，但加上出工的工费，我家贡献超过第一位。因为第一位是财主，只出钱不出工。因此，程阳桥五亭中最重要的居中那个亭，就划归我爷爷——所用木料，由他一人捐献。这在侗族村寨里是至高的荣耀。而其他四个亭的木料，由其他大户平摊，不能独占，他们或两人共建，或五六人同建。

为了修桥，爷爷把家财悉数捐出，最后把田也抵押了出去。当时爷爷并非村里首富，为何对修桥那么上心呢？据我的父亲说，到爷爷这一代，已是三代单传了，结婚几年仍无子嗣的爷爷深恐无后，焦虑万分，遂把希望寄托在修桥上。

三江程阳风雨桥　龚普康／摄

不知道是心诚所至，还是别的什么原因，程阳风雨桥完工后一年，爷爷盼星星盼月亮，终于得了一个儿子。他给儿子取名为杨银桥，表示是耗尽银子修桥带来的好运。当年的杨银桥后来改名杨善仁，就是我的父亲。

承载着家族人丁兴旺的希望，我父亲成人后，仍然热衷于修桥。

伴随着一座座风雨桥的建成，我们家也开始壮大起来，父亲膝下有五男二女，孙子十余个。儿子辈都从事家传的老本行，其中最出名的就是我。2007 年，我被国家文化部授予非物质文化遗产“侗族木构建筑技艺”国家级传承人的称号。我和几个兄弟子侄一道，把风雨桥、鼓楼造出三江、广西乃至全国。

我们家的人丁兴旺是否真与修桥有关，这与侗族人热衷修桥里潜藏的“风水观”是否科学一样，无法评判。我只知道，千百年来，侗族人就这样虔诚地逢水架桥，传承着、敬畏着这一民族传统，最后把它演变成全民族的一项公益活动，将家族和民族的梦想与希望，变成了一座座实用而赏心悦目的风雨桥。

程阳风雨桥建好后，我们杨家人像爱惜自己的生命一样，守护着这座有着近百年历史的老桥。

1983 年，一场洪水把程阳风雨桥冲毁了大半。为了尽快修复，一支由桥梁专家组成的工程队来到三江。工程队分成两路，一路进山伐木备料，一路将冲毁的廊桥的每个部件标记后拆除，以备重建。结果拆下来大大小小万余块木头，堆成了小山，却再也拼不起来。

无奈之下，他们慕名找到了我和父亲。我们父子两人二话不说，带人进山，只用了十几天的时间就把建桥需要的木料备齐；在一无设计图纸、二无先进工具的情况下，仅凭一把木角尺、一个墨斗、一扎竹签等简陋工具开展修复工作。成百上千的梁、枋、柱等尺寸全凭心算。那些拆下来的老料，我们两人根本不看标记，指挥着工人们这根放这、那根放那，很快就重现了程阳风雨桥的昔日风貌。桥梁恢复原貌的时候，现场专家的重建图纸还没画出来。专家们对我们侗族的木匠工艺极为叹服。（编者注：发大水的前一年——1982年的7月，毕业于清华大学，时任广西大学土木系教授周霖曾带着土木系的几名师生和县基建局的工作人员一道，调查研究各式侗族建筑。这当中，他最关注的就是风雨桥。在他本人写的、现勒石于程阳桥头的《永济桥修复记》里，记录有如下史实：“……见此（指程阳桥）伟美严谨杰构，遂测绘之，得平、立、剖面图数幅，携而归焉。审究之余发现，桥轴偏移，梁木有朽；墩基松散，防漂无术。乃吁请文物部门迅予维修。殊料余上书未及十日，山洪突发……”）

此后30多年里，程阳风雨桥两次大维修任务均由我负责完成；我也全年义务协助文物管理部门看管该桥，经常捐工捐料对部分腐朽的木构件进行维修，让这座历经风雨的风雨桥坚固而恢宏。

除了程阳风雨桥，我还参与建造了湘黔桂少数民族地区的多座风雨桥，像三江风雨桥、湖南芷江风雨桥、龙胜风雨桥、乐满地风雨桥、南宁李宁体育园风雨桥……作品已经不胜枚举。

最让我印象深刻的是 1997 年香港回归时，我和家人制作的同心桥模型被作为广西壮族自治区人民政府的贺礼送给香港特别行政区政府。该模型是倾注了我大量心血的精良之作，部件就有 9800 多件，最长的 2.5 米，最短的只有几毫米，桥顶小如米粒的瓦片多达 10 万多片，全由手工一刀一刀雕刻，整个桥体由榫衔接，没有一颗钉子。

建造会呼吸的木构建筑

即便在钢筋水泥铸就的现代社会里，我依然坚守着对侗家木质建筑的钟爱。在我的意识里，木头有韧性、懂伸缩、会呼吸，用木头建造的建筑会呼吸、有生命。

很多人会有种错觉，觉得木房子不用钢筋水泥，甚至不用钉子，会不够坚固。但我建造的鼓楼、花桥、寨门楼、侗戏台、水车、杆栏式木结构民居建筑，均系挑梁穿榫，不用一钉一铆，却结构牢固、接合紧密，历经风雨而不散。根据我多年的实践结果，我发现我建造的木建筑，里面的柱子即使倾斜到一定程度也不会倒，抗震抗塌能力非常强。

鼓楼属木质结构，以榫穿合，整座建筑不用一枚铁钉，几层至几十层不等，以单数居多，呈四面、六面或八面形，最高者达几十米。我带头参与建造的三江鼓楼，堪称侗族村寨的标志和灵魂。它形似宝塔，巍峨壮观，飞阁重檐，结构严谨，被誉为“世界第一鼓楼”。

三江鼓楼建成至今，历经狂风暴雨仍然稳如泰山。前几年，鼓楼遭遇 8 级以上大风，虽然顶部出现了轻微摆动，但因结构牢固且紧密，鼓楼丝毫未损。出现这样的轻微摆动也间接证明了鼓楼强大的稳定性和抗震、抗风、抗塌能力。

三江鼓楼高 42.6 米，共有 60 根柱着地，占地面积 600 平方米。鼓楼共有 27 层瓦檐，除楼顶两层外，其余 25 层瓦面等距收分，层层紧缩，使楼面呈金字塔形，显得端庄平稳。每层檐角轻盈翘起，精巧的雕饰以及鲜艳的檐板彩绘，与庞大、粗犷的楼身形成鲜明对比，轻重、拙巧、疏密、粗细、刚柔完美结合。楼内四根杉木大柱直径都超过 70 厘米，树龄均在百年以上，这在鼓楼建筑史上是独一无二的。登上三江鼓楼的观礼台，可以将三江的全景尽收眼底。

建造三江鼓楼，是我从业 50 多年生涯中遇到过的最难挑战。其中，最大的难点则是在顶梁上横穿一条 8 米长的挑方梁。由于鼓楼高达 40 多米，在没有现代大型机械的协助下，如何将挑方梁顺利打入并横穿顶梁，成为当时建造鼓楼的关键和考验。我日思夜想不得其法，愁得好几个晚上都睡不着觉。

最后，我姐姐的女婿主动请缨，绑着安全带上到顶梁打挑方梁。我在下面一边指挥，一边担心，生怕一个闪失就会酿成悲剧。幸好在我们默契的配合之下，一切都顺利完成。

无论是建鼓楼还是建风雨桥。我的原则是：根据比例，柱子需要多大的木料就要选多大的木料，不能为节约成本偷工减料；建设过程中，精细的环节一定要用心、细致地做，不能为赶工随便应付。“就是亏本也要把工做好！千万不能让这传承千百年的技艺、名声和工匠精神，坏在自己的手上。”那段时间，我常常这样告诫自己。

代代相传造桥技艺

从爷爷杨唐富带头建造程阳桥，到父亲传承爷爷的衣钵，成为寨子里有名的木匠师，再到父亲把技艺毫无保留地传给我，我再把木匠工艺传给儿子及徒弟……到我儿子这代，家族传下的这些技艺已经口耳相传了四代。我只希望能把侗族文化的瑰宝，在我们手上继续发扬光大。

为了让侗族技艺传承下去，多年来我一直督促两个儿子学习侗族建筑工艺。让人欣慰的是，他们在耳濡目染下，对侗族技艺有着特别的热爱和感悟。如今他们已经学有所成，并把侗族工艺带到了南宁，在南宁民族建筑市场逐步站稳脚跟。前段时间，儿子杨彬旅制作的鼓楼模型还被送到同济大学展览。

为了让侗族技艺得到更好传承，我还开办了非物质文化遗产传习班并带徒实习。从 2001 年成立公司至今，我已收徒弟近 300 人，通过“公司 + 工程 + 学徒 + 传承”的模式，力求培养出更多新生代掌墨师。对待求学者，有教无类，我会毫无保留地教授与分享自己在木建筑方面的心得与经验。如今我的弟子中已有200余人成为木构建筑掌墨师，把手艺带到了湖南、贵州等地。

木头有韧性，会呼吸，是有感情的生命。不依赖图纸、钉子等现代建筑方式的侗族木构技艺能够传承至今，得益于木匠对木结构的情感和不断求精的精神。

作为非遗传承人，我现在最担心的是侗族技艺的失传。现在年轻人能静下心来学习的不多了。

为了将民族技艺传承下去，我自筹资金在自己的家里建起了三江侗族民俗工艺馆，免费对游人开放，工艺馆内展出不少我这些年制作的木建筑模型。我希望能将木工技艺传承下去，让更多人记得“木”的感情，让更多的人了解并喜欢侗族传统文化，这是我的追求，也是我一生的心愿。

图书在版编目（CIP）数据

我们家的故事 /《我们家的故事》编写组编 .—南宁：广西教育出版社，2019.1
ISBN 978-7-5435-8601-7

Ⅰ.①我… Ⅱ.①我… Ⅲ.①故事—作品集—中国—当代 Ⅳ.①I247.81

中国版本图书馆 CIP 数据核字（2018）第 276364 号

总 策 划 吴春霞 策划编辑 李 杨 韦胜辉
组稿编辑 李 杨 责任编辑 李 杨 张星华
助理编辑 张巧慧 装帧设计 李彦媛 杨 阳
责任校对 谢桂清 责任技编 蒋 媛

出 版 人 石立民
出版发行 广西教育出版社
社　　址 广西南宁市鲤湾路 8 号
邮　　编 530022
电　　话 0771-5865797
本社网址 http://www.gxeph.com
电子信箱 gxeph@vip.163.com
印　　刷 广西昭泰子隆彩印有限责任公司
开　　本 890 mm×1240 mm 1 / 32
印　　张 12
字　　数 240 千字
版　　次 2019 年 1 月第 1 版
印　　次 2019 年 1 月第 1 次印刷
书　　号 ISBN 978-7-5435-8601-7
定　　价 40.00 元